EL REBAÑO

Jano García

EL REBAÑO

Cómo Occidente ha sucumbido a la tiranía ideológica

la esfera de los libros

Primera edición: noviembre de 2021
Cuarta edición: enero de 2022

Avenida de San Luis, 25
28033 Madrid
Tel.: 91 296 02 00
www.esferalibros.com

ISBN: 978-84-1384-232-5
Depósito legal: M. 26.000-2021
Fotocomposición: J. A. Diseño Editorial, S.L.
Impresión y encuadernación: Cofás
Impreso en España-*Printed in Spain*

Índice

A mis padres.

A Juan y Estefanía por su confianza, cariño
y otorgarme nuevas oportunidades.

A mis seguidores, lectores y oyentes que me permiten
gozar de independencia y libertad con sus colaboraciones
a través de Patreon, iVoox y YouTube.

A mi querida Lou, por haber estado siempre ahí.

A mi admirado Escota, por enseñarme tanto.

A los *Liberales en la Folderia.*

I'm on the front line, don't worry. I'll be fine, the story
is just beginning. I say goodbye to my weakness,
so long to the regret and now I know that I'm alive...

Prólogo

Por Antonio Escohotado

Pocas veces en la vida, si alguna, he topado con alguien demasiado joven para disponer de la información que manifiestamente maneja, convertida ya en conocimiento objetivo. Sin embargo, ese es el caso de Alejandro García —Jano para las redes sociales— por lo que respecta a multitud de materias relativas al presente, pues basta oírle disertar cinco minutos sobre alguna para percibir que la domina como Hume pedía a toda suerte de docentes y comunicadores: «Siendo capaz de añadir al sentido común dos buenos ejemplos». A García los ejemplos le brotan como racimos, sostenidos por líneas argumentales donde precisión e ironía se entrelazan fluidamente, y aunque algo me haya movido a no presentar ni prologar libro alguno, propio o ajeno, lo singular de su caso impone una excepción.

En este libro García analiza el fenómeno inquietante por definición del momento, que es la reviviscencia del absolutismo en países enriquecidos tan sustantiva como manifiestamente por renunciar a él, abrazando de modo más o menos genérico las instituciones del Estado de derecho y la democracia liberal. Tras alcanzar su apoteosis en numerosos regímenes totalitarios, el ideal absolutista parecía herido de muerte con la autodisolución de la URSS y el desmantelamiento del Muro, como expuso Fukuyama en *El fin de la historia y el último hombre* (1992), un ensayo inspirado por el más original y profundo de los hegelianos, Alexandre Kojève.

Por su parte, Kojève extrajo esa conclusión ya en 1937, cuando todo anunciaba una segunda guerra mundial, declarada dos años después por la invasión y reparto de Polonia entre nazis y bolcheviques, en función del pacto Ribbentrop-Molotov, y dos años antes de que termine nuestra guerra civil, donde Stalin se conforma con el oro del Banco de España y descabezar al trotskismo. A despecho del cataclismo inminente, y el grado sin igual de desconfianza hacia el *laissez faire* que había desembocado en las soluciones totalitarias encarnadas entonces por el Führer y el Padrecito, Kojève adivinó que la humanidad se estaba viendo llevada a «un zoológico global confortable». Allí habría guerras solo periféricas y cada vez más anacrónicas, merced a la constelación de factores que reeditó la sociedad comercial, cuya ciudadanía es el resultado de dejar atrás la escisión entre amos y siervos, conciencias nobles y conciencias viles, personas reales y solo aparentes.

Entre esos factores destaca la pacificación en todos los órdenes que deriva de una prosperidad creciente,* en función

* El testimonio más actual e irrefutable de ello es la investigación del psicólogo Steven Pinker, *Los ángeles que llevamos dentro* (2011), que entusiasma a la mayoría de sus lectores —desde Jano y yo mismo a Bill Gates y Jordan Peterson— por el rigor y profusión de sus fuentes.

de la cual el número de seres humanos y su esperanza de vida han crecido hasta un punto tan inimaginable hace pocas décadas como las posibilidades abiertas por el manejo de la energía electromagnética. Lo que no imaginábamos del zoológico confortable —Kojève quizá sí— es cómo reeditaría la dialéctica amo-siervo bajo moldes *light/débole*, consolidando un rebaño dócil guiado por pastores miserables, electorado los unos y casta política los otros. La generación de mis padres y la mía, por ejemplo, apoyamos un aumento en las horas lectivas de todos sin imaginar que iba a cundir literofobia en vez de literofilia entre los menores de sesenta años, como sin duda ocurre; y cuando abolimos la pena capital o acortamos la duración de las condenas tampoco sospechamos que la ley tendería a recortar los supuestos de legítima defensa, a castigar como si fuese homicidio la asistencia al suicida cuando no es alguien desquiciado momentáneamente, o a seguir negando la eutanasia como derecho civil.

Máxima crueldad imaginable, esto último condena a existir cuando solo hay por delante dolor inútil, como si no fuera alevosía aprovechar la indefensión del otro para negarle su dignidad última, el derecho a gozar de aquello que griegos y romanos llamaban *mors tempestiva* o a tiempo, cayendo por fuerza en la patética situación de quien ha perdido la razón de vivir pero sigue viviendo, presa de puro miedo o porque su deidad le prohíbe ser libre entonces. Entre los resultados imprevistos del con-

---

Tropezar con dogmas de lo políticamente correcto, como la bondad de todo «indígena», el catastrofismo o la maldad congénita del empleador, le ganará también los calificativos de negacionista y fascista.

fort destaca el hecho de que multiplica el conformismo cuando viene dado sin nuestro personal esfuerzo, como demuestra el autor al hilo de experimentos sobre hasta dónde puede agredir alguien a quien se lo pida una autoridad respetable, o hasta qué punto la opinión de otros lleva a ignorar la evidencia.

El ingenio técnico ha llevado no solo a batir la velocidad del sonido, sino a calcular y operar a la velocidad de la luz, y algo en buena medida casual —dedicar veinte años a saber quiénes y en qué contextos han visto en la propiedad un robo, y en el comercio su instrumento— me permite añadir a la pesquisa de García sobre el presente los prolegómenos más o menos remotos de lo que muy acertadamente llama «negación de la realidad como forma de vida».

Lo primero que aprendí documentando la hostilidad hacia el comercio fue que en Oriente Medio y la cuenca mediterránea el siervo originario empezó siendo un auxiliar doméstico —el pariente más humilde de las familias, recibido por norma con un ágape en cada casa—, que no infrecuentemente terminaba casado o amancebado con su señor o señora, pues los profesionales de cada rama eran hombres libres, como los escribas mesopotámicos o los constructores de las grandes pirámides egipcias, protagonistas en el siglo XI a. C. de la primera huelga recordada. A finales del siglo VI a. C., tanto Solón en Grecia como Ciro el Grande en su enorme imperio asiático contemplan con indisimulado horror el ensayo asirio y espartano de crear sociedades donde toda suerte de trabajo se delega en una casta servil, mientras las otras dos se dedican a «orar y batallar».

Ciro prohíbe «la nueva y perversa costumbre de comprar y vender hombres y mujeres», cerrando los mercados que asirios e imitadores suyos habían empezado a multiplicar, mientras en la Hélade resuena el canto de Hesiodo al «sereno heroísmo» de granjeros, navegantes y demás empeños civiles, advirtiendo que solo alcanzar alguna maestría pacífica garantiza prosperidad y virtud.* Solón recorta drásticamente la esclavitud en la comarca de Atenas, excluyendo la derivada del impago de deudas, e insiste en que solo limitarse al siervo doméstico evitará un eventual desempleo masivo del profesional libre.

Por lo demás, el propio éxito de las polis comerciales, tanto helénicas como fenicias, difunde la capacidad adquisitiva y con ella el criterio de que los bien nacidos se refinarán cultivando el ocio, unido al de que la mejor inversión es comprar esclavos jóvenes, sanos y si es posible despiertos, para especializarles en algún oficio y embolsarse sus ingresos; los no despiertos y los merecedores de castigo se usarán en empeños no requeridos de formación, como remeros, picadores de minas y canteras o las grandes cuadrillas empleadas para sembrar y recolectar en latifundios.

Tardaremos unos dos milenios —desde la victoria espartana sobre la liga de ciudades democráticas presidida por Atenas hasta el florecimiento de los burgos— en verificar que un

---

* En *Los trabajos y los días* leemos por ejemplo: «El hambre es la compañera inseparable del perezoso [...] Trabaja, y no dejes nada para el día siguiente, ni para el otro, porque el trabajo diferido no llena graneros [...] Cuando los días son cortos da a los bueyes la mitad de su pasto y aumenta el sustento de los hombres, porque las noches largas bastan para fortalecer a los primeros, y tampoco le escatimes el alimento a un perro de dientes terribles, no vaya a ser que se lleve tus riquezas el ladrón que duerme de día».

trabajo limitado a esclavos generaliza la desidia hasta elevarla a arte, fulminando ya a corto plazo la innovación y el desarrollo, únicos factores capaces de crear riqueza real. Lejos de ello, los costes de la sociedad clerical-militar en espionaje y propaganda pronto se revelarán superiores al de su mera amortización, como por lo demás cabía esperar de sustituir los mercados de bienes y servicios por mercados de personas, y el derecho contractual por la ventaja solo supuesta de invadir, gravar con tributos y convertir a vecinos más o menos remotos.

Todo este lado del ayer sigue tan sumido en sesgo, ambigüedades y lagunas que solo décadas de pesquisa me permitieron esquivar el tópico de que el cristianismo antiguo se opuso a la esclavitud, cuando fue san Pablo —su apologeta más elocuente y venerado— quien preconizó obedecer a los amos «de corazón» y no solo por temor, viendo en «las autoridades terrenales» el resultado de la voluntad divina. Fue luego la Patrística grecolatina quien argumentó que toda compraventa estafa a una de las partes, y el comercio suscita una «movilidad social mórbida», mientras papas, concilios y anacoretas difundían como *pax Dei* la ideología más falaz e hipócrita de la historia recordada, según la cual el cielo está reservado a los pobres (tanto materiales como de espíritu), y cada territorio debería limitarse a consumir lo producido por él mismo.

Sin embargo, lo trágico de ver un buen negocio en el empleo de «herramientas humanas» (Aristóteles) es que las consecuencias de dicho error solo se manifiesten a largo plazo, cuando ya se tomaron muchas decisiones irreversibles. De ahí que la espiral de miseria y crueldad alcanzada con el Bajo Imperio romano se agrave aún más durante los llamados siglos oscuros, donde el *negotiator* sucumbe ante la determinación de césares como Carlomagno y su hijo Luis el Piadoso, cuyos decretos persiguen con especial severidad todo indicio de «lucro privado». Para entonces la moneda de ley ha desaparecido, los caminos se emboscaron, y una Europa cubierta de leprosarios ciñe su literatura a vidas de santos o milagros relacionados con tal o cual reliquia, únicos objetos parecidos a una divisa fuerte.

Lejos de retroceder por imperativos morales, nuestra historia enseña que la sociedad esclavista se reconvirtió en sociedad comercial como un grave que rebota al tocar fondo, cosa ocurrida hacia principios del siglo XII, cuando el señorío se había empobrecido hasta el punto de no poder seguir dando a sus herramientas con aspecto humano los *auxilia* tradicionales (techo, rancho y ropa), y dejar de vivir vigilados por capataces les convierte en el llamado siervo de la gleba. Su deber es no abandonar nunca ni su comarca ni el oficio de sus respectivos padres; pero un número creciente empieza a desertar, desafiando los peligros del forajido, al amparo de burgos que aprovechan las diferencias surgidas entre clero y nobleza para crecer.

Como parte de esos desertores se convierte en caravanero o navegante, y otra parte en artesano de gremios por entonces incipientes, el mero hecho de reabrir vías de comunicación —oponiendo caravanas acorazadas y barcos armados al pirata, el salteador de caminos y la soldadesca de cada déspota local— no solo gratifica a tales audaces sino a los burgos y al resto de los actores en aquel horizonte. Parte de revalorizar tierras pertenecientes originalmente al estamento señorial, sin perjuicio de ofrecer una clientela extra a campesinos antes reducidos a la demanda decreciente de castillos, abadías y demás sedes eclesiásticas. Prototipo del progreso objetivo, que no proviene del designio consciente alguno, aunque sea obra exclusivamente humana, esta dinámica de auto organización caracteriza a toda suerte de instituciones y al orden complejo inaugurado por su vigencia.

Conseguir amurallarse bastó de hecho para que el ideal de la santa pobreza empezara a colapsar y el Medievo se despedirá con alzamientos nostálgicos del amor al más allá manifiesto como desprecio de las riquezas mundanas, culminado por la fobia hacia el oro y la plata que exhiben los husitas checos, y las breves aunque múltiples guerras de campesinos comunistas alemanes, soliviantados por profetas de la Restitución como Müntzer y de Leiden. Les escandaliza ante todo el nuevo rico surgido al amparo de un espacio burgués donde «el aire hace libre» (*luft mach frei*), porque un año de residir en cualquiera de los amurallados emancipa de ataduras serviles previas. Ya que los moradores del burgo no se muestran dispuestos a despreciar el más acá del modo acostumbrado, su destino debería ser el de Sodoma y Gomorra; pero en vez de ello son cada vez más impíos, hasta consagrar una red de intercambios exclusivamente voluntarios como la comercial, donde libertad y conocimiento encarnan los méritos supremos.

La derrota inapelable del pobrismo con la llegada del Renacimiento fuerza en lo sucesivo el refugio del no-lugar o *u-topos* formulado inicialmente por Tomás Moro, que se convierte en un género literario dedicado a islas perfectas por no conocer la propiedad privada ni el dinero, donde todos llevan uniforme y trabajan mucho cada día para mantener la igualdad material. Tras ser retomado por otro clérigo, Campanella, este género se convertirá en favorito del público gracias a Fenelon y Swift, a medida que se inclina cada vez más a prefigurar la ciencia-ficción, y no recobra su moralismo hasta *El código de la naturaleza* del abate Morelly, un breve tratado sobre la sociedad comunista aparecido poco antes de caer La Bastilla, donde empezamos leyendo que «nada pertenecerá a nadie [...] y desde la cuna a la tumba todos serán sostenidos y empleados a expensas públicas».

Quesnay, fundador de la escuela fisiocrática gala, está en su lecho de muerte cuando alguien le muestra el libro, aunque tendrá tiempo para ir al fondo doctrinal. Lo novedoso del comunismo ilustrado francés, observa, es partir del hombre incivilizado como un sujeto no corrompido por la avaricia —cosa nuclear ya para Rousseau y Diderot—, y no apelar ni a una predilección divina ni a un más allá de castigos y premios para justificar la exigencia de igualdad material. Ese imperativo sería la manera más sencilla de asegurar paz y concordia, y dictado de una naturaleza que siempre elige los medios más acordes con cada fin, aunque Quesnay no ha perdido un átomo de lucidez al acercarse su última hora, y tras recordar lo objetado por Aristóteles a la comunidad de bienes preconizada por Platón —que la experiencia demuestra lo contrario de su bondad— plantea «lo absurdo de imaginar un teatro con localidades igualmente buenas».

Por lo demás, no va a faltar entre los jacobinos el pobrista a la antigua, como los ebionitas judíos representados ejemplarmente por Juan el Bautista, primo hermano de Jesús según la tradición, que resuelto a pasar del terreno utópico al real cristalizaría en la conjura de los iguales desarticulada por un joven Bonaparte, y decapita a su líder Babeuf en 1797, cuatro años después de decapitar a Robespierre, símbolo del terror revolucionario como «atajo hacia la virtud pública». Partiendo de una guillotina elevada a «navaja nacional», el gran cambio es que el comunismo deja de ser en París una idea de otrora, y a esa primera Comuna Insurrecta seguirán varias otras, entre ellas las de 1848 y 1870.

La del 48 —llamado *annus mirabilis* («año milagroso») por la pléyade de revoluciones que estallan también durante el verano en otras capitales europeas— es anticipada en febrero de ese mismo año por el Manifiesto de Marx y Engels, según el cual «el fantasma del comunismo estremece a Europa» con razón, pues se propone «destruir por la fuerza todas las instituciones vigentes». El designio de la «voluntad consciente revolucionaria» debe imponerse a lo anónimo e impersonal de cualesquiera otras obras humanas, empezando por la propiedad privada y una clase media empresarial, o en otro caso el proletariado se irá empobreciendo hasta morir de inanición.

Tras la puesta en práctica del marxismo por Lenin y sus émulos, durante el periodo comprendido entre 1917 y 1991, esa profecía dista mucho de cumplirse, y que Fukuyama se equivocase al pronosticar el fin de la historia articulada sobre una crisis global del capitalismo se explica atendiendo al fenómeno más inquietante de los actuales, que es la reviviscencia del régimen absolutista en países enriquecidos por renunciar a él, despreciando de modo más o menos explícito las instituciones del Estado de derecho y la democracia liberal. Tras alcanzar su apoteosis en diversos regímenes totalitarios precedidos por el soviético, el ideal absolutista parecía herido de muerte con la autodisolución de la URSS y el desmantelamiento del Muro,

Si la guerra fría había terminado, Rusia enveredada por el parlamentarismo, China crecía a pasos agigantados tras readmitir la legitimidad del lucro particular; y casi todos los antiguos satélites de ambos —salvo Moldavia, Corea del norte y algunas repúblicas de Asia central— pedían ingresar en la incipiente UE, o imitaban la liberalización económica china, parecía previsible que caería con el castrismo el último bastión de salvadores forjados en el molde de Fidel, Guevara, los Kim o Pol Pot. Con todo, el fruto de que la burocracia cultural y pedagógica de países formalmente liberales lleve un siglo cultivando la hegemonía preconizada por Gramsci.

Mirado desde algo más arriba, dicho movimiento es la ingeniería social revolucionaria, que aplica a individuos y grupos humanos las técnicas de selección, hibridación y esterilización aplicadas por el criador de animales y el agrónomo. No es solo un crimen de lesa humanidad sino un seudo evolucionismo, cuya premisa común descansa sobre la presunción del entendimiento como tabula rasa —Locke empezó llamándolo «cajón vacío», y los conductistas posteriores «caja negra»—, que aparentando ser descriptiva es en realidad no solo normativa, sino la premisa nuclear para creer que todo es condicionamiento y nada la genética.

El seudo evolucionismo incurre en la incoherencia de ignorar que el móvil primario de la evolución no es la supervivencia del apto, sino de la aptitud en general, algo que solo parece depender del conflicto intraespecífico (de discordias) cuando individuos y grupos se niegan a reconocer la aptitud como fin en sí, y exaltan el mérito de no tener mérito. Los buenos serán los indigentes, los superados por cada paso evolutivo, que no tardan en adoptar la legitimación de la víctima engañada o forzada De los perdedores será el reino, pretenden, y en vez de espontaneidad evolutiva —fruto de intervenir todos o casi todos en la adopción de decisiones— vuelve a la planificación central ejercida por un déspota rodeado de servidores, al absolutismo técnico bautizado como totalitarismo.

García pasa revista a esa transformación de valores y criterios analizando el hoy más inmediato, cuando los reveses del marxismo aplicado a la esfera económica aconsejan ampliar la política de progreso por discordia desde la lucha de clases a los géneros, las razas, los cultos religiosos, el gusto y cualquier otro campo donde se vislumbre algo semejante a una reconciliación. Tampoco conviene olvidar que cuando la era Breznev propuso coexistencia pacífica, y el voto obrero se había decantado inequívocamente por la democracia liberal, la reacción de sus comisarios intelectuales fue entender que la URSS y el proletariado traicionaban sus intereses «objetivos»; surgió la mayor ola terrorista de los anales, y la modernidad —el periodo genéricamente comprendido entre el Renacimiento y el extraordinario éxito del Plan Marshall— se rechazó en nombre de la posverdad, una actitud que poco después se decantaría por lo políticamente correcto, una perspectiva que el presente libro examina desde diferentes ángulos.

Y entre los resultados concretos de abolir la libertad de iniciativa, pensamiento y reunión estaría que el feminismo clásico luchara por obtener derechos todavía no disfrutados —desde votar a abrir una cuenta en un banco sin permiso del marido—, y el de última hora por obtener privilegios. Paralelamente, la media de mujeres asesinadas entre 1999 y 2003 era 58,4, mientras desde entonces a 2018 —vigente ya la LIVG— fue de 59,4. No en vano si una mujer llama a la policía, y dice que la has maltratado por teléfono, el varón pasará automáticamente la noche en un calabozo; luego es expulsado del domicilio y se le prohíbe ver a sus hijos, aunque según datos del Consejo General del Poder Judicial el 42,86 por ciento de las sentencias haya sido absolutorio.

Rico en eventos instados por analfabetos funcionales presa de alguna idea fija, 2021 incluye borrar el nombre Hume entre los licenciados ilustres de la universidad de Edimburgo y de la torre erigida en su honor por sus (inexistentes) «vínculos con la esclavitud»; otros derriban la estatua de fray Junípero Serra en Los Ángeles, y el movimiento Black Lives Matter quiere hacer lo mismo con otra demasiado pesada del rey escocés Jack the Bruce por islamófobo, aunque estuviera muerto cuando siete caballeros y veinte escuderos decidieron combatir al sarraceno apoyando a Alfonso XI de Castilla; al poco, estas insolencias las corona una periodista que logra instar la expulsión de James Watson, codescubridor del ADN, de toda actividad académica por decir que la genética «puede resultar cruel con el africano», pues según ella «la ciencia nunca discrimina».

Aunando datos y reflexiones, *El rebaño* muestra cómo por primera vez los movimientos antisistema están financiados por el propio sistema, y cómo en muchos países —empezando por el nuestro— gobiernan los desprovistos de razón y lógica. «Mientras al este reluce el alba, la oscuridad se cierne sobre el oeste [...] donde no somos conscientes de disfrutar la época con más paz, libertad y prosperidad de la historia humana». De esta ingratitud podrían seguirse toda suerte de males, y lo único que me parece positivo es algo tan anónimo e inconsciente como que en mi juventud todo sugería a las gentes de alma compasiva ser comunista, y hoy quienes no optan por el cinismo, la cobardía y el menosprecio por aprender parecen invitados a ser liberales.

Introducción

Cuentan las crónicas del 28 de agosto de 1789, que la Asamblea Constituyente de Francia se hacía la pregunta más revolucionaria de la época: ¿cuánto poder debe tener el rey Luis XVI? El debate suponía un antes y un después y estaba integrado tanto por seguidores y leales a la corona, como por fervientes defensores de tumbarla. Llegaron a un punto tan pasional en la defensa de sus postulados, que los partidarios de uno y otro modelo decidieron ubicarse estratégicamente en la Asamblea. Tal y como recoge Gustavo Bueno:

> Fue en la sesión del 28 de agosto de 1789, es decir, ya constituido el tercer estado como Asamblea Nacional, cuando (acaso por analogía con la Cámara de los Comunes, en la que el partido en el poder se sienta siempre a la derecha, dejando la izquierda para la oposición) los partidarios del veto real absoluto se pusieron a la derecha y los que se atenían a un veto suavizado, o nulo, a la izquierda. Esta «geografía de la Asamblea» —como decía Mirabeau ya el 15 de septiembre de 1789— se mantuvo.[1]

Según recogen los registros del Senado francés, la votación de ese día la ganaron los que estaban sentados a la izquierda, con 673 votos frente a los 325 de la derecha. La votación supuso el inicio del fin de la monarquía francesa y tanto Luis XVI como su esposa María Antonieta acabarían siendo guillotinados cuatro años más tarde. El término izquierda y derecha se mantuvo y los asambleístas siguieron ubicándose por afinidades. La diferenciación no tardó en adentrarse en el lenguaje político y sigue vigente en la actualidad. Lo cierto es que tal etiqueta ha sido muy útil a la hora de abordar ciertos temas y sigue teniendo una amplia aceptación. Es fácil para la masa comprender qué espectro político defiende una cosa u otra al oír izquierda y derecha. Pero ¿es esto cierto? ¿Podemos decir que la izquierda y la derecha siguen siendo tan opuestas o por el contrario nos encontramos ante el fin de tal separación?

El concepto de izquierda y derecha se ha quedado en una entelequia formada para hablar a la masa social incapaz de adentrarse más allá de conceptos superficiales y fácilmente asimilables. Lo correcto sería hablar de socialdemócratas, socialistas, comunistas, liberales, socioliberales, conservadores y así sucesivamente, en una amplia amalgama de ideologías que no resumiremos aquí por lo tedioso del asunto. En la actualidad, la disyuntiva izquierda/derecha carece de sentido puramente político y analítico. Bien distinto es a la hora de comunicar. Deberíamos dedicar una obra entera a analizar qué es la izquierda y qué es la derecha. En la actualidad son conceptos abstractos que significan más bien poco. Incluso en multitud de países los partidos considerados de derecha serían de izquierda en otras naciones y viceversa. Todo depende del lugar, del tema, de la nación, de la cultura, de la historia y de la realidad en la que habita cada ciudadano, es decir, lo correcto sería hablar de la derecha inglesa, la derecha francesa, la izquierda española, la izquierda noruega, etc. Por poner un ejemplo, en Europa los partidos de «izquierdas» tienen como bandera el matrimonio homosexual o el aborto, cosa que en Hispanoamérica es impensable. Recordemos las declaraciones de Evo Morales: «El pollo que comemos está cargado de hormonas femeninas. Por eso, cuando los hombres comen esos pollos, tienen desviaciones en su ser como hombres»,[2] decía el dirigente boliviano respecto a los homosexuales en Europa. Qué decir del flamante presidente de Perú, Pedro Castillo, cuando fue preguntado en una entrevista sobre el aborto, la eutanasia y el matrimonio homosexual: «Para nada legalizaría el aborto», afirmó Castillo. «Vamos a trasladar a la Asamblea Nacional Constituyente que se debata, pero personalmente no estoy de acuerdo», sentenció. «¿La eutanasia? También que se traslade, pero tampoco estoy de acuerdo. ¿El matrimonio igualitario para personas del mismo sexo? Peor todavía. Primero la familia. Estas dos instituciones, que son la familia y la escuela, deben ir de la mano».[3]

Otro de los puntos en los que el *pack* «izquierda» falla, lo encontramos respecto a los símbolos nacionales. En algunos países europeos como España enarbolar la bandera, cantar el himno o reivindicar a los personajes históricos más importantes de la nación se considera algo propio de «derechas». No ocurre lo mismo en otras naciones de marcado carácter izquierdista como es el caso de Corea del Norte, Venezuela o Argentina. Otro de los puntos que nos demuestra que el concepto de izquierda y derecha depende del país al que hagamos referencia lo vemos en las políticas económicas y sociales. Los partidos considerados de derechas en países como España, Francia, Grecia, Italia, etc. serían considerados como partidos de centroizquierda en Estados Unidos, Australia o Reino Unido. Así pues, podemos afirmar sin temor a equivocarnos que las ideas que otorgamos a la izquierda o a la derecha dependen de la nación a la que hagamos referencia. Por lo tanto, ¿por qué seguimos utilizando un vocabulario que nació en 1789?

Sigue vigente, y seguirá, porque es un arma que se puede lanzar de forma sencilla contra el adversario político y que permite a la masa posicionarse en uno de ambos bandos. Lo cierto es que esa dicotomía entre izquierda y derecha sí estuvo muy bien marcada hasta la caída del muro de Berlín. La izquierda la conformaban los comunistas y los socialistas, mientras que la derecha englobaba una alianza de conservadores y liberales que dejaron de estar unidos con el paso de los años. La muerte del comunismo, que ya apenas reside en un par de rincones del globo terráqueo, rompió la alianza liberal-conservadora para dejar paso a un nuevo tiempo. Ingenuo sería pensar que conceptos que han sido grabados a fuego y utilizados por el *mainstream*, partidos políticos y la sociedad civil como símbolos para identificar a amigos y adversarios puedan desaparecer de la noche a la mañana.

Sin embargo, es evidente que nos encontramos ante una nueva ideología que engloba tanto a la «derecha occidental» como a la «izquierda occidental». ¿Cuáles son los asuntos que tanto izquierda como derecha utilizan sin importar el qué, el cómo y el dónde? Cambio climático, feminismo, igualdad y racismo. Esos cuatro bloques han sido introducidos y engullidos a la fuerza por todos y cada uno de los partidos políticos que tradicionalmente representan a la izquierda y la derecha. Ambas defienden lo mismo, incluso sostienen que son graves problemas de nuestro tiempo a los que debemos enfrentarnos (posteriormente veremos qué hay de cierto en tal afirmación). A esta nueva ideología muchos han tratado de darle nombre. Algunos la llaman identitaria, lo políticamente correcto, marxismo cultural, posmodernidad, *statu quo*, nuevo hombre, etc. Pero lo cierto es que urge darle un término válido y que no sea confuso, que permita a la masa detectarlo con la misma precisión que usan aquellos que esparcen esta nueva forma de vivir y pensar. ¿Cómo podemos llamarlo? Es preciso darle un nombre inequívoco para poder analizarlo tanto de forma superficial como de manera analítica. Nos encontramos ante la *alogocracia*, es decir, el gobierno de los desprovistos de razón y lógica a la hora de enfrentarse a los desafíos propios de nuestro tiempo.

Esta nueva ideología responde a una jerga superflua que a modo de ensalada se mezcla en todos los discursos sin importar su tema y cuyo trasfondo esconde el perverso intento de negar el uso de la razón para así poder aglutinar a todos los individuos en un colectivo oprimido y, a su vez, opresor de todo aquel que recurriendo a la razón cuestione los nuevos dogmas. En los últimos años es habitual encontrarnos con conceptos como economía feminista, economía verde, afrofeminismo, patriarcado, brecha salarial, opresión, discriminación, veganismo, micromachismo, indigenismo, víctimas interseccionales, diversidad, inclusión social, solidaridad, conciencia de clase, indignación, empoderamiento, transparencia, constructo social, sin papeles, animalismo, vegetarianismo, cisgénero, racialización, marxismo con perspectiva de género, reasignación, lenguaje inclusivo, revolución vegana, antiespecismo, heteronormatividad, interrupción voluntaria del embarazo, transfobia, resiliencia, deconstrucción de la masculinidad patriarcal, identidad sexual, teoría *queer*, feminismo de tercera generación, transhumanismo, altermundialismo, reconstrucción poscolonial, sociedad feminista, sentimiento colectivo, economía con perspectiva de género, serofobia, ecologismo capitalista, fabricación sostenible, transporte sostenible, energía verde, impuestos verdes, impuestos resilientes, tasas redistributivas, igualdad, minorías sexuales, migrantes, ideología de género, etc. Dispone usted de una amplia gama de conceptos en los que puede escoger a la carta su lucha para enfrentarse al mal y ser considerado un salvador del planeta, de las mujeres, de los negros, de los animales, de la energía o incluso si es usted más ambicioso, ¡puede hasta salvar al ser humano!

Como veremos más adelante, estos conceptos superficiales que ni siquiera los más feroces guerreros saben definir correctamente, atraen a través de los sentimientos y la irracionalidad a un gran número de defensores de esta nueva forma de hacer política forjada en las buenas palabras, aunque sus resultados sean catastróficos. Pero, sobre todo, sirven para atacar de forma inmisericorde a los «negacionistas».

¿Acaso usted no quiere vivir en un mundo en el que todos seamos iguales? ¿No quiere respirar aire puro? ¿No le importan los mares y los animales? ¿No quiere erradicar la pobreza? ¿Es usted partidario de que las mujeres sean tratadas peor que los varones? ¿No será usted un racista que desea el mal a las otras razas? ¿No está de acuerdo en que la gente gane más dinero por su trabajo? Preguntas trampa que tienden a dar una respuesta instantánea a favor del nuevo dogma revelado. De esta forma, la acción-reacción consigue que el disenso sea considerado ilegítimo ya que, supuestamente, refuerza una situación injusta o peligrosa para nuestra existencia. En eso se basa la alogocracia, en la impetuosa necesidad de dejarse llevar por las emociones y no por la reflexión ante problemas que tienen respuestas complejas. Pero también debemos preguntarnos, en un momento de la historia en el que sólo se recurre a los sentimientos, cuáles de estos son los que más movilizan a los individuos. El miedo, la indignación, el odio y la ira son sin duda los más utilizados, pero también la falsa promesa de habitar en un mundo feliz en el que la pobreza y el mal no existan. Bajo ese falso pretexto se cimienta la alogocracia. ¿Es esto posible o por el contrario sólo sirve para manipular a la masa con un futuro que nunca llegará? ¿Se puede erradicar el mal de la naturaleza humana? ¿Es posible que no exista la pobreza? ¿Va a implosionar el planeta por nuestra culpa?

Del mismo modo, es fundamental analizar si estas amenazas son reales o, por el contrario, son artificiales y son el caballo de Troya para moldear a las sociedades occidentales sin importar su sentimiento de derecha o izquierda, convirtiéndolas en una masa compacta que arrolla a todo aquel que ose cuestionar con datos y hechos la nueva ideología.

Los debates prohibidos, el pensamiento reprimido y el tabú impuesto que impiden hablar de temas que afectan a millones de personas por ser políticamente incorrectos suponen una ridícula forma de negar la realidad que propicia el auge de populismos de distinto signo que recorren Occidente a gran velocidad. La inmigración, la reducción de la calidad de vida de la denominada clase media, el aumento de la inseguridad, el terrorismo, el narcotráfico, el desempleo, la subida de impuestos, la pobreza, etc. apenas encuentran respuesta en los partidos tradicionales.

¿Quiénes conforman esta nueva alogocracia? La inmensa mayoría de los estamentos sociales más importantes. Desde los partidos políticos hasta las multinacionales que se sirven de este pensamiento único reinante para aumentar sus ingresos luchando contra «la explotación» mientras sus productos los hacen niños explotados, pasando por los *influencers* que se rasgan las vestiduras cuando el *mainstream* les indica cuándo deben hacerlo, los deportistas de élite, las instituciones públicas, las universidades, los colegios, la prensa, las radios, los gigantes tecnológicos, etc. La hipocresía es el eje central de todos estos actores que no cesan de atizar el pánico en la población para sacar un rédito económico. El doble rasero, como posteriormente analizaremos, es una constante en la forma de vida de todos los protagonistas de este fenómeno que azuza Occidente.

Sin embargo, algunos (con razón) afirmarán que el curso de la economía global no avala este sentimiento de depresión generalizada, frustración y pesimismo que se respira en Occidente. Por suerte, nunca antes Occidente había sido tan próspero y libre. Vivimos en un periodo de la historia excepcional, los nacidos tras 1945 no recuerdan el sonido de una bala, una bomba o un avión bombardeando. El nacido en España antes de esa fecha vivió la guerra civil y la dura posguerra; el nacido en Francia, la Primera Guerra Mundial y la Segunda; en Alemania, el nazismo; en Reino Unido, los bombardeos de la Luftwaffe, etc. Todavía sobreviven testigos de aquellos días. ¿Cómo llenamos ese vacío que nos ha dejado tener todo hecho y no tener preocupaciones reales tales como qué vamos a comer hoy? No podemos negar que hemos avanzado muchísimo en las últimas décadas. Hechos como morir de hambre, por una enfermedad para la que hoy tenemos un remedio que se vende en las farmacias, o no saber leer forman parte de un pasado que sólo los más antiguos del lugar recuerdan. Y fueron nuestros bisabuelos y abuelos —de quienes debemos sentirnos orgullosos— los que lograron estos avances que afectan a nuestro día a día.

El mundo nunca había sido tan rico como ahora y eso que somos 8.000 millones de habitantes en el planeta. Sin embargo, hay cosas que no han cambiado. En otro tiempo también había apocalípticos que decían que el fin se acercaba porque estábamos rozando los 3.000 millones de habitantes. Lo mismo dijeron cuando nos acercábamos a los 4.000 o a los 6.000. Todos ellos menospreciaron el ingenio del ser humano para dar solución a los desafíos que conllevaba el aumento de la población frente a unos recursos naturales limitados. Lo cierto es que la pobreza extrema antes del inicio de la pandemia se situaba por primera vez en la historia por debajo del 10 por ciento. Países como China han conseguido pasar de un PIB per cápita de 194,8 dólares a 10.261,68 en tan solo cuarenta años. No ha sido el único país que ha visto cómo sus ciudadanos han conseguido aumentar su calidad de vida. Los casos de Malasia, Camboya, Vietnam, Singapur, Taiwán y otros países son claros ejemplos de ello. Posteriormente analizaremos qué determinó tal avance sin precedentes que en Occidente, ensimismados por nuestros quehaceres diarios, nos pasa desapercibido, aunque no deja de ser una clara muestra de cómo hemos conseguido progresar como animal racional en los últimos tiempos. Si bien es cierto que este avance económico en Asia no ha ido de la mano de mayor libertad social, sí que lo fue cuando se produjo en Occidente, —Europa y Estados Unidos—, algo que debería enorgullecernos, aunque el regreso de la imposición de dogmas esté acabando con esa libertad. Pero si nos centramos sólo en la economía, el caso de la Unión Europea es admirable. Apenas representamos el 7 por ciento de la población mundial, aunque creamos el 20 por ciento del PIB a nivel global.

Decadencia, añoranza del pasado e idealización de épocas anteriores son una constante en el vocabulario de Occidente. Encontramos un gran número de obras en la literatura refiriéndose al pasado como un tiempo de gloria que ya no volverá. El fin también se vio anunciado en los años de las grandes guerras mundiales con obras que predecían un mundo infernal. Se equivocaron. La diferencia entre lo que vivieron nuestros antepasados y la actualidad reside en negar los problemas a través de la alogocracia, como si esta pudiera resolver todo valiéndose de los sentimientos y rechazando la razón. El objetivo es enterrarlos como si de un mal sueño se tratara y enviarlos al fondo del océano para evitar por todos los medios que nos recuerden la realidad. No hay espacio para la lucha y el sacrificio, todo debe ser propio de un mundo ideal, aunque eso sea superficial y falso. La negación de la realidad como forma de vida es lo que se impone en Occidente, mientras para paliar el vacío espiritual que nos invade nos sugieren propuestas que van desde acabar con la naturaleza humana (feminismo, racismo, etc.) hasta salvar el planeta. Sí, una masa incapaz de solucionar sus problemas diarios se alza como el adalid de la defensa de un planeta que tiene miles de millones de años y en el que, como una pequeña e insignificante mancha, apenas hemos habitado.

Afortunados de nacer en la comodidad y con todas las necesidades básicas cubiertas, disfrutamos una vida que nunca antes habían tenido nuestros antepasados. Pero hay que recalcar que nunca antes un imperio, una nación o un pueblo se desintegraron sin haber estado previamente nadando en la riqueza. Conviene advertir, pues, de la peligrosa vorágine que estamos atravesando; mientras al este el alba reluce, la oscuridad se cierne sobre el oeste. También debemos recordar que no fue este sistema económico, social y cultural actual el que nos trajo hasta aquí, sino que lo hizo el que estamos intentando matar. Nos encontramos ante el desprecio de todo lo que tenga que ver con «el viejo mundo». Rechazamos aspectos fundamentales para poder contar con un pueblo sano: la jerarquía, el respeto por la autoridad (que por supuesto debe ganarse), unas instituciones públicas fiables, el trabajo, el respeto al distinto, la libertad de expresión y la educación son los pilares en los que Occidente sentó su progreso económico acompañado de décadas de libertad que se están perdiendo hoy en día asfixiadas por el hipermoralismo que nos rodea. Más allá de rebeldías impostadas y dirigidas desde arriba, no hay nada.

El lenguaje también es una clara herramienta a la hora de imponer esta nueva visión en la que el oficialismo (la versión oficial) es la nueva religión. El «pero» como vía de negación se ha convertido en la única salida de muchos que no aceptan el dogma por completo, pero que antes de criticar alguno de sus aspectos se previene con un «yo no niego X, pero», para evitar así el posterior linchamiento social y mediático por no postrarse ante la dictadura de lo políticamente correcto.

También se debe abordar la pérdida de la distinción entre el bien y el mal (ahora todos son respetables, incluso hasta el mal tiene cabida en la sociedad y es votado), la pérdida de la figura de autoridad tan necesaria para los seres humanos como seres gregarios que somos, la falta de respeto, la lucha contra la naturaleza humana haciendo de la igualdad la mayor lacra de la sociedad negando por completo que todos somos diferentes (una gran virtud humana que enriquece a las sociedades), la eliminación de conceptos tales como perdedor, fracaso, sufrimiento, derrota, etc., han sido desterrados para acabar con la meritocracia y dar paso a la ineptocracia.

Todo esto se encuentra vigilado por *The All-Seeing Eye* (el Ojo que todo lo ve), que mediante el control de las redes sociales y el oligopolio de las grandes tecnológicas ha conseguido que la información más personal de todos nosotros llegue al despacho de un burócrata que sabe cómo utilizarla para enmascarar en un sistema democrático un régimen totalitario, donde nada es lo que parece y las luchas son pura obra teatral. Nos adentramos en un nuevo mundo basado en la hipervigilancia del disidente y el control de los mensajes que se pueden enviar. El nuevo mundo que se ha creado nos ha llevado a todos al redil. La oveja negra que abandona el redil inmediatamente es llevada al matadero digital y, por ende, social. El majestuoso avance de la tecnología nos permite estar más conectados e informados (en muchos casos desinformados, más bien) que nunca.

Esta herramienta no iban a dejarla escapar los nuevos gobiernos que en pro de la defensa del ciudadano, de la seguridad, del bienestar y de multitud de conceptos en los que se refugian para hipercontrolar a los ciudadanos, la utilizan para reprimir con severa dureza a todos los que salen de la idea única del nuevo mundo centrado en el uso de herramientas tecnológicas extremadamente útiles para poder detectar el descontento e, incluso, anticipar los movimientos de un individuo que cree que haciendo el ridículo en redes sociales con bailes grotescos consigue estar a salvo de convertirse en un títere más. Las masas de acoso, concepto acuñado en obras anteriores, son un instrumento clave en todo este proceso que analizaremos.

La pandemia ha acelerado este nuevo mundo centrado en el uso de la tecnología para observar nuestros pasos y nuestras palabras. Algunos hablaban de un chip inyectado a través de la vacuna, ¿para qué otro más teniendo uno infinitamente superior como es nuestro teléfono móvil? Medidas aprobadas por distintos gobiernos en pro de la «información real» han ido apareciendo en muchos países que catalogaron como falso que el Covid-19 «escapara» de un laboratorio de Wuhan y ahora se retractan. Incluso, no temían decir que esto apenas causaría un par de víctimas y que era pura exageración sensacionalista de cuatro chiflados que se daban cita en redes sociales. Lo mismo hemos visto con las vacunas. Muchos ciudadanos aplauden que se censuren ciertas informaciones porque «atacan el interés general y ponen en riesgo al pueblo». ¿Qué será lo próximo? ¿Cuántos de esos borregos que balan por las medidas y las celebran con gran euforia, acabarán también siendo censurados en el futuro cuando sus ideas se consideren impopulares?

¿Hasta qué punto las nuevas generaciones educadas ya bajo estos mantras podrán salirse del mensaje y del pensamiento impuesto por instituciones públicas, medios de comunicación, colegios, universidades, partidos políticos y empresas que hacen negocio con ello allí donde es rentable? Aunque la alogocracia se fundamente en el uso de los sentimientos, su método es una máquina perfecta diseñada con una lógica implacable. La ecuación insuperable para este nuevo mundo es: instituciones públicas + educación + masas de acoso + redes sociales + medios de comunicación.

La alogocracia es una combinación letal que arrasa la razón y consigue hundir en el fango el debate intelectual para dar paso a la pantomima sentimentaloide que conquista, a través de los corazones, las mentes de los pueblos occidentales.

Resulta complicado, cuando uno se halla inmerso en las cuestiones cotidianas que nos ofrecen debates superficiales, ver con perspectiva la situación y la realidad de nuestro tiempo. Yo mismo he tenido que abandonar mi dispositivo móvil durante horas para poder escribir este libro. La única forma de alejarse de debates mundanos es huyendo de las fosas sépticas en las que habitamos, siendo en muchas ocasiones inconscientes de ello. Mientras usted se encuentra enganchado a su teléfono móvil rastreando entre las diferentes redes sociales, su mente se apaga convirtiéndose en el ciudadano obediente y sumiso que desea todo gobernante.

La hegemonía cultural de Gramsci se ha hecho por fin realidad y ha penetrado en todos los segmentos sociales. Desde las grandes empresas hasta el operario compran, de una forma u otra, el marco mental establecido del que apenas uno puede escapar. Aquellos que no abrazan tales imposiciones se encuentran ante las masas de acoso que de una manera superficial tratan de ridiculizar a la persona sin ni siquiera entrar en el fondo de sus argumentos. En esta sociedad de papel de burbuja en la que todo ofende, cualquier comentario ácido contra lo políticamente correcto se vuelve en un gesto revolucionario y se hostiga hasta la saciedad al «hereje» que se atreve a discrepar.

El moralismo recalcitrante nos asfixia para dejar paso a una sociedad repleta de dóciles siervos, maleducados, henchidos de pretensiones y estúpidos, conducidos por la desinformación de los *lobbies* abanderados por los medios de comunicación. Hemos llenado el vacío espiritual de nuestra época con dogmas impuestos que apenas nos cuestionamos. En esta obra recurriremos al uso de la mayéutica socrática para ver hasta qué punto nuestras ideas no dejan de ser un débil castillo de naipes que se puede desmoronar simplemente cuestionando los cimientos que lo sujetan.

Comenzamos…

1

LOS CIMIENTOS DE LA ALOGOCRACIA

Uno de los principales puntos de la alogocracia consiste en analizar los hechos no desde una perspectiva racional, sino emocional. Así nos encontramos con continuas proclamas que alertan del fin de los tiempos y de inminentes peligros que deben ser solventados mediante la rúbrica de un burócrata en su despacho. Nuestra tendencia al drama y la concepción trágica que tenemos del mundo que nos quieren obligar a abandonar, es el claro ejemplo de la victoria de la posverdad sobre la realidad. A menudo los culpables de nuestros problemas son las pasadas generaciones, que eran demasiado inocentes (o eso quieren hacernos creer) para darse cuenta de los peligros que rodean Occidente. Lo cierto es que fueron ellos, no nosotros, los que consiguieron crear el mundo más seguro, libre y próspero de la historia de la humanidad. Usted, al igual que yo, no es más que un privilegiado que ha podido disfrutar del fruto del trabajo de sus abuelos y bisabuelos sin merecerlo. ¿Qué ha hecho usted para vivir en la zona del mundo más libre y rica del planeta? Nada. El azar permitió a los occidentales que nacimos hace unas pocas décadas habitar en países donde reinan la paz, el progreso económico y la tolerancia (hasta ahora). Nosotros somos más bien la generación que estamos acabando con ese mundo para dar paso a una distopía que erradica los pilares en los que se alzó el antiguo mundo.

Mientras el viejo mundo agoniza, el nuevo se va asentando poco a poco gracias a los nuevos dioses que, a través de la negación de la naturaleza humana, el odio a la razón, el fanatismo, el control absoluto por parte del Estado de nuestras vidas y la reconstrucción de la historia para que esta coincida con los dogmas actuales consiguen hacernos olvidar lo que permitió a Occidente alcanzar las cuotas de libertad y progreso más elevadas de la historia de la humanidad. Los humanos siempre hemos buscado un componente divino para justificar lo que se nos escapa y otorgar sentido a nuestros actos en vida, cuando no directamente llenar nuestra existencia. Al igual que nuestros antepasados creían en el politeísmo y en que varios dioses eran los que vigilaban y castigaban a los ciudadanos según su conducta, en la actualidad, por mucho que algunos crean haber superado ese concepto, nos encontramos con que los nuevos falsos mesías, los centinelas y la masa siguen rigiendo nuestro comportamiento día a día. Desde que el mundo occidental comenzó a desechar el componente religioso por considerarlo algo «antiguo» y propio de descerebrados irracionales, otros actores han venido a ocupar el hueco dejado por la falta de fe.

Los valores del cristianismo no son una cuestión menor. Algunos creen que esto no afecta sus decisiones porque se declaran ateos, pero la realidad es que el componente cultural sigue presente. Tratar de entender la evolución de Occidente sin el cristianismo es una necedad. Conviene recordar que las grandes premisas de los valores cristianos paradójicamente hoy están en desuso en pos de «la evolución». El respeto al prójimo, el valor del esfuerzo, el derecho a la dignidad del ser humano, la libertad, respetar los bienes ajenos, el trabajo, el sentido de pertenencia a una comunidad y por consiguiente la necesidad de actuar pensando en qué provocan en los demás nuestros actos han sido olvidados. Sin embargo, los feligreses de las nuevas religiones recuerdan mucho a los inquisidores de hace siglos. Siempre acechando al disidente y al contrario a la moral que pretenden imponer, ya sea en cuestiones relacionadas con el feminismo, el racismo, cambio climático, igualdad o redistribución de la riqueza, cualquier halo de rechazo a los nuevos dogmas es perseguido y encerrado en la oscuridad para posteriormente ser ejecutado. La masa te acusa, te juzga y te condena. Tres en uno a gran velocidad. Ni siquiera los procesos inquisitoriales se atrevieron a tanto. Definitivamente el tiempo pasa, pero el comportamiento humano apenas varía y la moda irracional se impone en todos los ámbitos a través de los sentimientos para «salvar a la humanidad» del fin de los tiempos y para preservar el *statu quo* imperante.

El vacío que nos ha dejado la religión lo hemos llenado con nuevas causas que otorgan sentido a nuestra vida. Dedicarse a salvar el planeta, a las mujeres, a los negros, latinos, asiáticos, mapuches, ranqueles, etc. es una de las nuevas religiones que ha encontrado un gran número de adeptos dispuestos a «sacrificarse» para salvaguardar el mundo. Si algo caracteriza a los autoproclamados guardianes del planeta y del ser humano es su desprecio a los datos (como veremos posteriormente).

En vez de dar argumentos basados en hechos, se limitan a ir de moralistas por la vida imponiendo una forma de vida a la gente y bombardeándonos con términos peyorativos para todos aquellos que osan contradecir sus proclamas. Porque ahora las personas son mejores, o eso quieren hacernos creer, si no acaban con la vida de una pobre vaca o si están apuntados a una asociación de bicicletas. Su percepción puramente emocional les basta para convencer a las personas del más bajo nivel para aglutinarlas en la masa que arrasa al distinto siguiendo órdenes de los falsos mesías. Ganan adeptos porque parece que moralmente son superiores, aunque luego en la práctica hagan todo lo contrario a lo que predican. El postureo ético no tiene nada de heroico, más bien es un alarde de falsa superioridad propia de la estúpida sociedad occidental que tiene sus necesidades básicas cubiertas. A la generación sin tragedia sólo le queda la sobreactuación y no importa que eso pase por vivir anclados a una hipocresía constante. Haz lo que yo digo, no lo que yo hago es uno de los lemas de la alogocracia.

El fin de la libertad de expresión

Otro de los pilares claves para la instauración de la alogocracia es el desprecio por la libertad de expresión. En contra de lo que defienden las doctrinas igualitarias a las que nos enfrentamos, la condición de la libertad radica en que cada individuo pueda expresar libremente sus ideas, sentimientos y opiniones. Sólo donde no existe libertad de expresión puede reinar el consenso, mientras que la desigualdad, la diversidad de ideas, lo distinto y la diferencia son propios de sociedades libres. La tiranía de la masa no sólo destruye el valor intrínseco del individuo, sino que provoca el fin del debate intelectual, la creatividad y el progreso. Resulta imposible poder detectar la solución idónea a los problemas de nuestro tiempo si solamente escuchamos una opinión. Si la masa, a través de prejuicios y supersticiones, impone un relato único sobre cómo debemos enfrentarnos a un problema, es probable que la solución expuesta sea equivocada. A menudo leemos titulares que contienen «el 99 por ciento de la comunidad científica» o «la mayoría de expertos» para desacreditar a los que rechacen que esa comunidad científica (que todavía nadie ha sido capaz de explicar quién la conforma exactamente) o que esos pseudoexpertos de no sé qué están equivocados. Por un lado, deberíamos preguntarnos quién conforma esa comunidad científica y acto seguido por qué no escuchamos jamás las voces que contradicen el consenso establecido sobre determinados puntos. Por otro lado, debemos cuestionar el consenso que siempre lanzan los expertos. Por pura estadística resulta imposible que todos coincidan en el diagnóstico, las causas y la solución. Sabiendo que eso es así, ¿por qué jamás vemos a expertos que contradigan el mensaje único?

Algunos sostienen su opinión y la defienden de forma tajante sin haberse informado: si la mayoría dice «A», entonces «A» debe ser cierto. Afirmaciones propias de la irracionalidad que sólo aquellos que no conocen la historia pueden realizar. A lo largo de los tiempos nos encontramos con multitud de ejemplos de cómo la comunidad científica del momento y los expertos estaban tan equivocados como la masa ignorante que creía habitar en la verdad. No será en este libro donde enumere a los grandes genios que cambiaron la historia de la humanidad, pero sí hablaré del caso de Copérnico. En el siglo III a.C., Aristarco de Samos ya afirmó que el Sol y no la Tierra era el centro del universo. Dicha afirmación fue severamente criticada y considerada intolerable. Posteriormente, Copérnico formuló su célebre teoría heliocéntrica en la que probaba que la Tierra y los planetas se movían alrededor del Sol. Durante dieciocho siglos, la teoría de Aristarco de Samos fue considerada una aberración porque rompía con los valores establecidos. No fue hasta después de mil setecientos años, con la publicación de la teoría de Copérnico cuando el debate volvió a surgir. Sin embargo, Copérnico, no se atrevió a publicar su tesis hasta el año de su muerte. Temía la opresión del pueblo, de la Iglesia e incluso por su vida porque su teoría desmontaba no sólo aspectos astronómicos, sino que afectaba directamente a todos los campos, ya fueran filosóficos, matemáticos o religiosos. Por aquel entonces prácticamente el cien por cien de la comunidad científica, los expertos y la población aseguraban que todos los movimientos de los cuerpos celestes tenían como centro nuestro planeta. Todos ellos estaban equivocados.

Tras la muerte de Copérnico, otro librepensador tomaría el testigo: Galileo Galilei. El astrónomo italiano siguió la tesis de su predecesor y se enfrentó a sus colegas, a la población y a las instituciones religiosas. La persecución a la que fue sometido por defender la verdad provocó el insulto constante de sus compañeros y amigos, además de sufrir en numerosas ocasiones agresiones físicas. La irracionalidad de sus contemporáneos llegó al punto de tener que rendir cuentas frente al Santo Oficio. El 16 de febrero de 1616 el Santo Oficio condenó la teoría copernicana y la calificó como «una insensatez, un absurdo en filosofía y formalmente herética».[1] Años más tarde, en 1632, Galileo fue llamado de nuevo para ser juzgado tras la publicación de su obra *Diálogo sobre los dos máximos sistemas del mundo*, en la que insistía en la veracidad de la teoría de Copérnico. Fue declarado culpable y obligado a arrodillarse y adjurar de su doctrina y condenado a prisión perpetua. Su obra se incluyó en el *Índice de libros prohibidos* y no salió de él hasta 1728. Tal y como escribió el propio Galileo:

> Acabo de informarme por buenas fuentes de que los padres jesuitas han hecho creer en un alto lugar que mi libro era execrable y más pernicioso para la santa Iglesia que los escritos de Lutero y de Calvino.[2]

Resultaba inadmisible que la verdad oficial fuera cuestionada. El pecado de Galileo no fue otro que enseñar pruebas y datos que corroboraban la teoría de Copérnico, frente a los argumentos basados puramente en la autoridad. Durante más de diecisiete siglos el ser humano estuvo residiendo en la mentira, algo que podría haberse evitado si la libertad de expresión hubiese estado amparada permitiendo de ese modo que otros científicos estudiaran la veracidad de las teorías expuestas por Aristarco de Samos, Copérnico y Galileo Galilei sin temor a ser perseguidos.

Del mismo modo que la comunidad científica señalaba, perseguía e insultaba a Copérnico y Galileo por llevar la contraria al criterio establecido por la mayoría, en la actualidad nos encontramos con ejemplos que calcan, a través de las masas de acoso, el mismo mecanismo que ocultó la verdad y enterró el debate sobre cuestiones de enorme relevancia durante siglos. El clima de terror que se ha establecido entre los académicos, científicos e intelectuales de nuestro tiempo, que temen hacer públicas declaraciones que hacen en privado, ha logrado instalar la convicción de conceptos que al analizarlos en detalle se observan, al menos, parcialmente falsos. La espiral de silencio que imponen las masas de acoso también se ve reflejada en aquellos ámbitos que supuestamente sólo deben estar regidos por la verdad, sea esta agradable para el gran público o incómoda. De nuevo podríamos relatar una gran cantidad de persecuciones ideológicas contra los estudiosos de nuestra era, pero como el ánimo de este libro no es aburrir al lector, nos centraremos en el caso del matemático Theodore Hill.

Este profesor estadounidense, especializado en teoría de la probabilidad, decidió estudiar si existían diferencias entre los varones y las mujeres con respecto a la inteligencia. Trataba de dar respuesta a una serie de datos tales como por qué hay más hombres vagabundos, yonquis, criminales y suicidas, del mismo modo que el número de los varones con premios Nobel es mucho mayor que el de mujeres. Así pues, se dispuso a analizar una serie de características y datos con la ayuda del profesor Sergie Tabachnikov de la Universidad de Pensilvania. El estudio de Hill se centraba en la teoría de la hipótesis de la variabilidad masculina (Greater Male Variability Hypothesis). Los resultados de su trabajo determinaron que, si bien en promedio la inteligencia de los varones y las mujeres es muy similar, la distribución dentro de los grupos es diversa. Los varones tienden a concentrarse en los extremos, mientras que las mujeres en el medio. ¿Qué quiere decir esto? Significa que hay más varones que mujeres con un nivel de inteligencia muy bajo, pero al mismo tiempo, también hay más varones que mujeres que cuentan con un nivel de inteligencia muy alto. Las conclusiones del estudio realizado por Hill y Tabachnikov trataban de explicar el motivo por el que había más hombres pobres, vagabundos o criminales. Tras recibir un gran número de elogios y ser revisado por pares, el estudio fue aceptado y listo para su publicación.

Tabachnikov publicó en su página web una entrada con los resultados y el proceso seguido para llegar a dichas conclusiones. De pronto, un grupo activista de la Universidad de Pensilvania denominado «Mujeres en matemáticas» le hizo saber al profesor que, si bien no había nada que objetar al método científico aplicado, las conclusiones podían afectar a las mujeres y podía inducirlas a que no estudiaran matemáticas. Acto seguido, el jefe de departamento llamó a Tabachnikov para que retirara la publicación alegando que no seguía los valores de la universidad basados en la igualdad. Es decir, como las conclusiones no cumplían con la ideología imperante, el trabajo de Hill y Tabachnikov debía ser prohibido. El hecho de publicarlo supuso un ataque sin precedentes contra los profesores por parte de sus propios compañeros y su trabajo fue retirado de las revistas que previamente lo habían aceptado. No sólo eso, los autores también tuvieron que ver cómo la Fundación Nacional para la Ciencia (NFS) les retiraba la financiación del proyecto.[3] Ninguno de ellos refutó el contenido del estudio ni se cuestionaron las conclusiones, simplemente fue prohibido porque los resultados no concordaban con el mensaje único que se envía constantemente en Occidente: «Todos somos iguales». La alogocracia persigue y acosa a cualquiera que se atreva a cuestionar uno de los dogmas de la nueva religión y, sin duda, negar que todos somos iguales es un sacrilegio inadmisible.

Hill envió una carta al presidente de la Universidad de Chicago, Robert Zimmer, denunciando lo ocurrido. De ella se han extraído los siguientes fragmentos:

> Querido presidente Zimmer.
> Le escribo directamente ya que, si nuestros roles estuvieran invertidos, eso es lo que hubiera apreciado de usted como compañero matemático.
>
> Por la presente presento una queja contra los profesores de matemáticas de la Universidad de Chicago, los doctores Amie Wilkinson y Benson Farb, por conducta poco profesional, no universitaria y poco ética que dañó mi reputación profesional y la de la Universidad de Chicago. He estado trabajando como profesor de matemáticas durante más de cuarenta años y nunca antes me había pasado nada como esto a mí, ni a nadie que conozca.
>
> A principios de 2017, descubrí una teoría matemática simple basada en principios biológicos para explicar la controvertida «hipótesis de variabilidad». En particular, un artículo en los *Avisos* de 2007 afirmó: «Si es cierto, [la hipótesis de variabilidad] podría explicar el hecho de que todos los medallistas de Fields han sido hombres». Recluté a dos colegas para que me ayudaran, lo redacté y lo dirigí a la editora jefa de *The Mathematical Intelligencer*. A ella le gustó, dijo que debería generar un debate saludable, nos ayudó a revisarlo y lo aceptó oficialmen-

te para su publicación en su sección Viewpoint, que explícitamente da la bienvenida a la controversia.

Las acciones de los doctores Wilkinson y Farb que son objeto de mi queja son las siguientes:

- La Dra. Wilkinson, después de enterarse del artículo aceptado, conspiró con otros para censurarlo. Una respuesta adecuada hubiera sido contactarme directamente con críticas, o primero dejarme publicarlo y luego publicar una respuesta. En su lugar, hicieron repetidas quejas a mis espaldas a la editora jefa de *The Mathematical Intelligencer*, quien luego confirmó que las quejas no tenían nada que ver con el fondo; en cambio, le advirtieron que «los medios de comunicación de derecha pueden captar esto y promocionarlo internacionalmente». Bajo amenazas y repetidas quejas por parte de la Dra. Wilkinson y otros, la editora jefa rescindió la aceptación del documento.
- La Dra. Wilkinson conspiró para que su padre (un psicometrista) enviara críticas al artículo, no a nosotros, sino directamente a la editora jefa. Cuando más tarde me enviaron sus argumentos descubrí la participación de Wilkinson [...].
- Posteriormente, los editores del *New York Journal of Mathematics* se enteraron de mi trabajo sobre este tema y me solicitaron un artículo (sin coautores esta vez) para su publicación. Después de un informe de árbitro muy positivo y el elogio de un editor y el editor jefe, hice varias revisiones bajo su supervisión y el *NYJM* publicó mi artículo *online* el 6 de noviembre de 2017.

- Cuando se enteró de esto, la Dra. Wilkinson conspiró con el Dr. Benson Farb (su esposo), otro editor de *NYJM*, para censurar también este artículo [...].
- La Dra. Wilkinson continuó conspirando con su esposo, el Dr. Farb, para acosar al editor jefe de *NYJM* hasta que eliminó el artículo ya publicado. Sin previo aviso, mi artículo simplemente desapareció del registro científico. El editor jefe me dijo más tarde que había recibido amenazas de que la revista (que había fundado hace unos veinticinco años) sería «acosada hasta su muerte» a menos que retirara el artículo de inmediato.
- Estas acciones de los doctores Wilkinson y Farb, conspirando para denunciar y censurar mi trabajo, y maniobrando para usar acusaciones falsas y engañosas para atacarlo y dos revistas que lo habían aceptado, no sólo dañan mi propia reputación profesional, sino que también desacreditan a la Universidad de Chicago y la comunidad matemática.

Por lo tanto, le pido que reprenda tanto a la Dra. Amie Wilkinson como al Dr. Benson Farb, y que se disculpen públicamente por la conducta impropia de los profesores de la Universidad de Chicago.

Respetuosamente suyo, Ted Hill.[4]

No solamente el profesor Hill, sino también las revistas que publicaron su trabajo sufrieron la ira de los alogócratas que lejos de querer tener un debate saludable o tratar de confrontar sus conclusiones aportando hechos que demostraran lo contrario, se limitaron a censurar y tratar como a un apestado a un tipo que lleva más de cuarenta años trabajando y es una eminencia en el ámbito de la teoría de la probabilidad. Si ni siquiera el ámbito matemático escapa a la imposición ideológica, resulta imposible que se pueda avanzar cuando la verdad o las hipótesis que se plantean a ciertas cuestiones son directamente aniquiladas porque no van acordes a la moral impuesta. Pero Hill no ha sido el único en sufrir la ira de las masas de acoso. La persecución contra cualquiera que demuestre que la verdad oficial hace agua, ha llegado a todas las universidades de Occidente. Tanto es así, que un grupo de destacados académicos de universidades como Princeton y Oxford decidieron crear una revista científica en la que sus autores pudieran permanecer anónimos para evitar la cacería de los alogócratas y poder seguir investigando, sin temer que los resultados puedan hacerles perder su trabajo porque son políticamente incorrectos. Como vemos, la libertad de expresión se encuentra amordazada y reservada sólo para unos pocos siempre y cuando cumplan con el dogma impuesto por la posverdad. Esta praxis coercitiva provoca una paradoja. Mientras en público millones de personas defienden una cosa, en privado defienden otra. Por ello, no es de extrañar que politólogos, periodistas, analistas y más actores del mundo político sean incapaces de explicar el porqué de la victoria de Donald Trump en 2016, el Brexit o el auge de partidos nacionalistas en Occidente si el mensaje que recibe la población es el contrario. Posteriormente veremos qué está provocando el silencio del *establishment* sobre los numerosos problemas a los que no se les da voz porque son políticamente incorrectos.

La tolerancia represiva que exponen amplios segmentos de la sociedad menos dispuestos a escuchar otros puntos de vista, impide que el ciudadano pueda desarrollar libremente una idea. ¿Cómo saber si algo es correcto o nocivo si simplemente recibes una única opción que es presentada como válida y aceptable? En este punto es en el que coinciden tanto la derecha tradicional como la izquierda, en la necesidad de silenciar las ideas que no coinciden con la nueva agenda ideológica que ambos defienden. La libertad de expresión permite que visiones distintas puedan competir y que la verdad en muy pocos casos se pueda alcanzar, librando así al ser humano del fanatismo de la sociedad que abraza un único dogma como verdadero y crea una uniformidad decadente que impide el progreso. En la actualidad observamos cómo la alogocracia vende la censura como un acto caritativo estatal y de protección que el rebaño celebra. El letal matrimonio entre el poder político, medios de comunicación y redes sociales ha dado a luz un engendro llamado «verificadores». Empresas escogidas por el poder político en convivencia con los medios y las grandes tecnológicas se dedican a determinar qué es cierto o falso. Aquellos que desean suprimir una opinión alegando que es falsa dan por hecho que son infalibles y, por lo tanto, el resto no tiene derecho a escucharla y decidir por ellos mismos si es cierta o falsa. La pandemia que atraviesa actualmente la humanidad es un claro ejemplo de cómo los «verificadores» han cometido en numerosas ocasiones muchos errores al censurar información que se creía falsa en un momento determinado, pero que posteriormente se ha demostrado cierta. Como ejemplos más claros tenemos el uso de la mascarilla para hacer deporte o el origen del virus. Algunos especialistas sostenían que el uso de la mascarilla para realizar deporte disminuía la disponibilidad de oxígeno y aumentaba los niveles de CO_2. Rápidamente, los «verificadores» salían a censurar la información y a crear artículos que contradecían la conclusión de los estudios porque el mensaje oficial dictaminaba todo lo contrario.[5] No fue hasta diciembre de 2020 cuando la información dejó de ser considerada falsa tras una publicación de la OMS que corroboraba que los especialistas etiquetados como «creadores de noticias falsas» estaban en lo cierto y desaconsejaba el uso de la mascarilla para hacer deporte.[6] Ni siquiera la propia OMS se salva de haber enviado mensajes falsos a la población.

Respecto al origen del Covid-19, todas las informaciones que simplemente cuestionaban la veracidad de que fuera de origen natural sufrieron censura y fueron etiquetadas como noticia falsa. A día de hoy se sigue sin poder determinar con total certeza cuál ha sido el origen, pero los verificadores ya no descartan que sea de origen artificial. El periodista español Iker Jiménez fue uno de los que tuvo que sufrir la censura simplemente por cuestionar la versión oficial de la OMS, poder político y medios de comunicación. «Facebook e Instagram levantan hoy la "censura" mantenida durante más de un año sobre cualquier teoría que relacionase origen del virus y laboratorio. A lo mejor no os estábamos dando información falsa. Ni merecíamos ese sello. Aunque muchos dijeran que sí»,[7] escribía en su cuenta de Twitter el periodista tras haber tenido durante meses un sello que rezaba así: «Información falsa. Esta publicación repite información sobre el Covid-19 que, según los verificadores de información independientes, es falsa».[8]

Como podemos observar, si la opinión que se censura es verdadera, se pierde la posibilidad de acabar con el error. Como decía Stuart Mill: «Si la opinión es verdadera se les priva de la oportunidad de cambiar el error por la verdad; si es errónea, pierden lo que es un beneficio no menos importante: la más clara percepción y la impresión más viva de la verdad, producida por su colisión con el error».[9] La conclusión del intelectual británico nos acerca a la importancia no sólo en términos morales, sino también prácticos de la libertad de expresión. Esto nos debería llevar a reflexionar por el interés que tiene el *establishment* a la hora de cercenar la opinión del contrario o de limitar la libertad de expresión sobre el paraguas de la defensa de la tolerancia, la inclusión social o la protección de la desinformación. Si establecemos que entes abstractos y superiores pueden, e incluso deben, prohibir conceptos que a una mayoría les parecen inaceptables, estamos aceptando la tiranía de la idea hegemónica dominante en el momento e impidiendo que esta pueda ser sustituida por la verdad si se demuestra que es falsa o relativamente errónea perjudicando así el desarrollo. Adviértase que no es suficiente con enfrentarse a la dictadura del rebaño sentimentaloide, pues este ha dado por correcto que incluso por medios civiles y penales se pueda castigar al disidente.

En el mundo actual, la libertad de expresión cada vez se ve más restringida a causa de la aprobación de leyes que condenan a individuos que expresan una opinión contraria a lo establecido. Bajo el concepto de «delito de odio», vemos cómo la intolerancia a escuchar ideas, independientemente de que nos gusten o nos repugnen, es perseguida hasta extremos propios del medievo. Ante esto, deberíamos establecer varias preguntas. ¿Quién determina los límites de la libertad de expresión? ¿Quién establece lo que es un delito de odio? ¿Quién dicta lo que es verdad o es mentira? Algunos podrán responder diciendo que lo hace la ley o la moral de la sociedad. Pero la ley no tiene por qué ser justa ni ajustarse a la verdad. No debemos olvidar que las leyes de Núremberg aprobadas por los nazis eran legales, la segregación racial en Estados Unidos era legal, la castración química a homosexuales era legal, la Inquisición era legal... En definitiva, todo tipo de prácticas que con el paso del tiempo evidentemente nos parecen repulsivas fueron legales y ampliamente aceptadas por la sociedad. ¿Cómo se consiguió romper en muchos casos la idea dominante de la sociedad? A través del intercambio de ideas. La libertad de expresión permite sacarnos de nuestro error y es algo que lejos de castigar deberíamos luchar firmemente por preservar. Sin embargo, en estos tiempos en los que reina el vacuo sentimentalismo observamos cómo en muchas ocasiones esta cruzada contra la libertad se une a la aprobación de leyes que buscan reducir al mínimo exponente la posibilidad de dar una idea con total libertad. Ya no sólo el rebaño es el que señala a la oveja negra, sino que ahora, además, tiene a los estados de su lado para imponer castigos que varían desde multas hasta la cárcel.

Los límites de la libertad de expresión actualmente se ven fijados por varias capillas que eclosionaron en los años sesenta. Nos encontramos ante todo tipo de «ismos» y nuevas religiones que buscan un objetivo particular y actúan como verdaderos activistas. Con una influencia enorme inflada a través de los medios de comunicación y amparada por el poder político que la utiliza para atraer a la masa ignorante que quita y pone gobiernos a través de los sentimientos y la acusación constante al disidente, se censura y arroja a la hoguera al que no comulga con ellos. No importa que sea de izquierdas o derechas. Incluso los personajes públicos o políticos de izquierdas son los que más sufren el acoso al ser considerados traidores a la nueva causa, disuadiendo de esta forma a los izquierdistas que no se ven reflejados en los nuevos mantras que promueven los partidos tradicionales y nuevos de izquierdas. En el fondo, este comportamiento no deja de ser el propio de una secta, pero con un agravante. Con las nuevas sectas no sólo son sus miembros los que tienen que sufrir su estulticia, sino que esta es exportada e impuesta a toda la sociedad. Y en ese camino es donde el poder político sale en ayuda de ideas que no son consideradas como un verdadero problema para la población y que sólo a través de la sobreactuación y la sobrerrepresentación mediática se venden como un verdadero problema que debe contar con el apoyo del Estado. Ahí es donde tiene lugar la creación de leyes liberticidas que nos afectan a todos sea cual sea nuestra ideología. Y, de nuevo, volvemos a enfrentarnos a la pregunta clave: ¿quién determina lo que es un delito de odio?

Si aceptamos que la ley es la que debe fijar cuáles son los límites a la hora de expresarse, estamos aceptando como algo justo o válido que en ciertos países se encierre en la cárcel al que contradice el dogma. También bajo ese argumento podríamos dar como válido que ciertos libros se prohíban para no «escandalizar a la sociedad». Es más, si utilizamos ese criterio no solamente referido a la libertad de expresión, también veríamos como algo correcto la lapidación en relación al adulterio.

Si por el contrario el argumento defendido para establecer qué es un delito de odio lo fija la moral dominante de una sociedad, estaríamos reconociendo implícitamente que los abusos cometidos a lo largo de la historia por la mayoría contra una minoría eran justos. Bajo estos criterios la humanidad se habría visto eternamente subyugada y el progreso propio de los nuevos descubrimientos que nos condujeran a cambios sociales que mejoraron la vida de nuestros antepasados jamás se habría dado. En ambos supuestos se impide la discusión que nos permite acercarnos a la verdad para dar solución a los desafíos de nuestro tiempo. No debemos olvidar que una sociedad puede poner en práctica tiranías más crueles que muchos burócratas. Por tanto, se debe luchar contra la tiranía de la opinión mayoritaria construida bajo premisas que se consideran verdades absolutas e inmutables. De no hacerlo, estaríamos abocados a conservar ideas que los avances tecnológicos, el conocimiento y las investigaciones demuestran que son equivocadas.

La ola de intolerancia que se extiende por Occidente está dejando como resultado la aprobación de todo tipo de leyes cuyo objetivo no es otro que perseguir opiniones impopulares bajo el falso pretexto de «proteger a la población de los mensajes de odio» que ofenden a las nuevas generaciones de cristal que ven en un artículo de opinión, un *tuit* o un *post* de Instagram un drama que puede provocarles una depresión. Para evitar semejante trauma, se recurre a «papá Estado» para que venga a protegerlos. Por supuesto, el Estado acude encantado. Todo lo que pase por controlar a la sociedad y someterla a los nuevos dogmas es el sueño de cualquier gobernante. La gran aliada de los aprendices de tiranos que recorren Occidente es esa sociedad posmoderna nacida en la abundancia que niega que una opinión pueda ser ofensiva. Se olvida que la libertad de expresión es precisamente la libertad de molestar, ridiculizar e incluso ofender a una religión, ideología o personaje. Todos, sin excepción, debemos estar sometidos a ello y tener el derecho de replicar con el uso de la misma arma: la palabra. En el momento en el que consideramos una religión o ideología exenta de ser criticada, la libertad de expresión desaparece para ser reemplazada por una camisa de fuerza que nos acaba sometiendo a los intereses de un selecto grupo. Occidente mejor que nadie debería saberlo. Con esa excusa, se abren las puertas del infierno a través de la censura y la arbitrariedad de unos cuantos aspirantes a tirano que legislan para estrechar el redil mientras el rebaño ofendido festeja la decisión.

La aprobación de este tipo de leyes liberticidas que los propios ciudadanos celebran nos retrotrae a la psicosis social propia de la cacería de brujas que se dio especialmente en Salem. En 1692 en la ciudad estadounidense tuvieron lugar los célebres juicios por brujería. En la comunidad conformada en su mayoría por puritanos, todos se vigilaban mutuamente y aquel que demostraba un mínimo de vacilación con el fundamentalismo religioso que se respiraba era automáticamente sospechoso de ser un hereje. Desde el año 1692 hasta 1693 la histeria colectiva se adueñó de los jueces de Salem, quienes siguiendo la presión social de la turba no dudaron en condenar a cientos de mujeres acusadas de brujería a pesar de no tener pruebas concluyentes. La fusión de la tiranía social y el poder político dejó como resultado una sociedad totalitaria y cientos de inocentes condenados porque el dogma defendido por el rebaño y la ley establecían que nadie podía oponerse a la verdad absoluta identificada como el baluarte de la moral y el bien.

La Agencia de los Derechos Fundamentales de la Unión Europea (FRA) es el organismo europeo cuyo objetivo es incitar a los países miembros a aprobar leyes que persigan los delitos de odio. La FRA define como delito de odio actos «motivados por el racismo, la xenofobia, la intolerancia religiosa o la discapacidad, la orientación sexual o la identidad de género de una persona».[10] El problema consiste, como hemos comentado, en quién establece lo que es racismo, xenofobia o intolerancia religiosa. ¿Podemos considerar que un individuo que se muestre contrario a la llegada de inmigrantes es racista? Ahí entra la subjetividad de lo que es un delito de odio o simplemente una opinión contraria a la inmigración. Podría darse el caso, como se da en Francia, de que muchos de los que sostienen ese mensaje sean incluso inmigrantes llegados al país galo hace apenas unos años, pero que demandan que se haga por las vías legales y con cierto control. Recientemente, Alemania intensificó su cruzada contra los delitos de odio tras la llegada de millones de inmigrantes. Debido a ello, numerosas personas se han mostrado contrarias a la inmigración masiva viendo cómo muchos de los mensajes esgrimidos son censurados e incluso perseguidos por la ley al ser considerados delitos de odio. La peligrosidad de esta subjetividad da lugar a situaciones contrarias a la libertad de expresión. Una de las víctimas fue el cómico Jan Böhmermann tras hacer una sátira sobre el presidente turco Recep Tayyip Erdogan. La actuación causó gran controversia en Alemania debido a que unos tres millones de personas de origen turco residen allí. Acto seguido, Erdogan reclamó un castigo ejemplar contra el cómico y el tribunal de Hamburgo prohibió la reproducción de algunas partes del poema recitado por Böhmermann en televisión. Llegó, incluso, a enfrentarse a pena de cárcel por «difamar a un jefe de Estado extranjero», pero finalmente fue absuelto no sin antes ver cómo varios de sus versos eran prohibidos.[11]

Otro ejemplo podemos encontrarlo en España. La revista de la asociación judicial Francisco de Vitoria publicó un poema satírico sobre Irene Montero (actual ministra de Igualdad de España). En el poema se criticaba que esta hubiese llegado a su cargo por haber mantenido una relación sentimental con Pablo Iglesias, a la sazón líder de Podemos. El poema decía lo siguiente:

> Cuentan que en España un rey
> de apetitos inconstantes
> cuyo capricho era ley
> enviaba a sus amantes
> a ser de un convento grey.
> Hoy los tiempos han cambiado
> y el amado timonel
> en cuanto las ha dejado
> no van a un convento cruel
> sino a un escaño elevado.
> La diputada Montero
> expareja del «coleta»
> ya no está en el candelero.
> Por una inquieta bragueta
> va con Tania al gallinero.[12]

Un juzgado de Madrid condenó al autor a pagar 50.000 euros y 20.000 a la revista. La sentencia decía así: «No se trata de un texto de información, sino de expresión de valoraciones de su autor sobre la demandante que erosiona explícitamente su dignidad».[13] Posteriormente, la Audiencia Provincial de Madrid revocaría la sanción. En esta ocasión sí se permitió la libertad de expresión, pero tanto en España, como en Alemania, Francia, Reino Unido, Italia, Estados Unidos, etc., las condenas por delitos de odio, considerando delitos de odio la ausencia de violencia física, han ido incrementándose los últimos años tal y como recoge la Oficina de Instituciones Democráticas y Derechos Humanos de la OSCE (OIDDH). El camino recorrido bajo los delitos de odio permite incluso que muchos justifiquen la violencia física contra los que profieren un mensaje contrario a la moral dominante. Hasta el papa Francisco justificó el atentando contra el semanario satírico francés *Charlie Hebdo* tras la publicación de unos dibujos del profeta Mahoma. El papa Francisco alegaba lo siguiente:

> Si el señor Gasparri, mi gran amigo, dice una mala palabra contra mi madre, puede esperarse un puñetazo. Es lo normal. Es normal. No se puede provocar, no se puede insultar a otras creencias de la gente, uno no puede burlarse de la fe. Muchas personas que hablan mal de otras religiones o de la religión, que se burlan haciendo de las religiones de otras personas una broma, eso es una provocación. Hay un límite.[14]

Es decir, el papa, como otros tantos, determina cuál es el límite y considera que un simple dibujo justifica que asesinen a doce personas inocentes que simplemente se dedicaban a reírse y mofarse de las creencias religiosas, ideológicas y sociales. Las nuevas religiones se fundamentan en los sentimientos de odio al hereje, culpabilidad, miedo y apocalipsis inminente. De esta forma y a través de una obra de ingeniería social se consigue acabar con la libertad de expresión, el valor del individuo libre y se sustituye la voluntad del ciudadano para intercambiar ideas por la imposición estatal que promete salvarnos de todos nuestros males. Mientras unos adoptan una actitud activa recogiendo las banderas de las nuevas sectas (la izquierda tradicional), otros adoptan una actitud pasiva víctimas de su incapacidad intelectual para elaborar ideas propias (la derecha tradicional). Ambos siguiendo intereses electorales y conscientes del buen resultado que otorga utilizar a los activistas para promover ideas fácilmente asumibles para el rebaño, consiguen aumentar de forma rápida el número de votos convirtiendo la política en un proceso fijado por la superstición y las creencias de una minoría ruidosa y fanática. Apenas quedan diques de contención. A decir verdad, los encontramos en la nueva derecha y en pequeños segmentos de la izquierda que se resisten a ser engullidos por sus antecesores y predecesores. Así, como explicaremos posteriormente, los ciudadanos se refugian en la nueva derecha debido a que la perciben como la única que no teme el qué dirán y que lleva en sus discursos sus preocupaciones reales, aunque los mismos votantes rechacen partes importantes del ideario.

Podríamos dar por justo que se persiga la incitación a la violencia contra ciertos colectivos. No entraremos en ese debate, sino en el fondo de la cuestión que alerta de quién determina los límites de la libertad de expresión. Debe ser señalado que la ley puede ser modificada, como hemos visto, por parte de los burócratas o por el propio rebaño ofendido y lo que hoy está permitido decir mañana conlleva una pena de cárcel. Encerrados en el redil del pensamiento único, los individuos viven bajo la mirada de una censura hostil y terrible. Las opiniones que rompen con el dogma establecido son perseguidas de forma inmisericorde. Le pasó a Galileo y a otros tantos que trataron de demostrar que el rebaño estaba equivocado.

De esta forma, las diferencias que permiten que unos y otros avancen hasta llegar a un acuerdo beneficioso para todos son sustituidas por la tiranía de la masa ignorante. El rebaño tiende a imponer como reglas de conducta y moral las ideas aceptadas por la mayoría, aplastando así a las minorías. Por ello, se hace imprescindible que la libertad de expresión sea la que otorgue protección al individuo libre, a la oveja negra que no quiere permanecer en el redil y prefiere, acorde a su voluntad, escapar de la imposición del resto. La muerte de la razón ha permitido que una élite reconvertida en ingenieros sociales determine qué es lo correcto, qué se acepta como bueno y qué camino debe seguir el rebaño. Dando rienda suelta a su distopía, se nos marca desde arriba el orden social que debemos seguir. He ahí la confusión que genera en muchos intelectuales que bautizan como «marxismo cultural» a esta corriente porque es propio de ellos creer que todo debe ser perfectamente planificado desde arriba. Pero ese análisis es erróneo ya que también vemos cómo muchas empresas, bancos, multinacionales, deportistas, *influencers*, etc. abrazan la idea y promueven la nueva agenda ideológica y enormes dosis de moralina al consumidor víctimas del cortoplacismo. Como pedía Gramsci: todo es política. La alogocracia consigue que todos los ámbitos acaben contagiados por la corrección política dominante.

A menudo observamos cómo en los debates de los programas de televisión más seguidos, no encontramos posiciones verdaderamente encontradas. En esta pandemia hemos visto muchos ejemplos. En relación a las vacunas o a las restricciones adoptadas por los gobiernos occidentales, ha resultado casi imposible toparse con posiciones contrarias a los toques de queda, la limitación de movimientos, la campaña de vacunación masiva, la obligatoriedad de llevar mascarillas, etc. Sin entrar en lo acertado o equivocado de ambas posiciones, la ausencia del debate ha llevado aparejada una idea única que la población ha asimilado como única vía posible para enfrentarse a la pandemia del Covid-19 evitando así la posibilidad de investigar otros puntos de vista y analizar si estos eran más correctos para enfrentarse al virus.

Podríamos realizar un ensayo completo sobre la defensa de la libertad de expresión desde el ámbito moral defendiendo que cualquier individuo, sea cual sea su opinión, debe tener el derecho de poder expresarla porque es un valor intrínseco del ser humano y, por lo tanto, un derecho moral. Las sociedades más exitosas suelen ser las más abiertas a la innovación, el cambio, el conocimiento y el estudio sin importar si la verdad no cuenta con la aceptación de una mayoría de incultos adiestrados. La verdad es la verdad, nos guste o no. Pero las nuevas generaciones occidentales han sido educadas bajo mantras falsos que les hacen creer que todos somos iguales, frustrándoles después cuando reciben una dosis de realidad y descubren que en el mundo hay gente más lista, más guapa, más inteligente y más capacitada que ellos, lo que acaba generando, lógicamente y como no podía ser de otra manera, una desigualdad natural propia del ser humano.

El control total del Estado

El actor que se instituye como fundamental para poder llevar a buen puerto la alogocracia es el Estado. Debido a que el concepto de Estado difiere según el autor que estudiemos, resulta indispensable aclarar a qué nos referimos cuando hablamos del Estado. Tomaremos como referencia la definición del sociólogo y jurista alemán Max Weber que definió el Estado de la siguiente forma:

> El Estado, como todas las asociaciones o entidades políticas que históricamente lo han precedido, es una relación de dominación de hombres sobre hombres, que se sostiene por medio de la violencia legítima (es decir, de la que es considerada como tal). Para subsistir necesita, por tanto, que los dominados acaten la autoridad que pretenden tener quienes en ese momento dominan.[15]

> Es una asociación de dominación con carácter institucional que ha tratado con éxito de monopolizar dentro de un territorio la violencia física legítima como medio de dominación y que, a este fin, ha reunido todos los medios materiales en manos de su dirigente y ha expropiado a todos los funcionarios estamentales que antes disponían de ellos por derecho propio, sustituyéndolos con sus propias jerarquías supremas.[16]

En este caso, nosotros calificaremos al Estado como «el conjunto de instituciones públicas que poseen la autoridad (ya sea de forma democrática o dictatorial) para regular la sociedad a través de la aprobación de normas y reservándose el monopolio del uso de la fuerza para hacerlas cumplir». Ya que no es el propósito de este libro debatir sobre la definición más correcta del Estado ni analizar si es justo o no es justo el poder que tiene, establecemos esta definición que será aceptada por todos sin importar los matices que se puedan añadir. Durante siglos, el papel del Estado constituido por unos protagonistas u otros ha sido determinante para la evolución de la sociedad. El concepto de Estado, a pesar de haber sido acuñado siglos atrás, iba a ser empleado de forma recurrente a principios del siglo XX con la llegada de las nuevas corrientes socialistas que se disponían a destruir el sistema de la época tras el fin de la Primera Guerra Mundial en 1918. El concepto de Estado era utilizado como sinónimo de protección y salvación de los problemas sociales. A pesar de que no necesariamente un Estado debe presentarse o ser concebido como «protector del pueblo», con el paso de los años fue ganando fuerza esa idea y ahora apenas nadie concibe un Estado que no sea benefactor y guardián de los ciudadanos. Un ejemplo de ello lo encontramos en *La doctrina del fascismo*. El término Estado aparece en más de noventa ocasiones. Teniendo en cuenta que esta obra es un ensayo de apenas treinta páginas, es indudable que se le otorga un papel fundamental al Estado. A diferencia de otras corrientes, el fascismo confiaba al Estado un rol muy similar al que las sociedades occidentales (especialmente las hispanas) le otorgan en la actualidad. Puede resultar chocante tal afirmación, pero si analizamos las consideraciones hechas por Giovanni Gentile y el propio Benito Mussolini, podemos observar que no distan mucho de la figura de papá Estado que vela por nuestros intereses y nos protege de los peligros que acechan en el exterior. Así definía Mussolini la necesidad de un Estado omnipresente que acabara con los problemas derivados de la ausencia del mismo.

> Siendo antiindividualista, la concepción fascista se pronuncia por el Estado; y se pronuncia por el individuo en cuanto este coincide con el Estado, que es conciencia y voluntad universal del hombre en su existencia histórica. Está en contra del liberalismo clásico, que surgió de la necesidad de reaccionar contra el absolutismo y que terminó su función histórica desde que el Estado se transformó en la conciencia y voluntad populares. El liberalismo negaba al Estado en interés del individuo particular; el fascismo reconfirma al Estado como verdadera realidad del individuo. Y si la libertad ha de ser atributo del hombre real, y no de aquel abstracto fantoche en el cual pensaba el liberalismo individualista, el fascismo se pronuncia por la libertad. Se pronuncia por la única libertad que puede ser una cosa seria, a saber, la libertad del Estado y del individuo en el Estado. Ello, en razón de que, para el fascista, todo reside en el Estado, y nada que sea humano o espiritual existe, y tanto a menos tiene valor, fuera del Estado. En este sentido, el fascismo es totalitario, y el Estado fascista, síntesis y unidad de todos los valores, interpreta, desarrolla e incrementa toda la vida del pueblo.[17]

> El fascismo entiende que, en la órbita del Estado ordenador, las reales exigencias que dieron origen al movimiento socialista y sindicalista sean reconocidas, y, efectivamente, les asigna una función y un valor en el sistema corporativo de los intereses conciliados en la unidad del Estado.[18]

> De 1929 a hoy, la evolución económica y política universal ha fortalecido mayormente estas posiciones doctrinarias. El Estado se agiganta. Sólo el Estado puede resolver las dramáticas contradicciones del capitalismo. La crisis no la puede resolver sino el Estado.[19]

Debemos tener en cuenta el contexto de la época. La Primera Guerra Mundial había dejado millones de jóvenes, en su mayoría de extracción obrera y campesina, muertos en combate o mutilados de por vida, imposibilitando su capacidad para trabajar y quedando a merced de la beneficencia. La población con menos poder adquisitivo iba a ser la más afectada debido a la destrucción de fábricas, industrias y campos inservibles para el cultivo. Esta situación generó un enorme rechazo al sistema y diferentes movimientos surgieron alrededor del mundo para acabar con él. Desde el fascismo, el nazismo, el comunismo, pasando por el keynesianismo, se abogaba por una mayor intervención estatal y políticas proteccionistas que recondujeran la economía, pero también, la sociedad. Este nuevo papel protagonista otorgado al Estado no iba a desaparecer, sino que simplemente fue actualizado tras el final de la Segunda Guerra Mundial. Al principio, el triunfo del keynesianismo iba a suponer una mayor intervención en el ámbito económico, pero, poco a poco, los gobiernos iban a utilizar el Estado para inmiscuirse cada vez más en la vida social. Esta unión intervencionista tan defendida por Benito Mussolini iba a dar lugar a nuevos modelos, aunque sin el componente totalitario del fascismo. En los años cincuenta y especialmente los sesenta, iba a surgir lo que hoy conocemos como el «Estado del bienestar». A pesar de que encontramos en el siglo XIX ejemplos de políticas sociales aprobadas por diferentes gobiernos, el Estado del bienestar nace del término inglés «Welfare State», que fue acuñado en los años cuarenta por William Temple (a la sazón arzobispo de Canterbury).

No nos vamos a centrar en analizar si la intervención estatal en el ámbito económico propio de los Estados del bienestar es adecuada o no; en esta ocasión vamos a centrarnos en cómo el Estado se ha convertido en una especie de semidios para Occidente, el cual debe velar por los ciudadanos y al que se le atribuyen poderes absolutos para regular nuestra vida en pro del interés general. El Estado ha ido inmiscuyéndose en la sociedad dejando atrás la competitividad propia de las relaciones espontáneas y voluntarias, para dar paso a la dependencia del mismo a través de políticas sociales. El rebaño se encuentra a merced de los pastores, que no dudan en retorcer la ley para acabar con los contrapesos democráticos en busca de un Estado omnipresente que regula nuestras vidas. La alogocracia a través del Estado se ha arrogado el derecho a educar, intervenir la información que puede recibir el ciudadano, establecer qué se puede decir y qué no, reescribir la historia bajo intereses políticos, indicar cuál es la conducta correcta, prostituir las instituciones públicas para usarlas como una herramienta más de propaganda política, reducir la independencia judicial a través del acoso mediático cuando no modificando la ley, otorgar subvenciones a las empresas afines y blindar oligopolios bajo prácticas corruptas, prohibir partidos políticos, destrozar la competencia fiscal entre países, comprar a través de ayudas estatales los votos de los ciudadanos, etc. En definitiva, el Estado del bienestar ha sido sustituido por el Estado total que, en el marco de una ingeniería social que sigue intereses de unos cuantos burócratas y grandes capitales, elimina la evolución natural de las sociedades para someterlas a cambios drásticos propios de regímenes totalitarios. Sin embargo, el Estado del bienestar ha sido clave para permitir este proceso. La masa social apenas muestra resistencia a estos cambios que en muchos casos son indeseados e incluso perjudiciales. ¿Por qué?

Las nuevas generaciones, en las que me incluyo, disfrutamos de la mayor época de paz, libertad y prosperidad de la historia de la humanidad. No somos conscientes de ello, pero realmente es un milagro que ha dejado como resultado una sociedad que tiene todas sus necesidades básicas cubiertas. Es una diferencia fundamental para explicar la ausencia de revoluciones. Mientras muchos ciudadanos de principios del siglo XX apenas tenían algo que perder, bajo el Estado del bienestar casi nadie se encuentra en esa situación. Los estándares de pobreza que nosotros establecemos están tremendamente alejados de la verdadera pobreza que se da en otros países que no pertenecen a Occidente o que se dieron en el pasado en nuestros respectivos países. En nuestra realidad todos tenemos algo que perder, ya sea bienes materiales o personales. A la sociedad actual apenas le importan los desafíos y la realidad de nuestro tiempo. Ensimismados y conectados a nuestros dispositivos móviles que llenan nuestro espíritu de inmediatez, los alogócratas aprovechan ese estado de anestesia generalizada para ir avanzando en la democracia totalitaria.

Debemos reconocer que a la «generación TikTok» apenas le importa los elevados niveles de deuda pública, el déficit, la sostenibilidad del sistema de pensiones, la meritocracia, la corrupción, la libertad individual, etc. Lo que de verdad le importa es poder hacinarse en una playa en verano, agruparse junto al rebaño en torno a unos cuantos litros de alcohol y acudir a la llamada del «todo incluido» en algún complejo hotelero para empacharse de frituras ultracongeladas. Lo que no ve esta nueva generación es que esta degradación en el orden de prioridades acabará con esos privilegios adquiridos, y entonces, quizás, la masa empiece a protestar y a reclamar lo que hace tiempo no merece poseer.

Ellos han visto que sus padres viven mejor que sus abuelos y, por lo tanto, creen que la tendencia natural les asegura que eso siempre será así. Y mientras los gobiernos occidentales aplican cada vez más un modelo de hipercontrol económico, social y digital a través de las nuevas tecnologías, el rebaño se entretiene pastando en sus cuentas de redes sociales y compartiendo los absurdos e impostados dramas del primer mundo. Ante la ausencia real de problemas, los «TikTokers» se centran en llenar su triste existencia con las nuevas religiones, dando como resultado auténticos esperpentos como el urbanita que no sabe ni cultivar un tomate pero da lecciones al agricultor, especuladores-filántropos, ecologistas millonarios con *jet* privado, víctimas profesionales, consumidores comunistas y capitalistas subvencionados. Todos juegan a ser *anties-*

tablishment y vender su podrido discurso a través de *kits* de mercado para así poder enriquecerse en el reino de la imbecilidad. Amparados por el Estado total que no sólo se aprovecha de estas nuevas praxis, sino que las alienta para tener entretenido al rebaño, los occidentales, creyendo que el mundo es la realidad privilegiada que disfrutan, han cedido su porvenir a una banda de burócratas por alfabetizar y confiado en el nuevo dios Estado la obligación de solucionar todos sus caprichos. No es de extrañar, pues, que unos pocos activistas sean los encargados de azuzar al rebaño para que este, centrado en sus quehaceres diarios, exija mayor control estatal.

Si recurrimos al método de Sócrates para que usted pueda comprobar si su percepción del mundo se acerca a la realidad o si simplemente es otra víctima más de la alogocracia apocalíptica, basta con elaborar una serie de preguntas. ¿Cree que el mundo actual es más peligroso que el de hace cincuenta años? ¿Considera que vive peor que sus padres? ¿Vivimos en un mundo con mayores desigualdades? ¿Hay más pobres en 2021 que hace treinta años? ¿Hay más sequías ahora que hace cien años? ¿Hay más delincuencia? ¿Las mujeres están peor ahora que hace cuatro décadas? Si usted ha respondido afirmativamente a alguna de las cuestiones previamente planteadas, las siguientes preguntas a responder serían: ¿en qué se basa para afirmarlo? ¿Qué datos ha utilizado para sostener su respuesta?

La gran fuerza del Estado total es ser conocedor de un rebaño dócil y sumiso que responde rápidamente a los gritos de los pastores en un sistema en el que los activistas son los que lo dirigen y las ideas se mercantilizan como un producto de *marketing* siguiendo la moda del momento. Nos guste o no, el poder de los sentimientos es superior al de las estadísticas y los datos. El déficit, la deuda pública, las tasas impositivas, los informes de la OCDE (si es que la población sabe lo que es), las previsiones de crecimiento del PIB, la balanza fiscal, las exportaciones, la masa monetaria en circulación, la inflación, los tipos de interés o las gráficas sobre desastres naturales nunca serán instrumentos que movilicen a un país. Nadie a lo largo de la historia ha dado su vida por doblegar el endeudamiento público, mientras que por salvar a la nación, la libertad, el reino animal, la esperanza o el planeta, sí. Esto debería ayudarnos a entender el verdadero poder de los sentimientos y cómo prevalecen sobre la razón y los temas que verdaderamente afectan a nuestra vida. No tiene nada de heroico que un administrativo se dedique a luchar contra el déficit en su tiempo libre, mientras que mostrarse como un luchador por la foca del Caspio hace que la sociedad le otorgue una superioridad moral, aunque en su vida privada sea el mayor fantoche al que pueda uno enfrentarse. El Estado, y especialmente la izquierda, ha comprendido mucho mejor que la necia derecha el poder movilizador de los sentimientos, de ahí su insistencia en politizar hasta la vida privada. La posverdad ha conseguido establecer que los muros del redil sean salvar el planeta, a las mujeres, el lenguaje inclusivo, el techo de cristal, la protección de las minorías ofendidas, la igualdad, la distribución de la riqueza, la lucha contra el racismo, etc. Conceptos que son percibidos por la mayoría como causas justas y a los que apenas nadie se opone, pero cuando rascas encuentras puros eslóganes superficiales y palabrería vacía sin ningún tipo de respaldo razonable que los sostenga. Y ahí, bajo esos supuestos terribles problemas que asolan Occidente, es cuando el Estado, haciendo uso del miedo del rebaño bombardeado por la excepción continuamente, se presenta como el salvador y redentor de nuestros pecados estableciendo un marco mental en el que nadie puede ni siquiera imaginar, que sea la propia evolución natural de la sociedad la que de abajo arriba cambie el sistema.

El marco mental descrito es aprovechado por los distintos gobiernos para ir aumentando la presencia estatal en la vida de los ciudadanos, prometiendo que ellos van a conseguir acabar con el comportamiento propio del ser humano. Simplemente necesitan regular cada día más nuestras vidas, cosa que la población solicita cada vez con mayor intensidad. Nos encontramos ante la deconstrucción de las jerarquías espontáneas que han sostenido todas las sociedades civilizadas. La deconstrucción antropológica se realiza por primera vez por clamor casi unánime de la población que se encarga de mirar al Estado ante cualquier problema, obviando que el pueblo es el que debe ser capaz de corregir de forma natural los desajustes producidos. Vivimos en la alegría obligatoria, en la felicidad dictada por ley, en la no ofensa, en la banalidad de espacios seguros porque lo pone en un cartel, en la homogeneidad de la moral a través de decretos que asesinan el espíritu del ser humano. La misión del Estado es la de reescribir, adaptar, manipular y moldear el pasado para hacerlo coincidir con el presente. Llegando incluso a prohibir pasajes de la historia, cuando no inventándolos u obviando puntos clave de la misma, se pretende hacer desaparecer cualquier atisbo que demuestre que otras alternativas son posibles.

Al percibir al Estado como el garante de los derechos, la libertad, la democracia y la seguridad nacional, se le entrega un poder político absoluto a una banda de politicastros que no dudan en aprovechar el reclamo popular para aumentar sus competencias. Esto tiene un efecto demoledor. Como hemos visto en la pandemia del Covid-19, bajo el paraguas de la seguridad se han cometido numerosos abusos de poder. Incumpliendo la ley en muchos aspectos y atentando contra los derechos y libertades más básicos, en la mayoría de Occidente se ha aceptado que nos dijeran cuándo podíamos salir de nuestra casa, a qué hora podíamos pasear o cuál era la hora a la que debíamos volver a nuestros hogares. Seguramente si usted hace una pequeña recopilación de lo que ocurría en enero de 2020, pensaría que sería inimaginable que lo vivido en China llegara a Occidente. ¿Cómo van a obligarnos a quedarnos encerrados en casa? ¿Cómo van a obligarnos a cerrar nuestros negocios mientras las grandes empresas estilo Amazon mantienen sus «puertas abiertas» y multiplican sus beneficios? ¿Cómo vamos a tener que cumplir un código de vestimenta al estilo norcoreano portando una mascarilla para andar por la calle? Parecía inconcebible e imposible que en Occidente se dieran esas prácticas, pero ahora ya todos lo hemos aceptado e incluso algunos, los más débiles del rebaño, temen volver a recuperar su vida alejados de «papá Estado». Esto no quiere decir que debamos rechazar cualquier tipo de intervención estatal, pero desde luego sí se debe poner el foco en lo peligroso que resulta entregar nuestro destino a unos cuantos chupópteros del contribuyente pensando que les preocupa nuestra vida. Para el poder los ciudadanos no son más que números a los que ahora se les puede marcar como al ganado con un código QR, para así asegurarse de tener todo bajo control y que pase lo que pase, no habrá ninguna grieta en la masa compacta.

La Fundación BBVA publicó en el año 2019 un estudio realizado en Europa respecto al papel del Estado para los ciudadanos.[20] Analizó por separado las respuestas de los países más poblados (Alemania, Reino Unido, Francia, Italia y España). El estudio planteaba una serie de cuestiones relacionadas con qué función debía tener el Estado en la vida de los ciudadanos. Una de las preguntas fue la siguiente:

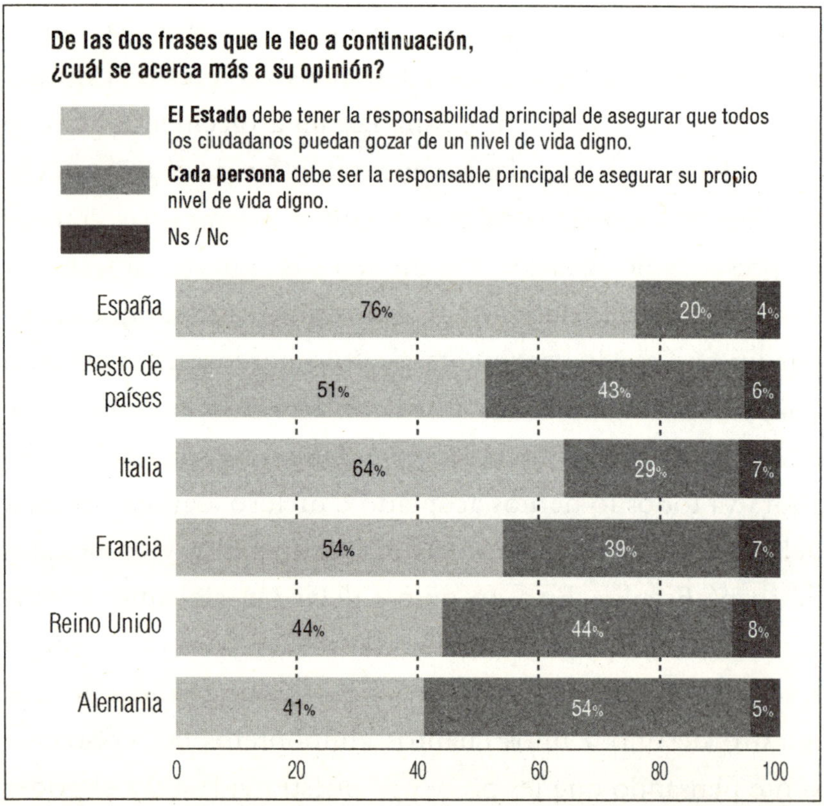

Como podemos observar, España lidera la tabla (algo propio de los países hispanos) mientras que solamente Alemania supera el 50 por ciento que responde que es el individuo el que debe asegurar su propio nivel de vida. Es decir, la mayoría de los ciudadanos cree que el Estado es el principal responsable de asegurar un nivel de vida digno al pueblo. ¿Qué papel queda, pues, designado a los individuos? ¿Qué diferencia existe entre el *Imperator* de la antigua Roma y el gobernante que lidera el Estado más allá del cambio de los tiempos? ¿Cómo puede la sociedad fluctuar de forma libre hasta alcanzar nuevas formas bajo el yugo estatal? La democracia totalitaria que desarrollaremos posteriormente tiene su semilla en el estatismo que recorre Occidente. Ningún país, independientemente de cómo escoja a sus gobernantes, puede ser libre si la población está sometida a unos dogmas de los que no puede escapar.

El Estado reencarnado y rebautizado como un ser bienhechor y con riquezas inagotables que tiene la capacidad de crear empleo para todos, redimir nuestros pecados, pontificar desde las instituciones, dar pan a todas las bocas, extirpar el mal del ser humano, establecer un precio justo, sanar a los enfermos, mantener a los vagos, poseer la verdad absoluta, otorgar mantos para los recién nacidos y pensiones a los ancianos, solventa todas nuestras necesidades y satisface nuestros instintos enderezando el rumbo del pueblo a través de la sagacidad, sentido común, valor, experiencia, juicio y formación de unos gobernantes escogidos por la masa ignorante que fuera del ámbito público tendrían, a lo sumo, la ventaja de vivir de la caridad de sus vecinos. Pero ese concepto abstracto en el que casi todo el mundo cree llamado Estado, conformado por una banda de burócratas henchidos de buen vino, caro marisco y nulos conocimientos para dirigir naciones, si bien brillantes demagogos, es el que provoca que el rebaño bale y exija continuamente que este solucione *ipso facto* todos los males que nos rodean. Depositando la confianza en el nuevo dios de Occidente se le ruega que acabe con la libertad y la naturaleza humana. Como escribió el economista francés Claude-Frédéric Bastiat:

> Organiza el trabajo a los trabajadores.
> Extirpa el egoísmo.
> Reprime la insolencia y la tiranía del capital.
> Haz experimentos sobre el estiércol y sobre los huevos.
> Surca el país de rieles.
> Irriga los llanos.
> Puebla de árboles las montañas.
> Funda granjas modelos.
> Funda talleres armoniosos.
> Coloniza Argelia.
> Amamanta a los niños.
> Instruye a la juventud.
> Asegura la vejez.
> Envía a los campos a los habitantes de los pueblos.
> Pondera los beneficios de todas las industrias.
> Presta dinero sin interés a quienes lo deseen.
> Libera Italia, Polonia y Hungría.
> Eleva y perfecciona el caballo de silla.
> Estimula el arte, fórmanos músicos y bailarines.
> Prohíbe el comercio y, a la misma vez, crea una marina mercante.
> Descubre la verdad y echa en nuestras cabezas una pizca de razón.
> El Estado tiene por misión esclarecer, desarrollar, agrandar, fortalecer, espiritualizar y santificar el alma de los pueblos.[21]

El Estado occidental es consciente de los nuevos tiempos hipermorales que corren. Basta con retransmitir la idea desde las terminales mediáticas que tienen a su disposición para asentarse como el gran protector. Por supuesto, para poder llevar a cabo semejante empresa necesita dinero, y así justificar frente al rebaño la aprobación de una cantidad abusiva de impuestos que convierten al ciudadano en un cliente del Estado, que goza del monopolio de las ayudas sociales. Impuesto por comprar una casa o por venderla, por comprar un trozo de pan, por ahorrar, por invertir, por crear empleo, por abrir un negocio, por conducir, por comer, por beber, por andar, por tener un coche o por venderlo, por fumar, por vapear, por consumir luz, por poner el aire acondicionado, por comprar libros, por consumir agua, por hablar por teléfono, etc. Apenas cuesta imaginar una actividad que no sea gravada por tasas impositivas, eso sí, son para salvar el planeta, la humanidad, al reino animal y la Sublime Puerta de Turquía.

El feminismo, el ecologismo, el antirracismo, el igualitarismo y la redistribución de la riqueza conforman las nuevas cruzadas del Estado, que preserva con el apoyo de la masa enardecida y fanática que sigue, como antaño los templarios, la defensa inquebrantable de la fe moderna. A pesar de que las recetas que se aplican acaban provocando efectos indeseados e incluso agravando los problemas, el ciudadano de a pie cree que el fracaso se debe a que no se involucró lo suficiente el Estado y bajo esa conclusión, los gobernantes aprovechan para continuar su ingeniería social argumentando que las medidas no surtieron efecto porque no fueron lo suficientemente intensas y carecían de recursos económicos para poder llevarlas a cabo.

Este proceso de control social sin precedentes no se limita únicamente al poder político. El poder económico, en clara connivencia con los estados, se aprovecha para blindar oligopolios que perjudican a los ciudadanos debido a la ausencia de competitividad. No importa que haya cambios de gobierno, estos siguen a rajatabla los mismos postulados y apenas hay grandes diferencias entre la izquierda y la derecha cuando se intercambian en el poder. La alogocracia se extiende por todas partes y se aprovechan gobiernos socialistas y conservadores, capitalistas y anticapitalistas, comunistas y empresarios, grandes empresas y multinacionales, todo ello a costa del pequeño empresario, el individuo y el pueblo. Añadiendo el fenómeno tecnológico y el control de la información, su gran capacidad de mutación para moldear sus características y la gran capacidad que tiene para distorsionar la realidad sustituyéndola por espejismos y casos excepcionales, el Estado y la masa caminan de la mano. Los gobiernos ya no temen al pueblo ni que sus medidas sean impopulares. A través de dosis de morfina mezcladas en debates mundanos, de la continua apelación a los sentimientos, de la creación de apocalipsis artificiales y falsos peligros inminentes, consiguen centrar la atención donde ellos quieren con la ayuda de las grandes empresas que financian a los medios de comunicación que colaboran con el proyecto de este nuevo monstruo sigiloso que pasa desapercibido para la inmensa mayoría.

Nunca antes en la historia el acceso a la información había sido tan sencillo. Sin necesidad de pagar grandes sumas de dinero para obtenerla, sin necesidad de desplazarse ni de invertir tediosas horas en libros eternos, el siglo XXI debería haber supuesto el fin de la ignorancia, la incultura y el sentimentalismo barato. Sin embargo, lejos de presenciar un nuevo tiempo, seguimos recorriendo el círculo de la demagogia. Asistimos a un nuevo reinado del eslogan fácil y populista, de las frases cortas y de nuevos fanatismos. El aniquilado Estado liberal legitimaba su existencia permitiendo que los ciudadanos escogieran su forma de vivir en función de sus creencias. El Estado total, asesinando la razón y el sentido común, centra todo en los sentimientos grotescos y ridículos que amordazan a un rebaño al que le han prometido instaurar la felicidad por ley y proporcionarle lo que cada uno desee, aunque eso sea un imposible. La gestión pública queda resumida en utilizar las creencias, los sentimientos y supersticiones del votante antes que seguir criterios objetivos, técnicos y racionales. Bajo un discurso de arrogancia moralista y elitismo intelectual se arrogan incluso el poder para negar la propia naturaleza humana en la era del «hombre embarazado». El proceso es el siguiente.

El Estado establece a través de una ley que los hombres tienen derecho a quedarse embarazados. La gente sensata hace saber en público que es imposible que un hombre quede embarazado, eso sólo lo puede hacer una mujer de forma natural. Entonces, el gobierno de turno se dedica a poner en marcha una campaña de concienciación y alerta contra ese segmento de la población al que acusan de odiar a los hombres embarazados y negarles un derecho fundamental. Poco importa que muchos de ellos sean hombres, la cuestión es que son hombres «embarazodófobos» que quieren mantener un estatus de opresión heteropatriarcal diseñado por la sociedad. Con el paso de los años, la cuestión central, que no es otra que dirimir si un hombre puede quedarse embarazado o no, pasa a segundo plano y el debate se divide entre los que creen que deben poder hacerlo y los que siguen manteniendo que eso es un imposible absurdo.

A continuación, surgen movimientos subvencionados que defienden el derecho de los hombres a quedarse embarazados y deben ser escuchados. «No pueden ser tratados como ciudadanos de segunda», exigen. Como los críticos van a más, se busca el calificativo que sirva para etiquetar a esos perversos opresores conservadores que no quieren que la sociedad avance. Comienzan a surgir «expertos» y «estudios» que apoyan la posibilidad de que un hombre se quede embarazado. Las nuevas generaciones, educadas bajo esa premisa falsa, ya no ven mal que un hombre se quede embarazado y les parece bien que se les apoye en su causa que es justa y totalmente respetable. Poco importa que sigamos hablando de algo que es imposible, lo que está en juego es el derecho y la libertad del hombre que quiere parir. El Estado invierte cientos de millones de euros en la causa, pero, claro, los hombres siguen sin poder quedarse embarazados (cosas de la naturaleza). Algunos empiezan a dudar de la eficacia y sentido de esas enormes inversiones, pero reciben grandes correctivos por parte de los medios de masas y el poder político. Fascista, heteropatriarcal, conservador, nazi, ultracatólico, tradicionalista... son algunos de los términos utilizados para estigmatizar al que sigue sosteniendo que es un disparate. A pesar de todo, el Estado recalca los avances que se han conseguido en este tiempo y anima a la población a seguir defendiendo a los hombres que quieren gestar su hijo frente a la jauría antiembarazos.

La evidencia hace tiempo que ya no importa, ahora el debate se divide entre los súper solidarios, empáticos y diversos contra los egoístas, insensibles y tradicionales homogéneos que odian a los hombres. La figura del hombre embarazado aflora con personajes que se convierten en activistas a los que todo el mundo conoce y se pasean por platós de televisión, radios, prensa y redes sociales a los que el poder político infla para que el mensaje llegue. Se busca al típico paleto por la calle para utilizar una respuesta frente a una cámara y así hacer la caricatura a todo el movimiento que está en contra del esperpento. De vez en cuando, los líderes del movimiento cuentan alguna anécdota desagradable y salen *trending topics* y *hashtags* #todostenemosderechoaparir que son retuiteados y compartidos por políticos, *influencers* y demás fauna que se da cita en el submundo de las redes sociales. Lo importante es estar al lado del Bien (los que apoyan al hombre embarazado) y en contra del Mal (los que se mofan, con buen criterio, del numerito). Así se justifica que el derroche de dinero y las subvenciones continúen y cada vez más gente se sienta identificada con el pobre José Luis que quiere parir y la sociedad se lo niega. Encima, alguno le lanza un improperio en su cuenta de Twitter (drama terrible).

Los partidos políticos que antes mantenían su rechazo, ahora moderan su discurso y deciden sumarse a la cruzada o bien callarse para no ser impopulares frente al populacho. Las empresas, los bancos, los grandes capitales y los equipos deportivos comienzan a dar visibilidad a los pobres hombres que quieren quedarse embarazados y no pueden. Antes de los partidos los jugadores hacen una piña y sacan un cartel #Noalaembarazofobia. Se crea una bandera para que los represente, WhatsApp la añade en sus emojis, se crea el «Día mundial del hombre embarazado», Facebook e Instagram se bañan con los colores de la nueva bandera, Google saca un *doodle*, la ONU publica una resolución reconociendo el derecho de los hombres a parir, en Netflix salen docuseries en las que los afectados cuentan su drama personal (la gente llora mientras las visualiza), se hacen camisetas, los científicos publican una ingente cantidad de estudios que apoyan la moción, la comunidad científica sugiere que habíamos estado equivocados siempre y que es posible el embarazo masculino, las empresas crean promociones el Día mundial del hombre embarazado y los bancos se autocalifican como libres de «embarazofobia». Sale un tipo de Kentucky embarazado en un programa de *prime time* en Estados Unidos. «¡Lo ven! ¡Claro que un hombre podía quedarse embarazado!». Resulta que el tal hombre en realidad es Isabella, aunque se presenta como Peter. «¡Transhomófobo!», grita el rebaño a los que simplemente explican que realmente no es que un hombre se haya quedado embarazado de forma natural. No importa, Isabella es ahora millonaria y recorre Occidente dando charlas y lecciones a los estudiantes. La llevan a las charlas TED para que dé un discurso de superación que cuenta con cientos de millones de reproducciones. Isabella inspira al pueblo y los hombres embarazados ya tienen su propio espacio en los debates políticos. La causa se convierte en eterna y así se justifica el aumento en las partidas del gasto público destinadas a los observatorios, asociaciones, fundaciones y demás agencias de paniaguados. La prueba de que es necesario seguir en el camino es que no todos han tenido la suerte de Peter (en realidad Isabella) y que si los hombres no se quedan embarazados no es porque no se pueda, sino porque hace falta aumentar los recursos destinados a tal fin.

Ya se ha olvidado por completo la imposibilidad del asunto, ahora se hacen huelgas estudiantiles por el hombre embarazado y lo que importa es la dignidad y las aspiraciones de los que tienen ese deseo. «¡Por un embarazo digno!», reclaman los estudiantes. Posicionarte a favor o en contra del movimiento supone ganar o perder unas elecciones y ahora hay tres posiciones con respecto a él: los que apoyan sin fisuras al hombre embarazado, los que dicen que «bueno, que quizás dar el pecho sí, pero quedarse embarazado no» y los que niegan la mayor quedando convertidos en una banda de radicales opositores al avance de la humanidad. Y así, el hombre embarazado se constituye como una corriente política que goza de un gran apoyo popular.

La alogocracia es una ideología forjada de arriba abajo. Diseñada por los *lobbies*, institucionalizada por los partidos políticos, diseminada por los colegios, universidades y medios de desinformación, impuesta de forma coercitiva por ley y acuñada como dogma por el rebaño, asistimos a un nuevo mundo que arrasa naciones centenarias sin apenas dejar prisioneros. Un huracán de absoluto sinsentido en el que lo políticamente correcto debe prevalecer sobre la razón y erradicar la libertad de pensamiento hostigando a todo aquel que no comulgue con los nuevos «diez mandamientos». Rodeado de hipocresía y de un hipermoralismo que no se veía desde hace décadas, la imposición de una forma de vivir, de pensar, de comer y hasta de cómo debemos hablar avanza y destruye Occidente a una velocidad vertiginosa mientras la sociedad sigue ensimismada en su idiocia, recreándose en las migajas que les ofrecen las nuevas tecnologías para llenar sus instintos primarios. La narrativa se impone y nos acercamos a una distopía propia de sociedades indeseables.

2

LAS MASAS DE ACOSO

Resulta imprescindible comenzar este capítulo inspirándonos en el método socrático. La mayéutica era el método que utilizaba el más grande, y consistía en hacer las preguntas apropiadas para guiar a sus alumnos en la reflexión y la búsqueda de respuestas. Si algo caracteriza la época que vivimos es el escaso tiempo que dedicamos a la reflexión y a la búsqueda de respuestas complejas. Respondemos de forma rápida e instantánea a temas de un gran calado que no se pueden explicar a través de un teléfono móvil. A lo largo de la historia los dogmas se impusieron a través del uso de la violencia física, pero no ocurre lo mismo con los nuevos dogmas. Por lo tanto, ¿cómo se consigue imponer a toda una población un dogma sin tener que recurrir al uso de la fuerza? Esa es la gran pregunta que debemos responder y que determinará a qué nos referimos cuando hablamos de las masas de acoso y la enorme importancia que tienen en este proceso de sumisión por parte del rebaño para no recibir los golpetazos del pastor ni las reprimendas del perro que los guía.

Los primeros ejemplos de las masas de acoso los podemos encontrar tanto en la antigua Grecia como en el Imperio romano. El emperador Servio Sulpicio Galba fue de los primeros que oficializó esta praxis a través de los *speculatores,* cuyas tareas consistían en realizar labores de espionaje para controlar a los disidentes de sus propias filas utilizando la coacción, los chivatazos y la persecución de opositores que eran encarcelados o directamente asesinados. Posteriormente fueron los *frumentarii* los encargados de llevar a cabo el proceso de depuración hasta que fueron disueltos por su comportamiento salvaje y brutal corrupción. Su puesto lo ocuparían los *agentes in rebus,* también conocidos como los *curiosi*, cuyo papel era similar al de una policía secreta que vigilaba a la población y espiaba a los aristócratas para detener cualquier conspiración contra el emperador y controlar a la opinión pública.

El mecanismo de recurrir a las masas de acoso se ha utilizado a lo largo de la historia en multitud de ocasiones. No siempre basta con controlar la información para poder erradicar cualquier atisbo de lucidez entre la oscuridad de la ignorancia, se necesita recurrir a la opresión continua porque es inevitable que se den fisuras. Por ello, el uso de la violencia ha sido una constante a lo largo de la historia para acabar con aquellos que enviaban un mensaje contrario a los intereses de los gobernantes. A través del uso de un grupo de fanáticos entregados a la causa, se consigue que todo aquel que se atreva a refutar la opinión generalizada y difundida por los medios al servicio del poder político, sufra la ira y la violencia de estos reducidos grupos.

El siglo XX fue un gran ejemplo de la utilización de este método. Podemos encontrar ejemplos en la Alemania nazi con las SA (*Sturmabteilung*) y posteriormente con las SS (*Schutzstaffel*). Lo mismo ocurrió en Italia con las Camisas Negras de Mussolini (*Milizia volontaria per la sicurezza nazionale*), en China con Mao y su temible Guardia Roja (红卫兵), en Japón mediante los inquebrantables miembros del Kenpeitai (憲兵隊) organizados por Hideki Tojo, en Chile bajo las órdenes de Allende con el MIR (Movimiento de Izquierda Revolucionario), el VOP (Vanguardia Organizada del Pueblo) o el MAPU (Movimiento de Acción Popular Unitaria), sin olvidarnos de Pol Pot y sus Jemeres Rojos en Camboya o de los Tonton Macoute en el Haití de Papa Doc. Conviene recordar que muchos de estos fenómenos en los que se impone una idea única a través del control de la información y del uso de las masas de acoso se dieron hace muy pocos años. Los nazis consiguieron que los alemanes aceptaran que los judíos eran una raza inferior y no merecían los mismos derechos, llegando incluso a justificar su exterminio. Los comunistas rusos consiguieron convencer a la población de la necesidad de vivir por y para el Estado. Los fascistas italianos vendieron a los ciudadanos el resurgimiento de un nuevo Imperio romano, aunque sus campañas militares fueron un fracaso absoluto y apenas pudieron extender sus territorios por un corto periodo de tiempo. Los japoneses creyeron tener durante décadas a un dios como emperador, los haitianos pensaban que estaban gobernados por un líder inmortal y Mao convenció a la población china de llegar al extremo de matar a sus propios familiares para salvar «la patria».

La diferencia sustancial no es el propósito de las citadas organizaciones, sino el uso de la violencia. Mientras que los encargados de someter a los disidentes recurrían de forma constante a la violencia física para aplastar al disidente, en la actualidad observamos que no es necesario utilizarla. Esto nos lleva, como decíamos antes, a preguntarnos qué ha cambiado para que esto no sea necesario. Sin duda, el avance tecnológico y el que todos tengamos un dispositivo móvil con una cámara que podemos utilizar para grabar, hace que el uso de la fuerza física sea cada vez más complicado de ejercer debido a que en cuestión de minutos vuela en el espacio virtual y millones de personas pueden observar una práctica salvaje. Así pues, ¿cómo actúan en la actualidad las masas de acoso para que su función de amedrentar al disidente siga surtiendo efecto?

La tendencia natural del ser humano es organizarse en función de una jerarquía. Incluso en aquellas comunidades en las que se pretende habitar al margen de estas jerarquías por considerarlas nocivas, siempre sobresale un líder que marca el camino al resto. Es algo intrínseco de nuestra especie que no debería alarmarnos, excepto si aquellos que se ubican en lo alto de la pirámide utilizan su estatus para cubrir sus intereses personales en perjuicio de los que se sitúan más abajo. En cuanto a las masas de acoso se refiere, dicha jerarquía podemos establecerla en cuatro grupos.

Los terratenientes

En este grupo se encuentran los gobernantes, los *lobbies*, las grandes empresas y los financiadores ya sea en forma de bancos o a título personal. La máxima aspiración de esta élite es conservar e incrementar su poder en la sociedad transformando el Estado en una herramienta de imposición moral que se entromete en el ámbito privado, el cual deja de estar al margen. A través de hiperregulaciones, cometiendo abusos de poder, transformando la ley para aumentar sus competencias y subvencionando a los pastores establecen qué es el Bien en la superficie territorial que controlan y qué es el Mal. Diseñando un código ético que configura la conducta, pensamiento e ideas que deben ser seguidas por el rebaño, los terratenientes son los que poseen el poder de hacer y deshacer a su antojo dentro de esta pirámide. Adjudicando y despojando de derechos según las condiciones biológicas, utilizan su ejército mediático para mantener al margen del negocio a todos aquellos que no se pliegan a los intereses que ellos defienden. Pero adviértase un matiz fundamental. A cada superficie territorial se le dota de una serie de dogmas que no son percibidos como negativos por el rebaño, que podría rebelarse si las cartas son descubiertas. Así pues, vemos cómo las grandes empresas celebrarán el Día Internacional del Orgullo LGBT o el Día de la Mujer solamente en las grandes superficies en las que gocen de popularidad. No iluminarán sus cuentas en redes sociales con los colores de la bandera LGBT en países musulmanes ni lo harán en los países del sudeste asiático o China. Los terratenientes saben hasta dónde pueden estirar el chicle sin molestar al rebaño.

Además, son conscientes de que la hegemonía cultural de nuestro entorno nos impone un marco mental del que resulta casi imposible salirse. Pongamos un ejemplo. Arabia Saudí es considerado el país más restrictivo en cuanto a libertad religiosa se refiere. Como el marco mental de sus habitantes se haya impuesto a través de sus terratenientes, pastores y perros pastores, prácticamente el cien por cien de la población sigue los postulados del islam siendo los suníes, concretamente los wahabíes, la corriente mayoritaria. Suponga que usted hubiese nacido en Arabia Saudí, ¿qué probabilidad tendría de ser católico, protestante o budista? Un porcentaje cercano al cero por ciento (por dar un margen de error). Este ejemplo, que podemos trasladar a otros países para abordar la ideología, la religión o la forma de vida dominante, es el que nos demuestra que el marco mental en el que nacemos y crecemos es casi inquebrantable cuando no existe libertad (aun habiendo libertad también resulta enormemente complicado). Hay multitud de experimentos sociales que se han realizado a lo largo de la historia para demostrar el poder que ejerce el grupo sobre el individuo. El ser humano es gregario, es decir, tiene una tendencia natural a agruparse con otros de su especie por lo que su entorno resulta vital a la hora de configurar su forma de entender la vida, ideologías y creencias. La oveja negra no es bienvenida y apenas nadie quiere ser señalado por sus conciudadanos como el bicho raro que tiene ideas disparatadas, comportamientos que se consideran erráticos y creencias que se conciben como cosas de otro mundo mucho menos civilizado y con connotaciones negativas.

Solomon Asch, un psicólogo polaco-estadounidense, realizó un experimento fascinante para comprobar hasta qué punto el ser humano se deja condicionar por la presión del grupo. Reunió a ocho estudiantes a los que sentó en una mesa. En realidad, solamente uno de ellos iba a ser el participante del experimento, ya que el resto estaba compinchado. Solomon Asch mostraba a los estudiantes la siguiente figura:

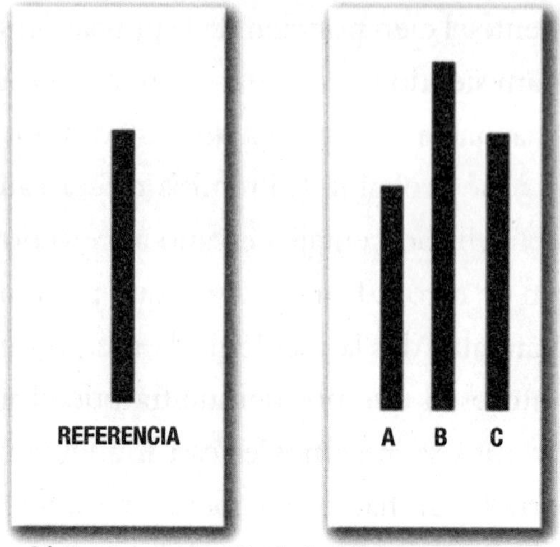

Réplica de la tarjeta utilizada durante el experimento. La tarjeta de la izquierda es la referencia y la de la derecha muestra las líneas para comparar.

Los participantes debían indicar cuál de las tres líneas en la segunda tarjeta tenía la misma longitud que el estándar de la primera. Los estudiantes que estaban compinchados con Asch daban una respuesta incorrecta a propósito. El objetivo era ver si el participante genuino daba la respuesta correcta o la cambiaba condicionado por el grupo. Solomon Asch descubrió que solamente un 25 por ciento de los participantes mantenía su respuesta según lo que le mostraban sus propios ojos, mientras que el 37 por ciento cedió a la presión del resto y cambió su respuesta para adaptarla a la de sus compañeros. El 38 por ciento restante, en al menos una ocasión, también cambió su respuesta por temor a estar equivocado. Estos resultados, que posteriormente con otros experimentos han determinado el poder que ejerce el grupo, demuestran que muchos individuos son capaces incluso de negar lo que están viendo para darle la razón a la mayoría y no sufrir las represalias. Es una prueba aterradora de cómo conseguir que alguien pueda negar la evidencia más simple con tal de no llevar la contraria a la opinión que cuenta con un mayor consenso. Otros experimentos repetidos *a posteriori* con el avance tecnológico permitieron a los investigadores, a través de resonancias magnéticas, monitorear el cerebro de los participantes para determinar si su respuesta era simplemente para adaptarse al grupo o si incluso sus percepciones cambiaban. Los resultados mostraron que no sólo su voluntad podía variar, sino también su vista.[1]

Otro experimento que revela cómo se puede conseguir que el ser humano acepte propuestas y conceptos terribles fue el que realizó el psicólogo estadounidense Stanley Milgram. En esta ocasión el objetivo del experimento era demostrar hasta qué punto un individuo obedece con fe ciega a la autoridad. Todo comenzó cuando Milgram siguió el juicio contra Adolf Eichmann. Este era uno de los principales ideólogos de «la solución final» que acabó con la vida de millones de judíos y se había fugado a Argentina para evitar ser sometido a juicio. Allí se cambió de nombre, pero el Mossad acabó dando con él y llevándolo a Israel tras una operación de película. Ya en suelo israelí, Eichmann declaró en el juicio lo siguiente: «No perseguí a los judíos con avidez ni con placer. Fue el gobierno quien lo hizo. La persecución, por otra parte, sólo podía decidirla un gobierno, pero en ningún caso yo. Acuso a los gobernantes de haber abusado de mi obediencia. En aquella época era exigida la obediencia, tal como lo fue más tarde, de los subalternos».[2]

Estas declaraciones llevaron a Milgram a preguntarse hasta dónde sería capaz de llegar una persona normal con tal de obedecer las órdenes de una autoridad legítima. No parecía el caso de Eichmann, pero sí de millones de alemanes que habían delatado, perseguido y asesinado a judíos inocentes. Así pues, el psicólogo estadounidense realizó un experimento para tratar de determinar hasta dónde podía llevar el principio de obediencia a la autoridad. Reclutó a varios voluntarios ofreciendo 4 dólares a los participantes (unos 30 actuales) y comenzó el experimento. Para ello necesitaba tres roles: el investigador, el maestro y el alumno. El maestro quedaba separado del alumno por un módulo de vidrio y al alumno se le ataba a una silla conectándolo a electrodos que producían descargas eléctricas cada vez que se equivocaba respondiendo a las preguntas. La descarga eléctrica era 15 voltios más potente tras cada error. Milgram señalaba que las descargas podían producir mucho dolor, pero no daños irreversibles. El alumno nunca recibió las descargas. Sin embargo, para dotar de realismo a la situación, cada vez que el maestro pulsaba el interruptor, se activaba un audio grabado anteriormente con lamentos y gritos. Durante el experimento, muchos sujetos que eran los encargados de pulsar el botón que supuestamente realizaba las descargas, mostraron signos de tensión y angustia cuando escuchaban los gritos ficticios en la habitación contigua donde se hallaba el alumno. Aunque la mayoría de los sujetos se sentía incómodo haciéndolo, los cuarenta participantes obedecieron hasta aplicar 300 voltios, mientras que veinticinco de estos siguieron aplicando descargas hasta el nivel máximo de 450 voltios.

El experimento de Milgram deja varias conclusiones. Cuando el sujeto está bajo los dictados de una autoridad que considera legítima llega a actuar en contra de sus propios principios morales. Además, hombres y mujeres obedecen por igual y el sujeto siempre tiende a justificar sus actos alegando que solamente seguía órdenes de la autoridad. Por último, a mayor proximidad con la autoridad, mayor obediencia. Milgram definió el resultado de su experimento con esta frase lapidaria: «Monté un simple experimento en la Universidad de Yale para probar cuánto dolor infligiría un ciudadano corriente a otra persona simplemente porque se lo pedía un experimento científico. La férrea autoridad se impuso a los imperativos morales de los sujetos».[3]

A pesar de las críticas que recibieron estos experimentos por cómo se llevaron a cabo, queda claro que la masa acepta lo que «los expertos» dicen que está bien, incluso si no parece ser así; del mismo modo que la presión del grupo puede hacer que cambien de idea o simplemente sigan la opinión mayoritaria sin cuestionarse nada. Los terratenientes son conscientes de ello y no dudan en activar todos los mecanismos que tienen a su alcance para poder someter a toda la población a una idea que se pretende imponer a pesar de que al principio no cuente con una gran popularidad. Usando a los medios de comunicación, instituciones y universidades, nos bombardean con una idea para que sea el rebaño el que acabe imponiendo el marco mental a los demás. A los terratenientes les interesa la organización social, la economía y la política. Si bien la razón de unos es el poder y la de otros los intereses económicos, todos ellos desean expandir entre el pueblo la nueva moral. Para ello, necesitan a los pastores.

Los pastores

Conformados por medios de comunicación, universidades, colegios, jueces, fundaciones y asociaciones subvencionadas, son los encargados de vigilar que el proceso marcado desde arriba continúa hacia abajo. En contacto directo con los terratenientes obedecen las instrucciones que les mandan y bajo una falsa apariencia de independencia se encargan de aumentar el alcance de los nuevos dogmas.

Su función consiste en desinformar activamente o bien pasivamente (omitiendo hechos que contradicen el relato oficial) para así crear en el imaginario colectivo una idea homogénea que no encuentra oposición en los debates de televisión, artículos de prensa, informativos, universidades y asociaciones. Interesados por el poder y deseando intervenir en el proceso de la formación ideológica y espiritual de la sociedad, dedican su tiempo a obedecer con fe ciega a sus jefes. Cuando algún pastor no demuestra suficiente entrega es automáticamente expulsado por sus propios compañeros y enviado al ostracismo. Como *hooligans* se lanzan de forma fanática y elaboran campañas de desprestigio contra cualquiera que muestre un mínimo de independencia y libertad. Presentan información sesgada y buscan casos aislados que refuercen sus argumentos para dotarlos de mayor poder y veracidad. Carecen de formación y nivel intelectual, por lo que no cuentan con una opinión sólida y bien construida sobre los asuntos de la vida cotidiana, aunque ello no impide observar cómo los «periodistas» resultan ser expertos en economía, filosofía, derecho, historia, sanidad, agricultura e incluso geopolítica. Tienen pocos conocimientos, si es que tienen alguno, sobre los temas que abordan diariamente. Incapaces de analizar de forma acertada los sucesos actuales y obviando los datos y los hechos, sus teorías se basan en la pura superficialidad y el recurso del sentimentalismo barato para vender su averiada mercancía. No son más que los tontos útiles que utiliza el poder político para mover sus hilos. Los pastores se prestan a realizar el servicio y cuidar del rebaño a cambio de una cuantía económica considerable, que les aleje de las penurias que tendrían que vivir si su existencia dependiera única y exclusivamente de su talento y formación.

Son ellos los encargados de comenzar los linchamientos mediáticos contra políticos, jueces, intelectuales, escritores y famosos que no siguen la corriente marcada. Defendiéndose continuamente entre ellos, saltan en tromba como una manada de hienas en cuanto huelen un mínimo de debilidad por parte del disidente solitario. Utilizando prácticas inmorales, no dudan en señalar a sus propios compañeros de profesión si estos no se pliegan a sus intereses ni en publicar noticias falsas que refuercen su relato. Todo vale para contentar a los terratenientes y eso pasa por crear montajes, titulares sensacionalistas que no se corresponden con la realidad y, por supuesto, por privar al ciudadano de información vital para poder comprender el momento en el que vive. El objetivo no es ayudar al rebaño, sino encerrarlo en el redil para tenerlo controlado y que nadie se haga preguntas cuyas respuestas acabarían demostrando que los pastores no son sus amigos, sino sus enemigos. Conscientes de que las medidas que el rebaño defiende dependen de lo que sabe, y el rebaño apenas sabe algo, sus mensajes acaban dominando el debate político a través de la pasión que corrompe la razón. Cuando el rebaño se siente amenazado por los «terribles y apocalípticos sucesos», los pastores se presentan para tranquilizarlos como los protectores que harán que estén seguros. Aprovechando su estado emocional (miedo, tristeza, enfado...) consiguen que las conclusiones a las que llega el rebaño sean las marcadas por los terratenientes.

Pongamos un ejemplo de lo útil que es hablar continuamente sobre un tema que no preocupa a la población hasta que los medios de comunicación deciden que debe preocuparnos y aterrorizarnos. El Parlamento Europeo publicó una encuesta en octubre de 2019. Una de las preguntas realizadas era: «En su opinión, ¿a cuál de las siguientes opciones debería dar prioridad el Parlamento Europeo?». Los ciudadanos europeos contestaron que el cambio climático debía ser la primera prioridad de la Unión Europea por delante de la pobreza, el terrorismo, la delincuencia, el desempleo, la educación e incluso la sanidad.[4] Posteriormente analizaremos qué hay de verdad en el apocalipsis climático con datos y hechos desconocidos por el gran público. Con la sobreactuación y haciendo pasar como norma general la excepción, consiguen atraer la atención del público. Los pastores son los encargados de promover la cultura de la cancelación, realizar presiones sociales y conseguir que muchos se apliquen una terrible autocensura para poder seguir en el negocio. Si la oveja negra no puede ser sacrificada, se recurre a ridiculizarla y etiquetarla para que el resto del rebaño la desprecie y no sea tomada en cuenta.

En la actualidad, especialmente el periodismo y las universidades han abandonado lo que antaño era la casa de la libertad de expresión y la tolerancia prohibiendo que determinados oradores puedan ser escuchados para no agitar al rebaño. El efecto provocado es el temor en la inmensa mayoría de profesionales a la hora de expresar en público lo que piensan en privado. El miedo a contradecir a los terratenientes y el rechazo de los pastores conlleva el suicidio profesional, así que muchos prefieren o bien unirse al colectivo, o callarse para poder seguir cobrando una jugosa nómina. Los pastores, valiéndose de unos recursos casi ilimitados, utilizan la violencia, la difamación, la censura, el linchamiento virtual en redes sociales y campañas de desprestigio para acabar con el que se atreve a ser independiente.

Por último y no menos importante, los pastores se dedican a simplificar el debate para que todo el mundo pueda tomar partido. Otorgando significados positivos a ciertas palabras e ideologías, y tintes terriblemente negativos al que se opone, consiguen que el lenguaje aceptado sea el que ellos expanden. Una táctica clásica para que aquellos que no tienen ni idea de lo que hablan puedan ir de moralistas por la vida acallando al personal y utilizando términos tendenciosos. De esta forma el rebaño, que tiene un nivel muy bajo y es tremendamente irreflexivo, engulle los dogmas simplemente porque las palabras que se utilizan y el consenso entre los pastores consiguen que parezca que tienen razón.

Los perros pastores

Este grupo lo conforman activistas de muy bajo nivel, *influencers*, famosos, personajes despreciables de las redes sociales, analfabetos funcionales que atesoran «likes» y «seguidores» igual de analfabetos, miembros de asociaciones y militantes. Participan activamente en la política de forma virtual o bien a través de la inscripción en asociaciones o partidos. Su irracionalidad les impide ser conscientes de lo que hacen en su día a día, que no es más que controlar y avasallar a todos los que osan negar la verdad que se quiere vender. Utilizan el neolenguaje enseñado por sus pastores y ladran en cuanto alguna oveja del rebaño se sale del camino marcado. Apenas saben nada de política, historia, economía, etc., pero eso no les impide ser buenos perros. Su ignorancia y desinformación hacen que apoyen causas y medidas políticas que no apoyarían si sus conocimientos fueran mayores. Es un grupo formado por personas con vidas vacías que tratan de llenarlas a través de los insultos al distinto, especialmente en redes sociales, participando activamente de las campañas de linchamiento. Adiestrados para acallar las voces discordantes, son los que hacen el trabajo sucio de terratenientes y pastores.

El rebaño

El rebaño sigue el camino marcado por los pastores y sus perros, que los llevan a su terreno porque no tienen convicciones firmes. Dan por supuesto que si la mayoría de su manada avanza en una dirección es porque es la correcta. No se cuestionan nada y apenas se preocupan por la situación económica, política y social del país. Confían a sus dueños esa tarea y dan por hecho que esa no es su función. Transitan por esta vida sin pena ni gloria, sin ambiciones, sin grandes aspiraciones y, por supuesto, son enormemente susceptibles a ser manipulados por su falta de información. El grupo está conformado por los ciudadanos de a pie que toman la vía de aceptar la idea mayoritaria porque es la más sencilla. Seguir el pensamiento más popular no requiere de formación ni reflexión y, además, el sentido de pertenencia les ofrece una solución rápida y atractiva. Recurren a las etiquetas como único mecanismo de defensa cuando sienten que sus débiles convicciones son amenazadas. Sexista, machista, misógino, homófobo, racista, islamófobo, negacionista, en definitiva: todófobo. Sus creencias son fijadas por terceros y ellos se limitan a obedecer.

Sin embargo, el voto de esta masa ignorante es el que quita y pone gobiernos. Los terratenientes, pastores y perros pastores se encargan de que balen los eslóganes e ideas que ellos quieren para asegurarse la permanencia en el poder. El pensamiento grupal es lo que impide que las ovejas se den cuenta de que forman parte del rebaño. Creen poseer opiniones bien elaboradas y argumentadas, pero al segundo asalto recurren a la etiqueta porque no pueden seguir el hilo conductor del debate ya que se les escapa multitud de información y conocimientos. Se ofenden con suma facilidad si son atacados y enseguida miran a los pastores para que los protejan de los ataques que sufren. Desprecian y denuncian a cualquiera que les haga ver que no son más que un rebaño cobarde y sumiso, llegando a participar en campañas de ajusticiamientos populares a través de las redes sociales. Incluso, el rebaño constantemente solicita mayores restricciones para que nada ni nadie pueda perturbarles. Se crean así «espacios seguros» y «libres de ofensas» que puedan herir su sensibilidad. Como sus capacidades intelectuales son sumamente limitadas se conforman con que un burócrata deje impreso en un documento oficial las buenas intenciones. Leer en un letrero «Espacio *free* Covid» les hace creer que ciertamente es así, a pesar de que sea prácticamente imposible asegurar tal cuestión. Es el grupo más numeroso de todos y de ahí la gran importancia de tenerlo adoctrinado para poder controlarlo sin grandes dificultades. Se podría decir que son los máximos culpables. Sin un grupo que conforme una mayoría y se preste al juego de los terratenientes, estos no tendrían el poder ni los recursos económicos necesarios para poder llevar a cabo su objetivo. No todo el mundo tiene interés por aprender y adquirir nuevos conocimientos, lo curioso es que todos sí parecen tener un enorme interés por conseguir que su especie habite en la oscuridad de la ignorancia y así no abandonen el rebaño. Otorgando un reconocimiento colectivo al pastor, están dispuestos a seguir el dedo acusador contra quien sea necesario y recorrer el sendero marcado.

Las masas de acoso divididas en estos grupos engloban a todos los ciudadanos de un país. Eliminando el intercambio de información libre y sin prejuicios propio de una sociedad civilizada, convierten cualquier debate en un intercambio de etiquetas absurdas generadas artificialmente por el *mainstream* y financiadas por los grandes capitales. El enfoque autoritario puesto en marcha ha conseguido intimidar a muchas personas que desean formar parte del rebaño para no tener que lidiar con la persecución de las masas de acoso. Los que se resisten no tienen más remedio que autocensurarse para no perder su trabajo, su pareja o ser expulsados de la universidad. Romper el círculo vicioso es complicado debido a que la fuerte distracción mediática y los entretenimientos de la «generación TikTok», permiten pastorear al rebaño con gran facilidad y que este quede atrapado en un estado de angustia, apatía y resignación del que sólo puede salir a través de bailecitos ridículos, fotos con filtros para obtener más «likes» y postureo que simula una vida llena y feliz que no existe ni poseen. En vez de ser un pueblo vertebrado que reclame que la libertad de expresión no pueda ser prohibida por el Estado y el sector empresarial de las tecnológicas, la sociedad actual se forja en el puritanismo autoritario que ha sustituido la batalla de las ideas por el acoso, el linchamiento y los sentimientos subjetivos para aniquilar a los que no forman parte de la alogocracia. Las masas de acoso juzgan en virtud de las características ideológicas a sus prójimos, en vez de a través de sus actos.

Un «rebaño» saludable es aquel que no tiene líderes sagrados a los que no se les puede discutir ni tampoco temas que son tabú por ser considerados políticamente incorrectos. Las ideas, el poder político, el funcionamiento de las instituciones públicas e incluso la religión deben estar sometidos a un control diario por parte de medios de comunicación, intelectuales, escritores, periodistas, profesores universitarios, etc. Que estos se hayan convertido en aliados y no en enemigos del poder, no es más que una muestra de la decadencia que se vive en Occidente. Pensar por uno mismo sin temer a las masas de acoso es un acto revolucionario en la era de la irracionalidad.

3
UNA NUEVA MORAL PARA TODOS

Es necesario abordar la figura de Antonio Gramsci antes de adentrarnos a fondo en este capítulo. A menudo es habitual encontrar referencias de su persona y obra, pero no siempre desde una perspectiva analítica que nos permita comprender el contexto de sus escritos, quién era y qué defendía el brillante intelectual italiano. Antonio Gramsci nació en un pequeño pueblo situado en la isla de Cerdeña en 1891, apenas treinta años después del largo proceso de unificación de Italia conocido como Risorgimento. Hasta entonces Italia no existía como tal, sino que era un conglomerado de provincias gobernadas en muchas ocasiones por dinastías extranjeras, en su mayoría rurales, con las excepciones de algunas regiones del norte. Hasta bien entrado el siglo XX en Italia dominó lo que fue denominado como «transformismo», es decir, los diputados transformaban su opinión según les convenía, lo que imposibilitaba una genuina alternancia política y fomentaba la ausencia de un debate real sobre el modelo de país que debía adoptar Italia. Gramsci nació en el seno de una familia acomodada acorde a los estándares de vida de los campesinos de la época en Cerdeña. Sin embargo, a los tres años iba a sufrir un problema de espalda (probablemente derivado de una tuberculosis osteoarticular) que le impidió un crecimiento normal y le dejó jorobado de por vida. Sus problemas aumentarían cuando a su padre lo condenaron a cinco años de cárcel por irregularidad administrativa, provocando que la familia se viera sumida en la miseria y Gramsci dejara la escuela para ponerse a trabajar. Gennaro (su hermano mayor), que se encontraba realizando el servicio militar, fue el que comenzó a introducir a Gramsci en el movimiento político socialista. Le mandaba regularmente los ejemplares del diario *Avanti!*, el periódico del Partido Socialista Italiano (PSI), que daba cuenta de las movilizaciones de los sardos contra el régimen vigente.

Cuando su padre salió de la cárcel, Gramsci retomó sus estudios y su disciplina le hizo ganar una beca para estudiar en Turín. A su llegada, descubrió una Italia diferente a la que él conocía y su hermano Gennaro, que ya militaba en el PSI, le puso en contacto con otros socialistas. Turín era uno de los centros de agitación política y sindical más fuertes de Italia, además de uno de los grandes centros industriales del país, por lo que Gramsci empezó a mostrar un enorme interés por los acontecimientos que le rodeaban y a investigar en profundidad las debilidades del sistema. En 1915 tuvo que dejar sus estudios afectado por su salud y problemas económicos, pero eso no hizo que abandonara el mundo que había conocido. Se involucró todavía más en el PSI trabajando a tiempo completo para los periódicos socialistas *Il Grido del Popolo* y, por supuesto, el diario *Avanti!* Tras el estallido de la Primera Guerra Mundial, Gramsci y muchos de sus compañeros socialistas detectaron que el viejo orden había muerto de forma abrupta y que la guerra iba a dejar un mundo nuevo en el que el triunfo del proletariado se iba a producir en los países industrializados como consecuencia de la crisis económica (recordemos que el Manifiesto Comunista había sido publicado en 1848). Para Gramsci se abría una nueva puerta para Italia y más tras la Revolución rusa de 1917.

En ese contexto, Gramsci funda un nuevo periódico llamado *L'Ordine Nuevo* (El Nuevo Orden). La agitación, las huelgas, las movilizaciones, las ocupaciones de fábricas, las manifestaciones violentas, etc., se convierten en una constante en una Italia que estaba padeciendo los efectos de la posguerra de forma brutal. Gramsci trata de convencer al PSI de la necesidad de adoptar la estrategia soviética a través de la creación de «consejos de fábricas» para que triunfe la revolución y establecer un nuevo orden, pero se encuentra con la oposición de su partido y del sindicato mayoritario de este. Así pues, en 1921 decide romper con el PSI y forma con otros camaradas el Partido Comunista de Italia (PCI). Su idea de utilizar los «consejos de fábricas» como plataforma para hacer la revolución es un fracaso y apenas consigue militantes para la causa.

Un año más tarde Benito Mussolini se hizo con el poder tras la Marcha sobre Roma, pero Gramsci no abandonó la esperanza de establecer una república comunista. En 1924 Mussolini convocó elecciones y Gramsci fue elegido diputado gozando, *a priori*, de inmunidad parlamentaria. Sin embargo, Mussolini, su antiguo compañero de partido, dio la orden de detenerlo en noviembre de ese mismo año a pesar de su inmunidad y Gramsci fue condenado a veinte años de cárcel. Allí es donde Antonio Gramsci iba a forjar su gran obra a través de la escritura de treinta y tres cuadernos y en torno a unas 3.000 páginas. No es una obra sistemática, sino una serie de reflexiones sobre la sociedad, la política, la religión, la economía y, sobre todo, sobre cómo conquistar y mantener el poder.

Una vez encarcelado y alejado de la agitación callejera, Gramsci comenzó a reflexionar sobre muchos aspectos. Destacaremos en este capítulo su reflexión acerca del marxismo. El marxismo sostenía que la revolución proletaria se daría en aquellos países industrializados, requisito indispensable para que la masa obrera fuera mayoritaria. Pero Gramsci quería saber por qué entonces la revolución proletaria se dio en Rusia y no en Alemania o el Reino Unido. Si la teoría de Marx otorgaba al cambio tecnológico un papel relevante en la transformación social y el desarrollo industrial permitía el crecimiento del proletariado para impulsar la emancipación política, ¿en que habían fallado él y sus camaradas? Antes de ser encarcelado ya había optado por tomar en cuenta a sectores que se consideraban marginales para la revolución (como el campesinado). Reparó en el hecho de que el poder de las clases dominantes sobre las clases sometidas al sistema capitalista no deriva de poseer el control de los aparatos represivos del Estado (ejército, policía, etc.). De ser así, bastaría conseguir una fuerza armada potente para derrocar al régimen. Para Gramsci el poder real consistía en cómo la clase dominante imponía una «hegemonía cultural» a la población a través de la educación, las instituciones religiosas y los medios de comunicación. Conviene aclarar que

Gramsci vivía en una Italia en la que el 99 por ciento de sus habitantes eran católicos, por lo que el poder de influencia de la Iglesia era mucho mayor que el actual. Luego veremos un ejemplo al respecto.

A través de estos tres pilares, las clases dominantes podían educar a los «dominados» para que estos vivieran sometidos sin ser realmente conscientes al considerarlo algo normal e incluso positivo. La tesis de Gramsci consideraba que las fuerzas productivas y las relaciones de producción son estables y coherentes con la subsistencia material de la sociedad, pero la política y la ideología no surgen de una estructura económica engrasada, sino de los individuos y colectivos. Otro de los puntos clave para Gramsci consiste en determinar si la violencia sistemática es la única salida para imponer un sistema. Detecta que las élites raramente recurren a ella y se percata de que es mucho más útil crear un mecanismo que sea una mezcla de persuasión intelectual, moral e ideológica que la sociedad acepte e incorpore a su día a día. Gramsci escribe:

> El principal aporte de Ilich [Lenin] habría hecho progresar la filosofía en la medida en que hizo progresar la doctrina y la práctica política. La realización de un aparato hegemónico, en la medida en que crea un nuevo terreno ideológico, determina una reforma de la conciencia y de los métodos de conocimiento, es un hecho de conocimiento, un hecho filosófico. En términos croceanos: cuando se logra introducir una nueva moral conforme a una nueva concepción del mundo, se acaba por introducir también esa concepción, es decir, se produce una reforma filosófica completa.[1]

Para poder conquistar la hegemonía, Gramsci recupera la categoría hegeliana a la que denomina «sociedad civil». El italiano plantea que la sociedad civil es un campo de batalla, un terreno en disputa, en el que se dan hegemonías, pero también se pueden plantear contrahegemonías. Para que un proyecto ideológico triunfe y, más importante todavía, se mantenga, es necesario que cuente con una amplia aceptación y legitimidad por todos los que conforman la sociedad civil (sindicatos, iglesias, asociaciones, instituciones educativas, medios de comunicación, partidos políticos, organizaciones no gubernamentales, etc.), por lo que es fundamental conquistar cada uno de esos sectores para obtener una hegemonía que triunfe en la masa. Gramsci escribe:

> La guerra de posición requiere sacrificios enormes y masas inmensas de población; por eso hace falta en ella una inaudita concentración de la hegemonía y, por tanto, una forma de gobierno más «intervencionista», que tome más abiertamente la ofensiva contra los grupos de oposición y organice permanentemente la imposibilidad de disgregación interna, con controles de todas clases, políticos, administrativos, etc., consolidación de las posiciones hegemónicas del grupo dominante, etc. Todo eso indica que se ha entrado en la fase culminante de la situación político-histórica, porque en la política la guerra de posición, una vez conseguida la victoria en ella, es definitivamente decisiva.[2]

Gramsci plantea que la sociedad no tiene por qué ser consciente de los postulados que defiende, basta con que sea educada y reciba un mensaje único para adoptar de forma natural ciertas ideas que serán defendidas de forma automática ante cualquier amenaza de un disidente. Así, lo que creemos como «normal» se apodera de las naciones alcanzando un estatus que es prácticamente imposible de romper. Para alcanzar ese objetivo es fundamental poseer la hegemonía cultural e influir en todos los grupos intermedios que existen entre el más poderoso y el menos poderoso. La vía armada del cortoplacismo desaparece y Gramsci apuesta por ir conquistando poco a poco cada segmento social. No basta con hacerse con el poder, una vez obtenido hay que ser constante a la hora de transmitir el mensaje a toda la población para que no surjan grietas que puedan dar paso a una contrahegemonía. Para transformar a los hombres hay que transformar su moral y ello pasa por conquistar la hegemonía cultural.

Según Gramsci, es necesario buscar un sujeto revolucionario que sea colectivo, en su caso hablaba de la clase obrera, para ir sumando poco a poco un amplio arco de alianzas con otros segmentos. Gramsci otorga una grandísima importancia a los intelectuales (quienes podrían ser sustituidos por los pastores y perros pastores en la jerarquía que hemos establecido), ya que estos sirven de intermediarios entre la clase dominante y las bases operando en la sociedad civil para atraer a la masa. Podemos resumir las tesis de Gramsci de la siguiente manera: para tener el poder, las ideas que queremos que triunfen deben ser mayoritarias entre la población y, para ello, es necesario construir una hegemonía para conquistar el Estado y una vez conquistado, utilizar todos los mecanismos para diariamente bombardear al pueblo con los dogmas impuestos para que sean aceptados de forma natural a través de la educación, el control de los medios de comunicación y la religión.

Como hemos visto previamente, el control de los medios de comunicación y la educación es fundamental en el proceso que establece la hegemonía cultural, pero no menos importante es el Estado. Gramsci escribió lo siguiente respecto al papel del Estado:

> Tarea educativa y formativa del Estado, que tiene siempre el fin de crear nuevos y más elevados tipos de civilización, de adaptar la civilización y la moralidad de las masas populares a las necesidades del continuo desarrollo del aparato económico de producción y, por tanto, de elaborar incluso físicamente nuevos tipos de humanidad. Pero ¿cómo logrará cada individuo incorporarse al hombre colectivo, y cómo se aplicará la presión educativa sobre los individuos para obtener su consenso y su colaboración, haciendo que la necesidad y la coerción pasen por libertad? Cuestión del «derecho», cuyo concepto habrá que ampliar para incorporar también aquellas actividades que en la actualidad caen bajo la fórmula de indiferentes jurídicos y que pertenecen al dominio de la sociedad civil. [...] pero no por eso deja de ejercer presión colectiva y de obtener resultados objetivos en la formación de las costumbres, los modos de pensar y de obrar, la moralidad, etc.[3]

Ya tenemos la «santísima trinidad» para elaborar la hegemonía cultural e imponerla a la población: Medios de comunicación + Educación + Estado.

¿Y la religión? Ciertamente la religión en Occidente no tiene la fuerza doctrinaria que sí tenía en la época de los escritos de Antonio Gramsci. A falta de religión, esta ha sido sustituida por nuevos dogmas que llenan la fe y la vida de millones de personas: feminismo, animalismo, ecologismo, racismo, etc. Sirva como ejemplo el movimiento Black Lives Matter del que hablaremos posteriormente. Apenas hubo empresas, cantantes, *influencers*, famosos, grupos de música, cineastas, políticos, periodistas, deportistas, etc., que no utilizaran sus cuentas en redes sociales para sumarse a la causa y señalar como racistas a los que no se arrodillaban. ¡Incluso se llegó al punto de acusar de racista a los propios negros que rechazaban el *show*! De lo que se trata es de establecer una alogocracia vendiendo un marco mental que de forma natural sea aceptado por todos y del que nadie se salga. Y si alguien se sale del redil, ahí están las masas de acoso para «reeducarlo».

La capacidad de mutación de la alogocracia sólo es posible si posees la hegemonía cultural. Si una pieza del reloj sufre una avería, es reemplazada por otra para que siga funcionando. Los dogmas son fácilmente sustituibles porque para que estos triunfen sólo es necesario contar con una maquinaria perfectamente engrasada que sea capaz de seguir funcionando sin ningún tipo de inconveniente. Lo que hoy es el centro del debate, mañana puede ser sustituido por algo distinto si así lo determina la alogocracia. Todo depende de la capacidad que tenga de influir, sedar y convencer al rebaño. No importará cuál sea el tema, incluso aquellos que ahora se desprecian o que se utilizan para insultar al antialogócrata pueden ser válidos como argumento para ganarse el favor de la masa. Un ejemplo lo encontramos en la inmigración ilegal. Hace apenas una década, cualquiera que dijera que debía ser controlada chocaba de frente contra el muro de la hegemonía cultural que señalaba como racista este argumento. Sin embargo, con el paso del tiempo, el rebaño se ha ido alterando y ahora vemos cómo muchos partidos cambiaron su discurso para adecuarlo al momento. Este fenómeno de intercambio de piezas que se da en la alogocracia permite que la hegemonía cultural varíe.

Al contrario de lo que definía Gramsci, la hegemonía cultural no busca imponer un socialismo auténtico. En esta ocasión se trata de establecer un estatalismo hiperregulador y controlador que establece qué es correcto y qué no, lo que determina el futuro y presente de un país, lo que manda sobre el poder político y este, a su vez, utiliza para mandar sobre las sociedades. Sumado a la presión invisible de la masa, los individuos son engullidos y pasan a engrosar las filas del rebaño sin apenas percatarse de ello siguiendo la hegemonía establecida que se convierte en inquebrantable. ¿Y por qué es tan importante la conquista de la hegemonía cultural? Porque es esta la que limita hasta qué punto un gobernante (ya sea democrático o dictatorial) puede establecer medidas que no le costarán el puesto. La propia Italia en la que vivió Gramsci nos sirve para ilustrar con un ejemplo claro la importancia de la hegemonía cultural. Como hemos dicho previamente, el 99 por ciento de los italianos era católico, por lo que ni siquiera Benito Mussolini, que detestaba la Iglesia católica, pudo llevar a cabo su plan de hacerse con el control total. No tuvo más remedio que ceder y llegar a acuerdos con la Santa Sede, que acabaron concluyendo en los conocidos como Pactos de Letrán. Muchos dictadores que obviaron la hegemonía de sus pueblos sufrieron la ira y las consecuencias de actuar en contra de ella porque creían tener el control absoluto del país. ¿Qué nos demuestra esto? Que la imposición de una idea depende del nivel de aceptación que muestre el pueblo. Es decir, si un pueblo se rebela ante esta nueva democracia totalitaria y su voto, sus acciones o bien lo que es considerado intolerable pueden perjudicar a la alogocracia, esta virará su rumbo hasta poder recoger los frutos de su cosecha. No debemos olvidar que lo que se desea y anhela es el poder por encima de todo, a pesar de que ello suponga cambiar de idea una y otra vez y esperar un tiempo hasta conseguir el objetivo final.

Otro ejemplo más actual lo observamos con las empresas que celebran el Orgullo Gay. En muchos países cambian su foto de perfil en redes sociales y engalanan sus tiendas con la bandera LGTB, cosa que no hacen, como hemos señalado antes, en países donde los homosexuales no gozan de la libertad que sí disfrutan en Occidente. Porque son «Gay Friendly» excepto en aquellos lugares donde los cuelgan por los pies. Por ello no vemos esas mismas actuaciones en países musulmanes, del sudeste asiático o africanos. El dinero, al igual que el poder, sigue la hegemonía cultural dominante para no perder. Todo se resume en conquistar la hegemonía cultural porque, como los hechos no importan, puedes decir una cosa y hacer la contraria sin sufrir un castigo social. Incluso, muchos comprenderán la cobardía de tus actos amparándose en la hegemonía cultural dominante que permite que la hipocresía sea una forma de vida que consiste en vender puros sentimientos en un postureo ético repugnante.

Bajo el telón de la hegemonía cultural, el disenso pasa a ser considerado ilegítimo al considerar que está amenazando el bien común. Tras décadas de tiranía de pensamiento único que ha ido, como bien defendía Gramsci, permeando en todos los segmentos sociales, ahora nos encontramos con que cualquier persona que desafíe la hegemonía cultural es tachada automáticamente de radical y las masas de acoso lo linchan y etiquetan rápidamente para desprestigiarlo. Surgen las cazas de brujas, las llamadas a los perros pastores para que apliquen un correctivo al hereje, los medios de comunicación reaccionan de forma histérica y criminalizan al «negacionista» (término que se usa para todo en la actualidad) y se llama a la censura para preservar la salud mental del rebaño. La hegemonía cultural actual es inmoral en la medida que impone su moralidad a los demás. Los que se resisten se encuentran etiquetados como sexistas, machistas, misóginos, homófobos, islamófobos, etc. El rebaño es como un niño malcriado que ante cualquiera que le lleve la contraria responde chillando y pataleando. Toda lucha por hacerse con la hegemonía necesita presentar un enemigo interno y externo que amenaza con acabar con el «fabuloso sistema» construido bajo la hegemonía dominante. Para ello se necesita movilizar a la masa con dosis sentimentales y arrastrar al ciudadano a debates sucios y perversos en los que no se busca tener un intercambio de ideas, sino presentar al enemigo como un loco insolidario en un terreno de juego amañado. No es casual que se publicite en los medios de comunicación a aquellos que realmente no hacen daño a la hegemonía dominante, sino que sirven para que la masa se reafirme escuchando a un analfabeto radical. Por ello es común que observemos a personajes que tienen como única herramienta el escándalo y la agitación para que la alogocracia pueda mostrar una caricatura del disidente obviando a los que se oponen con criterios racionales, argumentos sólidos y grandes conocimientos.

Es bien conocido que la batalla ideológica no la gana el que dice la verdad, sino el que tiene más poder de alcance para enmarcar la discusión en los términos que le conviene y logra que estos sean asumidos por la sociedad civil. ¿Cuándo se puede afirmar que alguien controla la hegemonía cultural? Cuando esta es la encargada de desarrollar instituciones públicas y llenar los parlamentos de políticos que proyectan políticas económicas y sociales acordes a los dogmas que superan el concepto Estado-nación y llega a todos los segmentos sociales, incluso, a aquellos que no están interesados en la política ni participan ni votan en las elecciones.

Algunos creen que como Gramsci aspiraba a convertir Italia en una república comunista de corte soviético a través de la disciplina política, el orden, la organización social y la implementación de un sistema que pudiera ser infinito, la hegemonía cultural actual se centra en eso. Nada más lejos de la realidad. La hegemonía cultural opta por controlar a la población a través de luchas sociales impostadas y peligros inminentes de los que el Estado debe salvarnos, al mismo tiempo que apuesta por un sistema económico «capitalista» que, por supuesto, también pasa por la intervención estatal generando precariedad laboral, altas cargas impositivas y economías de pura supervivencia en el reino zombi que vive conectado a sus dispositivos móviles para expulsar su frustración. Una fusión que consiste en que la «derecha financiera» compra el marco mental de la «izquierda antisistema» y la izquierda compra el sistema de la oligarquía derechista. ¿Acaso no le resulta curioso al lector que las conferencias contra el capitalismo estén patrocinadas por los propios bancos? ¿Por qué los antisistema occidentales consiguen obtener repercusión gracias a las subvenciones del sistema? ¿Por qué los supuestos rebeldes ocupan puestos de gran responsabilidad en el ámbito político y mediático? ¿Acaso el pensamiento alternativo real cuenta con la misma capacidad de influencia? Las respuestas son obvias.

En la nueva hegemonía, cuando un dogma queda caduco porque ya no es capaz de anestesiar al pueblo, se sustituye por uno nuevo para que nunca falte pienso que pueda ser consumido. Encontramos un ejemplo evidente en la cuestión relativa a los homosexuales. En cuanto comenzó a aburrir a la población, el dogma fue sustituido por una larga lista de minorías para que tomaran el relevo. Es el *win-win* definitivo de un arsenal de cinismo, oligopolios, capitalismo subvencionado, cortoplacismo político y destrucción de los valores que auparon a Occidente. Te doy el problema y también la solución.

La hegemonía cultural dominante promueve la alogocracia presentando una visión maniquea de opresores/oprimidos, de buenos/malos, solidarios/insolidarios, redefine la democracia a su antojo utilizándola como coartada para la imposición, inventa una neolengua que se transmite con facilidad para determinar los límites de pensamiento, promueve las entidades colectivas sobre el individuo, la deconstrucción del viejo mundo y, por supuesto, la utilización de dogmas que sean fácilmente defendibles desde una perspectiva puramente emocional y no racional. Adriano Erriguel (o quien se esconda tras su nombre) recurre con acertado criterio a la obra *La producción de la ideología dominante* de los sociólogos Luc Boltanski y Pierre Bordieu, que señalaban:

> La filosofía social de la fracción dominante de la clase dominante ya no se presenta como defensora, sino como crítica frente al estado existente de cosas, lo que le permite acusar de conservadurismo a todos los que se resisten al cambio. El poder ya no teme la crítica; por el contrario, la moviliza: hay que cambiar constantemente —o parecer que se cambia— en todos los órdenes de la vida.[4]

Y eso hace exactamente la alogocracia bajo la hegemonía cultural actual. Transformándose o, en ocasiones, haciendo como que se transforma, consigue mantener la agitación política y neutralizar los verdaderos riesgos que podrían poner en peligro su poder, que no es otro que la movilización ciudadana de forma masiva. El individuo libre, designado como el gran enemigo, se haya rodeado de colectivos que se adueñan de la vida social y económica, convirtiendo cualquier reclamación de mayor libertad en una amenaza para la sociedad. Así, ya no se trata de luchar contra el Estado o los poderes económicos, sino contra esos individuos libres a los que se debe silenciar acusándolos de realizar actos micromachistas, racistas, negacionistas y sexistas en su vida cotidiana. De esta forma, seguro que siempre quedará alguien que falta por ser reeducado y justificará el sistema establecido. Abordaremos en el capítulo dedicado al feminismo, otro de los grandes fenómenos que se utiliza para mantener viva la hegemonía cultural, cómo se hace pasar la excepción como norma. Los dogmas son removidos sin interrupción a través del hecho aislado para transferir una sensación de peligro inminente que permita garantizar la continuidad del mensaje y su hipervisibilidad.

La hegemonía cultural preponderante expide certificados oficiales de moralidad y dignidad. No importa si tus actos contradicen tus palabras, si has sido agraciado con un certificado oficial podrás retorcer el discurso la cantidad de las veces que consideres oportunas porque la verdad es la que indica el *mainstream*. Bajo esta hegemonía puedes clamar por el respeto de todas las culturas al mismo tiempo que criminalizas la cultura occidental; señalar que no se debe juzgar a las personas por su raza o sexo, pero considerar peligrosos a los hombres blancos; menospreciar a la clase política pero, a su vez, pedir mayor presencia del Estado; insultar a los católicos mientras defiendes las prácticas del islam radical; exigir respeto por la elección de cada individuo, pero querer imponer a todo un país una moral; rasgarte las vestiduras por la libertad de expresión y dos días más tarde exigir la censura de aquellos que no comparten tu punto de vista. Esta lista de incongruencias es propia de la alogocracia que responde a la política de la cancelación. Todo es respetable, excepto si no piensas como yo. Se trata de seducir para posteriormente imponer, sustituyendo la racionalidad por un moralismo de bajo nivel que pueda ser comprendido por todos los segmentos sociales.

Asistimos a un sistema de valores y de normas en el que resulta impensable la posibilidad de que nuestro vecino piense de otra forma. Sometidos a las precariedades, injusticias, mentiras y experimentos sociales de la alogocracia, la hegemonía occidental del siglo XXI sobrevive gracias a la sedación del pueblo a través de su aparato mediático, social, cultural, consumista y digital. Incapaces de tener una visión crítica de los acontecimientos y ciegos ante las continuas contradicciones, las nuevas generaciones nacen programadas para engrosar el rebaño. La mediocridad es la savia de la que se alimenta el sistema y por ello el frenesí victimista, el exhibicionismo del sufrimiento sobreactuado y los relatos lacrimógenos cuentan con gran cobertura mediática para acreditar la necesidad de un Estado «protector». Como defendía Gramsci: todo es política y hoy más que nunca la burocracia ha inundado nuestras vidas.

La política ya no se sitúa en un eje de derecha-izquierda. La «demagogia 2.0» ha conseguido crear un gran partido que ocupa casi todo el espectro político y que defiende los dogmas establecidos sin cortapisas, por mucho que traten de presentarse al gran público como enemigos irreconciliables. La famosa transversalidad consiste en la ausencia de política real, y la ausencia de modelos opuestos para un país. La construcción de una hegemonía ideológica que transciende los populismos de derecha e izquierda y asegura la expansión de sus consignas. Es la victoria de lo que Gramsci denominó «Estado Integral», formado por la sociedad civil y la sociedad política, el resurgimiento del totalitarismo de un partido único que abarca la izquierda, el centro y la derecha sostenido por los medios de comunicación, la educación, la justicia y las élites económicas.

El lenguaje juega un papel fundamental a la hora de conquistar el poder. Los discursos se elaboran pensando concienzudamente en los términos que deben ser utilizados. Los asesinatos ya no son asesinatos, ahora son asesinatos machistas, racistas, homófobos, etc. Se debe generar pánico e indignación en la sociedad excepto si el asesinado es un varón blanco, sudamericano o asiático, ahí el adjetivo que moldea la realidad desaparece a gran velocidad. El lenguaje crea la realidad y difícilmente alguien puede comprar un dogma si este no es revestido de sucesos que lo refuercen. Todas las palabras tienen un significado y provocan una reacción en el sujeto que las escucha o lee. Por eso no escuchamos a los burócratas hablar de aumentar impuestos de forma salvaje, sino de «armonizar figuras impositivas». Los más avispados comprenden que no se va a armonizar a la baja, sino al alza, pero la masa se queda con un mensaje positivo. ¿A quién no le gusta armonizar? Posee una connotación positiva por lo que muchos, de forma pasiva, aceptan el discurso. Si el significado de las palabras determina la aceptación de la puesta en práctica de ciertas políticas, el lenguaje ofrece una manipulación casi infinita para resignificar, según más convenga, la aprobación de leyes que los ciudadanos aplaudirán simplemente por las palabras utilizadas sin saber exactamente en qué consisten. Lo fundamental es apoderarse de las conciencias y qué mejor arma que estimular en los ciudadanos un complejo de culpa, insolidaridad y egoísmo si se muestran reticentes a las nuevas políticas *cool* que emanan del pueblo que ha escogido con su voto a esos gobernantes. Mucho más útil resulta instalar una nueva moralidad que conduzca a la obediencia total, dominar una nación a través del control de las mentes con cargas policiales, cañonazos y disparos.

Un tsunami purificador recorre Occidente con sus nuevos dogmas basados en la superioridad moral, jaleado por periodistas, famosos, *influencers*, modelos, actores, deportistas, grandes empresas y bancos que se encargan de esparcir las dosis de moralina, delatar, estigmatizar y demonizar a los que se niegan a claudicar frente a la hegemonía cultural de nuestro tiempo, que es profundamente irrealista. Los conocidos como creadores de opinión ya no ponen en jaque al sistema ni lo desafían, al contrario, se han convertido en aliados del mismo autoproclamándose salvadores de la nueva moral. Ahora son héroes solidarios, liberadores comprometidos con los supuestamente oprimidos y guardianes de la conciencia social por mandato divino. Una élite autodesignada y, por supuesto, subvencionada que mantiene un férreo control sobre las masas para guiarlas por el camino que la hegemonía marca como correcto. Resulta grotesco observar a mujeres que conducen populares programas televisivos, y cuyo sexo, lejos de perjudicarles, les ha ayudado a hacerse millonarias, denunciar la opresión del heteropatriarcado. Hombres negros denunciando racismo cuando son las estrellas más reconocidas del cine. Cantantes combatiendo prejuicios sociales que nadie alcanza a detectar. Periodistas comprometidos por injusticias que nadie ha visto. *Influencers* que dicen ser rechazadas por la sociedad. Combates superficiales contra un enemigo imaginario y sin opositores son las causas escogidas por los purificadores de almas occidentales.

Conscientes de que la masa no tiene ideas propias, el movimiento configurado por las élites es el encargado de influenciar y dar las proclamas que refuerzan la hegemonía del culto al odio, la ignorancia, la irracionalidad y el sentimentalismo primitivo. Las masas perciben en su vecino, familiar, pareja y amigo un enemigo al que deben reeducar porque así se lo marcan sus gurús. Su actuación está respaldada por la clase política, los medios de comunicación y los profesores universitarios que expanden las políticas de la violencia legítima. La hegemonía actual no cesa en su empeño constante de educar a las masas para que sean ellas quienes hagan el trabajo sucio para no asesinar el librepensamiento, la libertad, la voluntad, el libre albedrio, el autoconocimiento, el yo, el individuo y la comunidad. Una purga constante para hacer cada día un «sacrificio» a los nuevos dioses que generan un clima de terror que da como resultado la adhesión o el silencio. El nuevo marco mental promueve un nuevo hombre. Es la hora del empresario concienciado, del especulador-filántropo, del activista apadrinado por el sistema, del banquero usurero que se hace pasar por solidario, del marxista feminista, de las multinacionales antirracistas, del ecologista de yate y del socialista que acumula propiedades. Todos estos personajes engloban la democracia sentimental en la que nos hallamos, que ha adulterado el verdadero significado de la democracia y la ha convertido en un estercolero de prebendas simplistas, victimismos y pura fachada para cumplir con los cánones establecidos.

Las élites que predican la diversidad y la inmigración sin control, lo hacen desde sus mansiones protegidas por seguridad privada.

Los grandes empresarios lloran por la precariedad, mientras trasladan sus compañías a países con mano de obra barata.

Las plañideras feministas ven resquicios de machismo en Occidente por lo ocurrido hace seis siglos, pero no ven machismo en el vecino que obliga a su mujer a cubrirse de arriba abajo.

Las ONG dicen querer salvar vidas, eso sí, luego pasan la cuenta a las instituciones europeas para que subvencionen su «solidaridad».

Los políticos recurren al pueblo como garante de la libertad y la democracia, excepto si no votan lo que ellos quieren, como ocurrió con el Tratado de la Constitución europea.

La izquierda dice estar consternada por la situación de la clase obrera, pero no tardan en otorgar beneficios al oligopolio empresarial para que aumente su poder y, por ende, la precariedad laboral.

La derecha se presenta como la defensora de las clases medias mientras aprueba nuevos impuestos que las empobrecen.

Los medios de comunicación dicen ser independientes mientras practican felaciones públicas en las entrevistas a sus jefes políticos.

El «ecopaleto» dice estar comprometido con el entorno rural a la vez que clama por imponer tasas verdes, reducir el consumo de carne y prohibir prácticas de las que viven cientos de miles de familias.

El urbanita adinerado lucha por acoger a los refugiados, pero que estos sean enviados a los barrios pobres para no convivir con ellos.

En la nueva hegemonía más vale parecer que ser. Basta con adaptarse a la retórica oficial para obtener el certificado de buen ciudadano y, así, perpetuar la tiranía alogocrática en nombre de las causas nobles. Así nace la cultura de la cancelación, la autocensura y la presión social para que el rebaño no se vea frente al espejo. No es de extrañar que cualquiera que evidencie la doble moral de los alogócratas sufra la ira enfurecida de la masa que alega sentirse ofendida y que el emisor debe ser cancelado para no provocar traumas irresolubles. Se le atribuye a Jean de La Fontaine, popular fabulista francés, la siguiente cita: «Todos los cerebros del mundo son impotentes contra cualquier estupidez que esté de moda», y ciertamente nos hayamos en la moda de lo políticamente correcto, del silencio para no ofender, de no pensar, y de callar nuestras ideas porque podrían suponer un linchamiento público. Mejor hacer como que luchamos contra las injusticias del planeta para que nuestros semejantes no nos señalen y los alogócratas estén contentos viendo cómo el proceso diseñado de arriba abajo consigue imponer una hegemonía cultural que les asegura el poder total porque la masa exige, en pro de la ilusión de vivir en un mundo feliz, que se recorten libertades a cambio de seguridad. Es el signo de los tiempos, la sustitución del pensador por el «sentidor» para llevarlo todo al ámbito emocional.

Se crea una figura que sirva como el enemigo que impide crear el paraíso en la Tierra, el enemigo se presenta de muchas formas: el neoliberalismo, el capitalismo, el machismo, el racismo, el imperialismo, el colonialismo, etc. Una especie de complot general que desde las sombras impide al ser humano alcanzar el *summum* de la felicidad y por el que todos deben luchar unidos para derrotarlo. Una vez instaurada la creencia de la existencia de un grupo de opresores que oprimen al pueblo inocente, el siguiente paso es imponer medidas despóticas que serán justificadas por el rebaño para conseguir un bien mayor. El fin justifica los medios, aseguran. Incluso si eso pasa por recurrir a la discriminación contra los varones o los blancos, se acepta y se renombra como «discriminación positiva» para dotarle de un significado propio del que hace el bien. La verdad pasa a ser perseguida y cualquier cuestionamiento sobre el nuevo proyecto es rápidamente catalogado y perseguido. Solo un negacionista que habita en el Mal puede dudar del bien que la sociedad está persiguiendo. La hegemonía presente actúa al modo hegeliano en el que puedes escoger entre dos bandos: el correcto, que te asegura comodidad, respeto, aceptación social, popularidad, reconocimiento social y académico, o por el contrario, el bando incorrecto, que supone estar sometido a linchamientos, insultos, desprecio, impopularidad y desprecio del mundo académico. No hace falta decir qué bando es más apetecible.

La actual hegemonía impide el acceso a ideas opuestas, debates profundos sobre temas complejos, y abordar desde otras perspectivas los problemas que nos rodean. Se nutre de una masa infantilizada que sueña con ver pronto ese mundo utópico que le prometieron, pero que nunca llega porque todavía hay que sanar las almas de los infieles que niegan que se haya tomado el camino correcto. De esta forma, la patulea gobernante puede hacer y deshacer a su antojo sobre una sociedad que cree vivir en libertad a pesar de que solamente recibe un mensaje que no encuentra oposición en el ámbito mediático, educativo, institucional y social. El genial Alexis de Tocqueville ya presagió el peligro de vivir en un mundo en el que no existe más que una visión posible que otorga al Estado el poder total:

> Veo una muchedumbre innumerable de hombres parecidos e iguales que giran sin reposo sobre ellos mismos para procurarse pequeños y vulgares placeres con los que llenan el alma. Cada

> uno de ellos, visto por separado, es extraño al destino de todos los demás. [...] Por encima de ellos se eleva un poder inmenso y tutelar que se encarga él sólo de asegurar sus goces y de velar por su suerte. Es absoluto, detallado, regular, previsor y dulce. Se parecería a la potestad paterna si, como esta, tuviera por objeto preparar a los hombres para la edad viril; pero no procura, por el contrario, más que fijarles irrevocablemente en la infancia; quiere que los ciudadanos disfruten con tal que no piensen sino en disfrutar. Trabaja de buen grado para su bienestar; pero quisiera ser el único agente y el sólo árbitro, provee a su seguridad, prevé y asegura sus necesidades, facilita sus placeres, conduce sus principales negocios, dirige su industria, regula sus sucesiones, divide sus herencias. ¡Por qué no podría quitarles por completo el trastorno de pensar y el esfuerzo de vivir![5]

Este contexto de Estado benefactor propio de la nueva hegemonía es fundamental para que la alogocracia no sea considerada ante las masas como un tirano que los oprime, sino como un protector que vela de forma solidaria y amorosa por su bienestar. Recuerden: vivimos en una época en la que la verdad no importa, importa lo que la gente piense que es verdad.

4

FEMINISMO. EL GRAN CABALLO DE TROYA

Si hay un dogma por excelencia en esta era, ese es el feminismo. A menudo muchos intelectuales afirman que el feminismo ha sido el concepto que ha sustituido la lucha de clases. Amparándose en la necesidad de poseer un segmento importante de la población para que la revolución comunista triunfase, se podría decir que las mujeres han sustituido a los obreros. Desde luego, las mujeres representan un porcentaje muy importante en cualquier nación, por lo que en cierta medida sí hay algo de verdad en ese argumento, pero de nuevo cometemos un error si pensamos que el objetivo final es ese y no simplemente la utilización de un grupo social que atraiga a otros grupos sociales que no pertenecen al mismo para aumentar el alcance del mensaje de la hegemonía cultural. Sin duda, el feminismo es uno de los más importantes. El sexo que poseemos es algo de lo que no podemos desprendernos y de lo que nos sentimos orgullosos en contadísimas excepciones. Ocurre lo mismo con la raza o la lengua en la que hablamos. Por ello, no es un disparate apuntar al sexo como un objetivo al que utilizar con fines políticos en el mundo de la irracionalidad.

Debemos aclarar que cuando nos referimos al feminismo, no estamos apuntando al espíritu en búsqueda de la igualdad de derechos, libertades y oportunidades entre hombres y mujeres. El feminismo de hoy no se parece en nada al de finales del siglo XIX y principios del XX, cuando luchaban por el sufragio, o el de los años sesenta del pasado siglo cuando se reivindicaba la igualdad de derechos respecto a los hombres. Ahora hablamos de una ola de feminismo que niega tal evidencia y que recurre a supuestos machismos sistemáticos que relegan a las mujeres a un estado de opresión constante. A través del miedo, de la negación de diferencias naturales entre ambos sexos, de imaginarios enemigos y la aprobación de leyes discriminatorias, el feminismo se ha convertido en un arma política con tintes ideológicos destinada a dominar los corazones y, por ende, las mentes de los votantes. La alogocracia no duda en hacer pasar la excepción como norma para revuelo del rebaño, que se altera y comienza a temer todavía más por su vida. Si llevaron a una oveja al matadero, cualquiera puede ser la próxima. Da igual que las probabilidades sean ínfimas y que la razón no sea por ser una oveja, importa asustar al rebaño para que perciba a los pastores y perros pastores como sus guardianes aunque eso pase por esquilmarles diariamente con elevadas tasas impositivas, leyes injustas y castigos en forma de «delitos de odio».

El feminismo necesita, en primer lugar, negar la naturaleza humana (discurso de la igualdad), es decir, no asume que en el mundo hay hombres malos que asesinan y asesinarán siempre. ¿Se puede conseguir que la gente deje de ser mala? Desgraciadamente no. Aunque nos disguste, la historia y el presente del ser humano nos demuestra que siempre habrá indeseables capaces de asesinar, violar o maltratar a su pareja. Rechazar la realidad nunca es un buen punto para intentar corregir o, mejor dicho, limitar los efectos nocivos que genera en una sociedad el porcentaje de ciudadanos malhechores con el que estamos condenados a convivir. Pero al feminismo del siglo XXI no le interesa eso, de hacerlo proclamarían la cadena perpetua para violadores, pederastas y asesinos. Lejos de hacerlo, incluso muchos movimientos de países europeos lo rechazan. La razón por la que nacen movimientos como «Ni una menos» se debe a que es algo imposible de conseguir y, por lo tanto, la causa se convierte en infinita porque siempre habrá asesinos y asesinadas. Lo mismo ocurre con el movimiento «Me Too» (yo también), que consiste en denunciar supuestos abusos, aunque en muchas ocasiones nunca se prueban, contra las mujeres y con el que, incluso, feministas como Margaret Atwood se han mostrado muy críticas.[1] ¿Acaso los abusadores desaparecerán algún día de nuestra sociedad? No, ergo, es una lucha infinita. No solamente estos dos movimientos son los utilizados por el feminismo.

Otro concepto que ha aflorado en Occidente es el denominado «techo de cristal». ¿En qué consiste esto? En afirmar la existencia de una opresión invisible por parte del sistema que es machista por naturaleza y, por consiguiente, impide que las mujeres puedan alcanzar sus metas laborales. Algunos pensarán que qué absurdo es ese concepto, cuando todos conocemos mujeres exitosas en el ámbito laboral, pero el éxito laboral es alcanzado (tanto hombres como mujeres) por muy pocos individuos, por lo tanto la mayoría de las mujeres pueden recurrir a la opresión para explicar su fracaso frente a la sociedad. Negando las premisas naturales fundamentales, y una vez comprada por los alogócratas, empieza la vía libre para imponer uno a uno todos los puntos de la agenda feminista.

¿Quiere decir que no existen injusticas y que no existe machismo? No, por supuesto que existen y se dan casos, pero abordar un problema refiriéndonos a hechos que por suerte son aislados en la mayoría de Occidente, lo que pretende no es más que sacar de contexto la realidad para manipular al personal vendiendo una especie de feminicidio. Es lo mismo que ocurre cuando se da una injusticia en el ámbito empresarial, rápidamente se azuza el avispero para concluir que todos los empresarios son igual de perversos y machistas. Con esa condición de generalizar al «opresor» se llega al punto de condenar provisionalmente al hombre por el mero hecho de serlo. Hay que decirlo bien claro: las mujeres en Occidente no están oprimidas, ni tienen menos libertades ni menos derechos que los hombres. Incluso hoy en día es al revés, en países como España las mujeres tienen más derechos que los hombres. ¿Significa que disfrutan de una vida ideal sin ningún tipo de complicaciones? Evidentemente no, ¿acaso los hombres sí? Pues lógicamente tampoco. Echando la vista atrás sí encontramos momentos históricos en los que las mujeres eran relegadas a un segundo plano, pero por suerte hace muchos años que eso dejó de ser así. Basta con echar un vistazo a los datos de algunos países occidentales para comprobarlo:

En los países de la Unión Europea, según los últimos datos disponibles del año 2019, el porcentaje de mujeres graduadas en educación superior era más alto que el de los hombres. Salvo Grecia (con 96,6 mujeres por cada 100 hombres), los datos de Eurostat demuestran que en el resto de los veintiocho estados miembros hay más mujeres estudiantes universitarias que hombres. La media de la UE28 se sitúa en 121,6 mujeres por cada 100 hombres. Si vamos al éxito en la finalización de los estudios superiores las universitarias culminan sus estudios un 27 por ciento por encima de los universitarios.[2]

A tenor de los datos, podríamos decir que son los hombres los que no gozan de oportunidades (algo que sería absurdo), pero lejos de reconocer esta realidad positiva se recurre, una vez más, a buscar la excepción. Se utilizan carreras en las que el porcentaje de las mujeres es reducido y se achaca a una opresión machista. Pero ¿es eso cierto o en realidad las mujeres prefieren decantarse por otras carreras? Según los propios datos de Eurostat, del total de alumnos universitarios en el ámbito de la formación y la educación, el 79,1 por ciento son mujeres. Un porcentaje muy similar se da en la población universitaria en el área de salud y bienestar, que es del 76 por ciento de mujeres frente al 24 por ciento de hombres. Entre los estudiantes de grados de Ciencias, Matemáticas o Informática, es de 59,2 por ciento hombres frente al 40,8 por ciento de mujeres. En cuanto a Ingeniería se refiere, las mujeres representan el 26,6 por ciento. Viendo que las mujeres europeas estudian más carreras universitarias que los hombres, sería cuanto menos ridículo concluir que las mujeres no optan por lo que más les gusta e interesa según sus gustos personales. La cifra en Estados Unidos es similar a los datos de la Unión Europea, donde el 56 por ciento de los estudiantes universitarios son mujeres, según el Centro Nacional de Estadísticas sobre Educación.[3]

Parece que los hechos contradicen el relato. ¿Qué hay sobre los datos de violaciones, homicidios, accidentes de trabajo, suicidios, etc.? Echemos un vistazo a lo que dice la realidad.

Los datos de Eurostat reflejan que el 90 por ciento de las agresiones sexuales las sufren las mujeres, mientras que el 10 por ciento, los hombres.

Según los datos de la Oficina de las Naciones Unidas contra la Delincuencia y la Droga, en Europa, el 72 por ciento de las víctimas fueron hombres, frente al 28 por ciento de mujeres. En América, el porcentaje de hombres sobre el total de asesinados asciende al 88 por ciento frente al 12 por ciento de mujeres.[4] Si hablamos de accidentes laborales, en Estados Unidos el 92,9 por ciento de los fallecidos fueron hombres, mientras que el 7,1 por ciento fueron mujeres.[5] En cuanto a los suicidios se refiere, el 77 por ciento de las personas que se suicidan en Europa son hombres.[6] Para ser machista el sistema, no parece que beneficie en gran medida a los hombres, sino más bien todo lo contrario. Ya hemos visto que los datos rompen el discurso de la opresión, pero como dijimos, nadie lucha por una estadística, así que debemos analizar el plano emocional del que se nutre el feminismo actual.

Pero ¿qué ocurre con las agresiones sexuales? El abusador o violador no mira el Código Penal antes de violar, lo suyo sería encarcelarlo de por vida, pero las leyes laxas de la alogocracia permiten que salgan a la calle y vuelvan a violar a mujeres inocentes. Sería lógico pensar que las autodenominadas como feministas pidieran cadena perpetua en estos casos, pero no lo hacen, ¿será que interesa para el negocio tener violadores condenados libres en las calles? Sabiendo que siempre habrá miserables que se aprovecharán del cobarde abuso que a veces distingue al más fuerte, la solución difícilmente puede pasar por montar instituciones con millones de euros de presupuesto, establecer «puntos morados» seguros o recurrir a que todo hombre es un violador en potencia. De ser así, Suecia sería el paraíso de las mujeres y precisamente ocurre todo lo contrario, es uno de los países donde más violaciones se registran anualmente. La inversión de millones de euros, la propaganda y las políticas feministas centradas en la discriminación positiva no parece que hayan servido de mucho para concienciar a los suecos. Es más, las nuevas leyes aprobadas en Occidente van dirigidas a considerar delito de violación o abuso sexual prácticas tan ridículas como piropear a una mujer por la calle, por lo que el feminismo consigue trasladar una imagen de terror a las mujeres occidentales que no se corresponde con la realidad. Cada vez es más común leer titulares en los que se alarma a las mujeres haciendo referencia al aumento de estos delitos, cuando en realidad, simplemente se ha cambiado la ley para añadir como abuso o agresión sexual prácticas que antes no pasaban de la mera anécdota. Se justifica así la inversión continua de ingentes cantidades de dinero e incluso hay quien saca tajada de ello con la proliferación de aplicaciones móviles de pago que sirven para calmar a las mujeres. La histeria generalizada y la utilización de los casos aislados provocan que muchas sientan auténtico pavor. ¿Se imagina usted una aplicación móvil destinada a los hombres para que tras cada jornada de trabajo avisen a sus amigos de que está bien y no han sufrido un accidente laboral? No hay que relativizar el problema, pero desde luego no conviene elevarlo a drama social para perjuicio de la salud psicológica de las mujeres.

Otro de los puntos clave es la conocida como «brecha salarial». Este concepto fascinante que ha surgido en los últimos años se utiliza como una prueba irrefutable de la opresión machista sistemática instalada en Occidente. Los datos se presentan de forma sesgada para que el argumento gane popularidad (cuando interesa se usan estadísticas, cuando no, se omiten). ¿Qué dicen los datos? Como apunta Dave Rubin, la brecha salarial entre mujeres y hombres en Estados Unidos es del 21 por ciento, mientras que en los países de la UE es del 15 por ciento.[7] «¡Ves, nos pagan peor por el hecho de ser mujer!», exclaman las feministas. En primer lugar suele ser recomendable saber comprender un dato y qué nos está diciendo. La brecha salarial se calcula evaluando la cantidad total que reciben los hombres y las mujeres. Efectivamente los hombres ganan más, pero ¿eso quiere decir que les pagan más por realizar el mismo trabajo? La respuesta es no. Si fuese así, no dude de que el movimiento estaría constantemente utilizando esos casos excepcionales para venderlos a través de los grandes medios de masas con el fin de apuntalar su lucha contra la opresión. Realmente la razón por la que se da este dato es bastante sencilla. Al no tener en cuenta la antigüedad, las horas de trabajo que realizan los hombres y las mujeres, el tipo de trabajo, los ingresos que genera, la experiencia laboral previa, etc., el resultado que arroja es que los hombres cobran más. Sí, pero también trabajan más, como demuestran los datos de la Oficina de Estadísticas Laborales de Estados Unidos.[8]

¿Y qué ocurre con los deportistas? ¿No realizan el mismo trabajo?, se preguntará la feminista moderna. La respuesta la encontramos en la cantidad de dinero que generan. Pongamos el fútbol como ejemplo. Según la FIFA, la final del Mundial de 2018 que enfrentó a Francia y a Croacia fue vista por más de 1.120 millones de personas. ¿Cuántos vieron la final femenina del Mundial del año 2019 entre Estados Unidos y

Países Bajos? Doscientos sesenta millones de personas, según la FIFA. Por lo tanto, si bien es cierto que todos son futbolistas y hacen el mismo trabajo, las ganancias que generan son completamente diferentes por lo que es lógico que los futbolistas hombres ganen más que las futbolistas mujeres. «Pero la diferencia de televidentes no es tan elevada para justificar la diferencia de ganancias», mantiene la feminista. De acuerdo, vayamos a los datos de cuánto dinero generó el Mundial de hombres y el de mujeres. El Mundial de fútbol masculino generó cerca de 7.000 millones de dólares, mientras que el Mundial femenino generó 284 millones de euros, lo que equivale a un 4,1 por ciento de lo que generaron los hombres.

Lo mismo ocurre con el tenis. Los datos recogidos por Axel Kaiser son los siguientes: «En 2015 un total de 973 millones de personas vieron los partidos de los hombres de la ATP, frente a los 395 millones que vieron los partidos de las mujeres de la WTA. La final de los hombres en Wimbledon de ese mismo año fue vista por 9,2 millones de personas, versus 3,3 millones la misma final de mujeres».[9] La diferencia de ingresos deriva de la cantidad de dinero que generan unos y otros. Es la misma razón, como apunta Kaiser, por la que la modelo mejor pagada en 2016, Gisele Bündchen, ganó 42 millones de dólares frente a los 1,5 millones de dólares que ganó el mejor modelo pagado ese año, Sean O'Pry.[10] ¿Hay una cruzada contra los hombres en el mundo de la moda? Solo un necio podría responder afirmativamente.

Se suele recurrir por parte de las feministas a una razón lógica para intentar tapar estos datos y justificar la brecha salarial haciendo alusión a que las mujeres son las que gestan a los hijos y también las que los paren, por eso los hombres trabajan más horas anuales que las mujeres al no tener que interrumpir su jornada laboral. Este detalle deriva puramente de la naturaleza humana, pero se usa ¡para acusar de machismo al sistema laboral! Pero por si no se ha enterado, voy a darle una información que lleva siglos siendo ocultada por las élites: las mujeres son el único género que puede concebir. Parece bastante complicado que un hombre se preste a dar a luz en vez de la mujer, pero claro, evidenciar la naturaleza de las cosas no se amolda al discurso victimista, que aprovechando la incapacidad de comprender un dato por parte de la población, recurre a la demagogia barata para denunciar una injusticia que es falsa. Es más, si analizamos los datos entre mujeres y hombres que no tienen hijos, estas ganan más que sus homólogos varones. En concreto, un 8 por ciento más de media.[11]

Si los datos nos demuestran que los hombres mueren más que las mujeres, se suicidan más, tienen una esperanza de vida más baja que ellas, pagan más impuestos, sufren más asesinatos, reciben menos prestaciones sociales, no tienen los mismos derechos de patria potestad, son minoría en las universidades y son más pobres, ¿podríamos decir que existe un sistema feminista opresor? Aceptando la mentalidad victimista del feminismo moderno y el relato que traslada la alogocracia, sí. Siguiendo la razón, la naturaleza humana y la lógica, no. Por suerte, en Occidente tu futuro, de momento, no está determinado por tu raza, sexo, ideología o religión, por mucho que algunos quieran empeñarse en que sea así con las políticas identitarias. Estas políticas permiten que cualquier contraargumento contra el feminismo se considere machista y más si estás contradiciendo a una mujer. Se denuncian «microagresiones» que van desde mirar fijamente o llevarle la contraria a una mujer que se ha sentido víctima de algún tipo de agresión absurda y sobreactuada. No importa que el sujeto no sea machista, lo importante es cómo se siente la mujer ante él, por lo que es más que suficiente su relato para que sea considerado como machismo. La lista de «micromachismos» es interminable y una buena excusa para dotar a las mujeres más inseguras y fracasadas de una válvula de escape que justifique su situación en el ámbito laboral, familiar o emocional. La alogocracia se encarga de que a las mujeres les moleste lo que un grupo de subvencionadas les dice que les tiene que molestar.

El feminismo hegemónico sostiene que no existe una naturaleza biológica genuina entre hombres y mujeres, sino que se trata de un constructo social diseñado para que el comportamiento de ambos sexos sea diferente siguiendo intereses oscuros de índole machista. Es decir, no se pueden atribuir valores o funciones a cada sexo de forma natural ni tampoco comportamientos. Si hay más mujeres que quieren ser enfermeras que ingenieras es porque existe una opresión sistemática contra ellas que les hace decidirse por carreras diferentes. ¿Es esto cierto? El reconocido psicólogo evolutivo de Harvard Steven Pinker señala las diferencias existentes entre los cerebros de hombres y mujeres que explican, en muchas ocasiones, los comportamientos tan distintos entre ambos sexos:

> A los hombres les gustan mucho más las relaciones sexuales sin compromiso con distintas parejas o parejas anónimas, como se observa en el hecho de que la prostitución y la pornografía visual estén dirigidas casi exclusivamente al consumidor macho.

> Los hombres son mucho más propensos a competir violentamente, a veces de forma letal, entre ellos por cuestiones importantes y banales (como en el caso reciente de un cirujano y un anestesista que llegaron a las manos en el quirófano, mientras el paciente esperaba en la mesa de operaciones a que le extirparan la vesícula). Entre los niños, los chicos dedican mucho más tiempo a practicar el conflicto violento en lo que los psicólogos denominan «juego brusco». La habilidad para manipular objetos tridimensionales y el espacio en la mente también demuestra una gran diferencia a favor de los hombres.[12]

Esta realidad explicaría también el motivo por el que el número de hombres aficionados a deportes violentos es mucho mayor que el de las mujeres y por qué los niños prefieren jugar a deportes de contacto que coleccionar pegatinas o saltar a la comba. Pinker prosigue:

> Además, como dato que confirma una expectativa de la psicología evolutiva, para muchos rasgos la curva de los machos es mucho más plana y ancha que la curva de las hembras. Es decir, proporcionalmente hay más machos en los extremos. A lo largo del sector izquierdo de la curva, se observa que los chicos son mucho más propensos a padecer dislexia, discapacidad para el aprendizaje, deficiencia de atención, problemas emocionales y retraso mental (al menos algunos tipos de retraso). En el sector derecho, se observa que en una muestra de estudiantes dotados que sacaban una puntuación de 700 (de un total de 800) en la parte de matemáticas de la Prueba de Evaluación Académica, los chicos superaban a las chicas en una proporción de

> trece a uno, aunque las puntuaciones de chicos y chicas eran similares en el sentido general de la curva.[13]

¿Podemos considerar un insulto decir que hay más hombres inteligentes que mujeres, aunque también hay hombres más tontos que las mujeres? No, porque es la realidad. ¿Es discriminar a los hombres? Tampoco, sino fruto de la naturaleza humana que tras larguísimos años de evolución ha llegado a ese punto. Pinker simplemente está relatando lo que han demostrado los estudios en cuanto a las diferencias entre hombres y mujeres, del mismo modo que también da constancia de que las virtudes que poseen uno y otro sexo son diferentes.

También los hombres y las mujeres otorgan un valor distinto al estatus social, la posición laboral, el riesgo y hasta a la propia vida. Encontramos también diferencias en cuanto a las preferencias a la hora de elegir una pareja. Tal y como demuestran los estudios realizados y que refleja Steven Pinker:

> Las mujeres mantienen el contacto visual, y sonríen y ríen con mucha más frecuencia. Los hombres son más propensos a competir entre ellos por el estatus utilizando la violencia o los logros profesionales; las mujeres suelen emplear más el desprestigio y otras formas de agresión verbal. Los hombres toleran mejor el dolor y tienen una mayor disposición a arriesgarlo todo por el estatus, la consideración social y otras recompensas de dudoso valor. Los premios Darwin, que se conceden anualmente a «personas que sostienen la supervivencia a largo plazo de nuestra especie, olvidándose de la que es su dotación genética de forma sublimemente idiota», casi siempre se conceden a hombres.

> Entre los últimos premiados hay un hombre que quedó aplastado debajo de una máquina expendedora de refrescos después de inclinarla hacia delante para conseguir una lata gratis; tres hombres que compitieron para ver quién podía pisar más fuerte sobre una mina antitanques, y el piloto frustrado que ató unos globos sonda a su silla de jardín, ascendió unas dos millas y fue arrastrado hasta el mar (por lo que sólo consiguió una mención honorífica, porque fue rescatado por un helicóptero). Las mujeres prestan más atención a los lloros habituales de sus bebés (aunque ambos sexos reaccionan igual cuando los lloros denotan una aflicción extrema) y son más solícitas con sus hijos en general. Las niñas juegan más a papás y mamás y a imitar roles sociales; los chicos lo hacen más a luchar, perseguirse y manipular objetos. Y hombres y mujeres difieren en su respectivo patrón de celos sexuales, las preferencias en la elección de pareja y los incentivos para irse a la cama con cualquiera.[14]

Como vemos, sostener que las diferencias entre sexos son puramente una cuestión arbitraria de la cultura occidental, como afirman las feministas, no se corresponde con la naturaleza humana y la ciencia desmonta tal argumento. No se trata de una elección que venga determinada por gustos o por imposiciones sociales, sino que las diferencias existentes hacen que cada sexo opte por lo que su propia naturaleza le indica. Algunas feministas recalcan el ámbito familiar como claro ejemplo de constructo social, pero de nuevo Pinker explica que es más común, debido a la naturaleza de las mujeres, que estas prefieran renunciar a su carrera profesional por cuidar a sus hijos que los hombres.[15]

Las diferencias entre el cerebro del hombre y el de la mujer no son muy grandes, pero sí existen y, por supuesto, juegan un papel importante para determinar las conductas de cada uno. Lo mismo ocurre con la testosterona.[16]

La prueba definitiva que destroza el argumento principal del movimiento feminista (el constructo social) la encontramos en diversos experimentos que demuestran que las conductas, los gustos, los intereses, las virtudes y los defectos de ambos sexos son distintos por una cuestión natural y no artificial. Si el género, como afirman, se construye por la presión social y por un sistema que nos guía, los niños sometidos a un cambio de sexo temprano y educados como niñas deberían tener la mente de una niña normal. ¿Ocurre esto? Veamos lo que dice la realidad:

> Tal experimento se ha realizado en la vida real, no como resultado de la curiosidad científica, por supuesto, sino como consecuencia de enfermedades y accidentes. En un estudio se analizó a veinticinco niños que habían nacido sin pene (un defecto de nacimiento conocido como extrofia cloacal) y a los que posteriormente se castró y educó como niñas. Todos mostraron unos patrones masculinos, se dedicaban a juegos bruscos y tenían unas actitudes y unos intereses típicamente masculinos. Más de la mitad de ellos declararon espontáneamente que eran niños, uno cuando sólo tenía cinco años. En un famoso estudio de casos, un niño de ocho meses perdió el pene en una circuncisión mal hecha (que, para mi tranquilidad, no fue obra de un mohel, sino de un médico torpe). Sus padres consultaron al famoso investigador John Money, quien había dicho: «La naturaleza es una

> estrategia política de quienes están obligados a mantener el *statu quo* de las diferencias de sexo». Les aconsejó que dejaran que los médicos castraran al pequeño y le implantaran una vagina artificial, y los padres le educaron como a una niña sin contarle lo que había pasado. Me enteré del caso en mi época de universitario, en los años setenta, cuando se presentaba como prueba de que los bebés nacen neutros y adquieren un género a partir de la educación que se les da. En un artículo del *The New York Times* de la época se decía que Brenda (a quien al nacer se le había puesto el nombre de Bruce) «ha ido avanzando con satisfacción en su infancia como una auténtica niña». Los hechos se ocultaron hasta 1977, cuando se descubrió que, desde muy pequeña, Brenda se sentía un niño atrapado en un cuerpo de niña y un rol de género. Rasgaba los vestidos con volantes, rechazaba las muñecas y prefería las armas, le gustaba jugar con chicos y hasta insistía en orinar de pie. A los catorce años se sentía tan desgraciada que decidió que o bien vivía su vida como chico o bien acababa con ella, y al final su padre le contó la verdad. Se sometió a una nueva serie de operaciones, asumió una identidad masculina y hoy está felizmente casado con una mujer.[17]

No parece que los hechos y la realidad corroboren la teoría de que niños y niñas son idénticos, con la única excepción de los genitales, y que las diferencias entre ambos sexos tienen un origen de opresión machista heteropatriarcal.

El hecho de que muchas diferencias de sexo tengan sus raíces en la biología no significa, por supuesto, que un sexo sea superior. Las diferencias también se producen entre personas del mismo sexo y en todas las circunstancias. La discriminación de una persona basada en el sexo jamás está justificada, ni se debe obligar a que los hombres o las mujeres hagan cosas típicas de su sexo. Precisamente, el movimiento feminista occidental pretende imponer a las mujeres cosas que no son propias de su naturaleza. Supongamos que se quiere incrementar el número de mujeres que estudian ingeniería porque su porcentaje no llega al 50 por ciento de los universitarios que cursan ese tipo de carreras. ¿Se podría conseguir ese porcentaje sin una imposición que obligue a miles de mujeres a escoger esa carrera? La respuesta es no, pero se pretende conseguirlo en contra de los deseos de esas mujeres que en circunstancias de libertad de elección, prefieren optar por otro tipo de carreras universitarias, tal y como ocurre actualmente. Como explica Pinker, la doctrina feminista se cimienta en rechazar de plano la naturaleza humana aludiendo a que las diferencias son construidas socialmente, en la existencia de un sistema que impide a las mujeres alcanzar sus verdaderas metas y, por último, en que el sexo masculino a través de la violencia ejerce su poder de dominación contra el sexo femenino.

Teniendo en cuenta estos parámetros, no es casual que las feministas inviertan gran esfuerzo en censurar las investigaciones científicas que revelan estas diferencias que rompen su discurso. Sin el odio por la razón y el amor por puros sentimientos, el feminismo moderno no se sostiene y no es más que un espantajo creado para adoctrinar al rebaño en una falsa creencia. A pesar de la evidencia, el feminismo recurre a la creación de un lenguaje con conceptos de difícil comprensión a primera vista, para dotar su lucha de un nivel intelectual del que carece. La farsa no sólo se sostiene en denunciar un sistema que no existe, sino en utilizar conceptos como «techo de cristal», «opresión invisible», «micromachismos», «cosificación», «androcentrismo», «falocentrismo» y una larga lista de ridículas palabras sin argumentos reales que hacen creer que detrás de las denuncias de machismo existen elaborados estudios. La alogocracia sabe que su audiencia es limitada en cuanto a conocimientos se refiere y que no va a buscar investigaciones en otros idiomas que contradicen el relato para comprobar si lo que les venden los alogócratas es cierto o no. El feminismo es pura charlatanería, niega la ciencia y recurre a mentiras «nobles» para manipular a la población y llenarse los bolsillos. Por consiguiente, buscar la paridad en todos los ámbitos supone la expulsión de mujeres de las carreras en las que representan un porcentaje mayor y de hombres en las carreras que más escogen, es decir, mujeres obligadas a estudiar carreras que no les satisfacen y hombres estudiando carreras para las que no son buenos. Ese mundo feliz que nos venden se asemeja más a un mundo indeseable.

La diferencia no es mala, al contrario, es positiva. Las mujeres son mejores que los hombres en ciertos campos y viceversa. ¿A quién contrataría antes para extraer minerales de una mina? ¿A un hombre o a una mujer? ¿A quién contrataría antes para publicitar bañadores? ¿A un hombre o a una mujer? No se preocupe, sus respuestas no son ni machistas ni feministas. Son simplemente lógicas. ¿Se debe actuar con políticas para que las diferencias desaparezcan? En eso estamos, pero no van a obtener ningún resultado porque la naturaleza humana no la cambia un decreto ni el derroche del dinero de los ciudadanos en causas absurdas. ¿Se deben utilizar estas diferencias para aprovecharse? En absoluto. Las sociedades civilizadas no se centran en el sexo de una persona para determinar su valía, eso es más bien propio de sociedades incivilizadas como la que estamos construyendo considerando el sexo de una persona como un parámetro fundamental para que tenga una serie de derechos diferente al otro sexo. Las cuotas de género son, desde un punto de vista moral, inaceptables. Una sociedad sana es aquella que ignora el sexo de las personas a la hora de contar con ellas para trabajar en el ámbito privado o formar parte de instituciones públicas. El mensaje de las cuotas de género esconde un objetivo perverso que no es otro que eliminar la meritocracia. El primer paso es despojar de amor propio a los ciudadanos, borrar de la mente de estos que son capaces de obtener cualquier cosa si se lo proponen y se esfuerzan. El mensaje va encaminado a decirle al bobo que no se preocupe porque a pesar de no merecerlo, obtendrá el mismo premio que aquel que se ha esforzado. Va encaminado a inculcar en las mentes más débiles que lo justo es que todos obtengan el mismo premio independientemente de su valía. Se trata de mermar la moral de aquellos que tienen ilusión por superarse, cosechar éxitos personales y sentirse orgullosos de ellos mismos, porque si eso es así, si saben que pueden alcanzar sus metas sin la ayuda de nadie, dejan de ver a la alogocracia como el papá que las protege de sus males y ven realmente lo que es: una losa que aniquila la libertad en cuanto puede. A diferencia del movimiento feminista clásico que luchaba por obtener derechos que las mujeres no disfrutaban, desde ejercer su derecho al voto hasta poder abrir una cuenta en un banco sin permiso de su marido, el movimiento feminista actual no lucha por obtener derechos, sino privilegios. Paradójicamente, al mismo tiempo que ensalzan la valía de la mujer, la someten a leyes arbitrarias como la paridad de género en puestos públicos, e incluso, privados. Es decir, ¿la mujer necesita que una ley le otorgue un puesto de responsabilidad o de trabajo? ¿Acaso ellas mismas no son capaces de obtenerlo con su esfuerzo, trabajo y preparación? Para las feministas modernas la respuesta es no. Como si de una especie inferior y discapacitada se tratara, otorgan un trato a la mujer que es desde luego denigrante y machista.

En gran parte del Tercer Mundo, la posición de las mujeres no ha mejorado desde la Edad Media, y en nuestra propia sociedad, las mujeres sufren aún la discriminación, el acoso y la violencia.[18]

Se dice que es machismo que las niñas jueguen a las muñecas y los niños al fútbol. ¿Acaso no es normal que al niño, que es una especie de bárbaro en vías de ser civilizado, le guste más que a una niña caerse al suelo, pegarse con sus amigos en el partido, sudar, gritar y celebrar un gol como el mejor momento de su vida? Pues claro. ¿Qué queremos? ¿Ver a niños jugando con muñecas y a las niñas con las rodillas sangrando tras un partido en un descampado? ¿Eso supondría el fin de la opresión del sistema? Permítanme dudar de que eso sea sinónimo de éxito y el deseo de los niños y las niñas.

La conciliación laboral también es una de las grandes propuestas del feminismo occidental. Se pretende hacer creer a la gente que formar una familia no tiene por qué tener consecuencias en el ámbito profesional, cuando es lógico que sí las tenga. Ha sido así toda la vida y seguirá siéndolo, pero entonces nos topamos con denuncias de acoso laboral o discriminación que no se corresponden con la realidad. En la histeria colectiva feminoide se dan auténticas aberraciones legales. Desde hace años, para la inmensa mayoría de países, la lucha contra el machismo se ha convertido en un eje central a la hora de aprobar leyes que lo mitiguen. En el caso de España, el esperpento ha llegado a tal nivel que se aprobó la que es conocida como la «Ley Integral de Violencia de Género». Dicha ley rompe por completo el principio fundamental de que tanto hombres como mujeres son iguales ante la ley, llegando al punto de considerar ciertos comportamientos como delitos si son cometidos por hombres, pero no si son cometidos por mujeres. Una aberración propia de los regímenes totalitarios del siglo XX que juzgaban los hechos según la raza, el sexo, la religión o la ideología del acusado. La presunción de inocencia ha muerto con esta deriva totalitaria que acepta que la palabra de una mujer sea suficiente para encarcelar a un hombre. El célebre «Yo sí te creo, hermana» se ha popularizado a tal nivel que incluso muchos jueces dictan sus sentencias en función de cuál es el clima social reinante. Los políticos se inmiscuyen en las causas judiciales y condenan (sin sentencia) al presunto agresor de la víctima, mientras que los medios de comunicación al servicio de la alogocracia elevan a cuestión nacional aquellos casos que les interesan para vender su podrido producto, pero callan con los que no se ajustan al relato. Esta espiral inquisitorial incivilizada de juzgar a las personas según su sexo ha derivado en un aumento de denuncias falsas contra hombres inocentes que una vez absueltos, lejos de obtener el perdón público, reciben un silencio ensordecedor por parte de los alogócratas que lo acusaron de maltratador, machista, agresor sexual, violador y hasta asesino.

Lejos de mejorar los resultados los ha empeorado a pesar de tomarse la licencia de destruir un pilar fundamental de un país libre: igualdad ante la ley. Aun así, España sigue siendo uno de los mejores países del mundo para nacer mujer, aunque también ha perdido puestos en el *ranking* desde que comenzó el aquelarre feminista.

La histeria colectiva que rodea Occidente alimentada por la alogocracia es espoleada por los medios de comunicación que no dudan en presentar datos alarmantes para generar un pánico injustificado en las mujeres. Se escudan en que las condenas por agresión sexual aumentan, cosa que es obvia si se considera que «mirar fijamente a una mujer» o «gritar en una discusión de pareja» es una agresión sexual. Uno de los grandes trucos del feminismo es modificar la ley para que conductas que antes no eran consideradas delito, ahora pasen a engrosar las cifras y así crear un círculo vicioso que jamás se rompe y, como el caso del hombre embarazado, justificar la inversión perpetua para la causa. Pero esta dinámica, como decíamos antes, se está llevando la vida de miles de hombres inocentes que son denunciados por parte de sus parejas o exmujeres como ocurre en España. En España, según los datos del Consejo General del Poder Judicial, el 42,86 por ciento de las sentencias fueron absolutorias, es decir, que no se pudo probar que la denuncia de la mujer fuese cierta.[19] No hace falta ser muy inteligente para determinar que un porcentaje considerable de esas sentencias absolutorias se deben a que la denuncia fue falsa. ¿Qué ganan con esto las mujeres? Las razones van desde un escarmiento o puro revanchismo, hasta tretas legales que los propios abogados recomiendan hacer a sus clientas en los juicios sobre la custodia de los hijos. En España si una mujer llama a la policía y dice que le has maltratado, automáticamente pasas la noche en un calabozo, posteriormente eres expulsado del domicilio y se te prohíbe ver a tus hijos. La mujer que realiza la denuncia rápidamente cuenta con asistencia pública y todo tipo de ayudas económicas. Una novia despechada o una mujer en proceso de divorcio tienen la ley de su lado para ajusticiar al «machista» con el que lleva años conviviendo. Mientras el hombre inocente tiene que vivir un auténtico calvario, la mujer no tiene que asumir ninguna consecuencia por haber interpuesto una denuncia falsa porque para que sea considerada como tal, el hombre debería continuar un proceso judicial largo y costoso que no se puede permitir en la mayoría de los casos. Con estos perversos incentivos, no es de extrañar que las denuncias aumenten cada año y que incluso haya redes dedicadas a este tipo de prácticas.

Uno de los casos más esperpénticos vividos en el país fue el protagonizado por Juana Rivas. En mayo de 2016, Juana Rivas abandonó Carloforte, Italia (donde vivía con el padre de sus hijos) y se marchó a Granada junto a los niños para ver a su familia. La realidad es que no tenía intención de regresar porque, según ella, había sufrido una «situación diaria de opresión, aislamiento y maltrato durante más de dos años». En julio de 2016 Juana Rivas presentó la primera denuncia ante la Guardia Civil española por presuntos maltratos físicos y psicológicos infligidos por Francesco Arcuri (el padre de los niños). La denuncia se desestimó porque según el juez que emitió la sentencia de julio de 2018, la intención de Rivas habría sido obtener la Renta Activa de Inserción para mujeres maltratadas y así poder asentarse en España. En diciembre de ese mismo año,

Juana Rivas volvió a interponer una denuncia contra su pareja por maltrato, esta vez añadiendo que su hijo mayor también había sido víctima de maltratos. Al mismo tiempo, el día 14 de diciembre, el Juzgado de Primera Instancia número 3 de Granada ordenó a Rivas la «inmediata restitución» de los niños a su padre, de vuelta a Italia. En enero de 2017, Juana Rivas saltó a los medios impulsada por la alogocracia y el movimiento feminista tras una recogida de firmas junto a Vanessa Skewes (quien tiempo después sería acusada de presentar denuncias por violencia de género falsas contra su exmarido). Reunió 150.000 firmas con la intención de evitar que sus hijos regresarán con su padre.

En abril de 2017 la Audiencia desestimó la apelación de Rivas y volvió a ordenar la «inmediata restitución» de los hijos a su padre y concertó la entrega de los menores el 26 de julio. Juana Rivas, junto a su abogada y unas decenas de feministas, organizó una rueda de prensa en la que declaró su oposición a la entrega de los niños. El día de la entrega, 26 de julio, Juana Rivas se ocultó junto a sus hijos en un lugar desconocido. El abogado de Francesco Arcuri solicitó una orden de detención internacional contra Rivas en la que alegaba delitos de desobediencia, violencia psicológica habitual contra los hijos y delito contra la administración de justicia. Mientras tanto, Ludovica Iesu, la psicóloga italiana encargada de mediar en el caso por el magistrado de Cagliari, en Cerdeña, emitió un informe muy desfavorable sobre Juana Rivas: «Muestra una gran capacidad manipuladora», «grave funcionamiento mental patológico asociado a desorganización del pensamiento», «emocionalidad lábil», «no es capaz de procesar sus experiencias», «comprensión de la realidad deficiente» y que es «totalmente inconsciente del daño psicológico generado a los hijos».

El caso judicial entre Juana Rivas y Francesco Arcuri alcanzó un gran eco mediático y se convirtió en una telenovela que siguió todo el país. Bajo el *hashtag* «#juanaestaenmicasa», acaecieron una gran ola de manifestaciones por toda España en apoyo a Juana Rivas que pronto fue convertida por las feministas en una heroína que luchaba contra la opresión del sistema heteropatriarcal. Hasta el presidente del Gobierno, a la sazón Mariano Rajoy, apoyó a la madre. ¡La alogocracia en su máxima expresión! El 24 de julio, la Audiencia de Granada decretó que Juana Rivas tenía 48 horas para entregar a los menores, pero hizo caso omiso. Continuó secuestrando a sus propios hijos hasta que el 22 de agosto fue detenida, aunque se dictó orden de libertad provisional. El 28 de agosto, el padre de los niños, Francesco Arcuri, por fin pudo reencontrarse con sus hijos. La historia no concluye ahí. El 27 de julio de 2018, Juana Rivas fue condenada a cinco años de prisión, seis de inhabilitación para ejercer la patria potestad, 30.000 euros de indemnización a su expareja y el pago de los costes judiciales. El juez estimó que Rivas cometió dos delitos de sustracción de menores y no encontró atenuante en las denuncias por maltrato al no haber obtenido veracidad de ninguna de ellas. La sentencia fue ratificada en marzo de 2019, aunque la indemnización por daños a Francesco Arcuri se rebajó. ¿Creen que las feministas sintieron algún tipo de vergüenza por semejante acto cruel en el que los principales afectados fueron dos menores? ¡En absoluto!

Se pusieron a recoger firmas de nuevo, un recurso moderno que no vale para nada, pero llena las almas de los desprovistos de razón, y consiguieron más de 325.000 en las que ¡solicitaban la petición de indulto para Juana Rivas! ¡Indultar a una señora que había interpuesto numerosas denuncias falsas y que había secuestrado a sus hijos! La vicepresidenta del Gobierno español en aquel momento, Carmen Calvo, en un derroche de mesura anunció que el gobierno español estudiaría la petición de indulto. En 2019, la Fiscalía italiana archivó las ocho denuncias por maltrato que Juana Rivas efectuó contra Arcuri afirmando que «es absolutamente inverosímil la narración de la extraordinaria violencia». La resolución judicial dictaría que Juana Rivas habría empleado a sus hijos como «escudos humanos», a los que habría «manipulado psicológicamente para oponerse a su padre». Pero la alogocracia es muy insistente en su fracaso y en mayo de 2021, tras ordenar el Juzgado de lo Penal número 1 de Granada la ejecución de la sentencia de dos años y seis meses de prisión para Juana Rivas por sustracción de menores, el gobierno español mostró su rechazo a la orden judicial afirmando que «Juana Rivas ha sido condenada por querer proteger a sus hijos de un maltratador. Judicializar y penar con cárcel a una madre por intentar salvar la vida de sus hijos es injusto». Incluso la ministra de Igualdad (un ministerio grotesco que han montado las feministas en España dotándolo con un presupuesto de más de 500 millones de euros) afirmó en la red social Twitter: «Necesitamos justicia feminista para Juana Rivas y estamos a tiempo. Trabajaremos para que así sea».

En resumen, una mujer decide que no va a entregar los niños al padre a pesar de que le correspondía tenerlos. Los secuestra durante meses y la opinión pública y política se lanza a defenderla. Las más de ocho denuncias falsas que puso Juana Rivas a su marido pasan a un segundo plano porque la chiflada mujer llora ante las televisiones y, claro, eso en la alogocracia es un recurso casi infalible. En España todavía sigue habiendo un porcentaje importante de la sociedad que defiende que Juana Rivas sea indultada y cuenta con el apoyo de los medios de comunicación y de gran parte de la clase política. Una secuestradora de niños como gran referente del movimiento feminista español es, desde luego, una analogía fantástica de lo que representa.

Oponerse a la realidad como forma de vida es la opción escogida por las feministas, que creen que lo valiente en esta sociedad desorientada y sin valores es enfrentarse a unos pobres ancianos que acuden a misa los domingos porque la Inquisición hace seis siglos hizo no sé qué. Ahora, cuando las mujeres son maltratadas en otros países como Afganistán, Pakistán, Irán y un largo etcétera, el silencio tapa las bocas de estas guerreras que juegan a esconder su frustración buscando enemigos invisibles y, a poder ser, inofensivos. Pero a pesar del bajo nivel intelectual y moral que presentan, están consiguiendo destruir las relaciones humanas entre hombres y mujeres generando un ambiente hostil, donde el miedo a ser denunciado por parte de los hombres cada vez es mayor y las mujeres se sienten ciudadanas de segunda sin serlo. ¿Qué le queda al feminismo para imponerse si como hemos visto la verdad y la razón no están de su lado? El linchamiento público, el desprestigio mediático y el apoyo político que abusa de su poder para eliminar a los disidentes utilizando el pan y circo del cultureta medio. Al principio, el desprestigio era contra la derecha «ultramegahiperconservadora» que rechazaba el nuevo dogma revelado. Posteriormente, desde la propia izquierda muchos que empezaron apoyando este movimiento, al sufrirlo en primera persona, comenzaron a denunciarlo y también son considerados machistas opresores. Podemos concluir que los linchamientos no tienen techo de cristal y son totalmente transversales.

Las modas son un buen termómetro para comprender los tiempos que vivimos. ¿Y cuál es la moda de nuestra época? Hacerse la víctima. Occidente se encuentra en una competición de relatos cargados de sentimentalismo e historias que se venden como conmovedoras a las que Steven Spielberg debería dedicar una película. Detrás de cada hecho hay un eslogan político acorde a la coyuntura. El rebaño se entretiene pastando en sus cuentas de redes sociales y compartiendo los absurdos e impostados dramas del primer mundo. Ante la ausencia real de problemas, los «TikTokers» se centran en llenar su triste existencia con las nuevas religiones dando como resultado a las víctimas profesionales que juegan a ser *antiestablishment* y vender su podrido discurso a través de *kits* de mercado en el reino de la imbecilidad. Apoyados por el Estado total que no sólo se aprovecha de estas nuevas praxis, sino que las alienta para tener entretenido al personal, los occidentales quieren víctimas, no héroes. El espantajo creado por el *mainstream* ha provocado que se traguen una paranoia que sólo existe en sus cabezas y convertirla en un modo de vida que pasa por culpar de tus fracasos a una ficticia opresión heteropatriarcal. Así, si triunfas es a pesar de ello y si pierdes es por culpa del sistema opresor. Es el argumento definitivo, el *win-win* del victimismo profesional.

5

EL RACISMO IMPOSTADO

No hay duda de que la lucha contra el racismo se ha convertido en una de las grandes batallas impostadas por parte de la alogocracia. Pero ¿qué es el racismo? El racismo, según el diccionario de la Real Academia Española, es la exacerbación del sentido racial de un grupo étnico que suele motivar la discriminación o persecución de otro u otros con los que convive. Debido a que esa definición no se ajusta a los intereses de la alogocracia, ahora nos encontramos con que el racismo es no aceptar la inmigración ilegal, alertar sobre los problemas que supone un alto porcentaje de personas musulmanas en la sociedad occidental, no bailar cada domingo la danza de una tribu indígena o incluso divulgar la historia. Con este cóctel el rebaño puede digerir mejor el pasto racial que ingiere a diario. Por ejemplo, en Hispanoamérica se recurre a los indígenas como clara muestra de racismo sistemático, en Europa se centra más el asunto con el islam y en los países angloamericanos el foco se pone en los negros. Luego está Estados Unidos, nido del famoso movimiento Black Lives Matter, que también usa la artimaña del racismo en cuanto al islam y a los hispanos se refiere.

Vaya por delante que servidor es un ferviente defensor de las sociedades multiculturales. Como bien habrá podido detectar el lector, no hay nada que deteste más que la homogeneidad ya sea en el ámbito ideológico, religioso o cultural. ¿Quiere decir esto que la inmigración descontrolada debe ser aceptada? Contundentemente no. ¿Nos encontramos ante un racismo sistemático? Tampoco. ¿Debemos avergonzarnos de nuestra historia? Partiendo de la base de que juzgar el pasado con los ojos del presente es una necedad, lo cierto es que si hablamos del caso de España desde luego que no. ¿Quiere decir esto que no hay racismo en Occidente? Por supuesto que hay episodios racistas, pero el mensaje de un sistema racista y, sobre todo, el uso de etiquetar como racista a todo aquel que no compre el *kit* multicultural impuesto por las élites burocráticas y mediáticas que no sufren las consecuencias, deben ser rebatidos sin ningún complejo o temor. Dividiremos el capítulo en dos partes, una para desentrañar el movimiento Black Lives Matter (BLM) y otra, la inmigración.

Black Lives Matter (a veces)

Castile, Sterling, Loury, Gunn, Corey Jones, Ball-Bey, Raynette Turner, Dubose, Myers Jr, Gray, Walter Scott, etc. ¿Les suena alguno de estos nombres? No, ¿verdad? No los conoce porque a pesar de que son negros que murieron a manos de la policía, la alogocracia y los medios de comunicación decidieron que no era el momento de movilizar al rebaño y menos si esos asesinatos se producían bajo la administración Obama. Porque la vida de los negros importa siempre y cuando se pueda hacer uso político de ello. ¿Qué dicen los datos respecto a los asesinatos en Estados Unidos contra la población negra? Veamos los que aporta el Departamento de Justicia de Estados Unidos:

De las 2.925 personas negras que fueron asesinadas en el año 2018, 2.600 lo fueron a manos de un negro, mientras que 234 murieron a manos de un blanco. Es decir, el 88,8 por ciento de los negros asesinados lo fueron por personas de su misma raza y un 8 por ciento lo fueron a manos de un blanco. En cuanto a las personas blancas asesinadas, de los 3.315 blancos asesinados, 2.677 lo fueron por otros blancos, mientras que 514 murieron a manos de un negro. Es decir, el 80,7 por ciento de los blancos fueron asesinados por personas de su misma raza y un 15,5 por ciento lo fueron a manos de un negro (los porcentajes restantes equivalen a hispanos, asiáticos o casos en los que no se pudo identificar al autor).[1] Si analizamos los datos respecto a las fuerzas de seguridad estadounidenses, nos encontramos con que en el año 2020 estas dispararon hasta la muerte a más blancos que a negros. En concreto, hubo 457 blancos frente a 223 negros y 179 hispanos. No obstante, este dato podría considerarse sesgado, por lo que conviene que aclare el porcentaje de la población que representa cada raza en Estados Unidos. La población blanca representa en torno al 65 por ciento de la población y la negra cerca del 13 por ciento. Sin embargo, los datos del Departamento de Justicia de Estados Unidos demuestran que los negros cometen el 52,2 por ciento de los homicidios de Estados Unidos y el 54,3 por ciento de los robos. Así pues, si bien es cierto que los negros son por millón de habitantes los que más mueren a manos de la policía, parece lógico que si son los que cometen más delitos sean los que más se enfrentan a este tipo de situaciones. Algunos pensarán que los blancos están a la cola, siguiendo la lógica de un racismo institucionalizado en la policía estadounidense, pero no es así ya que los datos demuestran que son los asiáticos los que menos mueren a manos de la policía. Nuevamente, esto se debe a una razón lógica y es que los asiáticos delinquen menos que los negros y los blancos.[2]

Entonces, ¿los negros son más violentos, ladrones y asesinos que otras razas? Evidentemente no. En muchas ocasiones se utiliza un discurso puramente racial por parte de los extremistas de ambos bandos para intentar explicar un problema que es mucho más complejo de lo que parece *a priori*. Si hay una cuestión fundamental que suele pasar desapercibida para explicar el motivo por el que los negros delinquen más es la estrecha relación que existe siempre entre la delincuencia y la pobreza. Los negros son más pobres, entre otras cuestiones, porque hasta hace bien poco la repugnante segregación racial estaba vigente. En concreto, los negros tienen, de media, el doble de probabilidades que los blancos de ser pobres. ¿Por qué? ¿Por un sistema racista? Una de las respuestas la dio el fallecido académico Walter E. Williams que, por cierto, era negro. El mayor problema de la población negra es la débil estructura familiar. Williams afirmó:

> Las familias negras biparentales rara vez son pobres. Solo el 8 por ciento de las familias formadas por matrimonios de raza negra viven en la pobreza. En las familias de raza negra en las

> que ambos cónyuges trabajan a jornada completa, el índice de pobreza es inferior al 5 por ciento. En las familias negras a cargo de mujeres solas, la pobreza es del 37 por ciento.[3]

Como refleja Dave Rubin en una conversación con Larry Elder (también negro) «un niño negro que crece sin su padre tiene una probabilidad cinco veces mayor de ser pobre y delinquir, nueve veces mayor de dejar de estudiar y veinte veces mayor de terminar en la cárcel». Estos datos concuerdan con los de las familias desestructuradas blancas de países europeos y estadounidenses, que reflejan un mayor aumento de agresividad, fracaso escolar, delincuencia y robos. Pero centrándonos en Estados Unidos, el presidente Lyndon Johnson (que sin duda hizo muchísimo por los derechos de los negros) decidió dar la vuelta a la situación a través de políticas sociales que fueron un absoluto desastre para la población negra. Con buena voluntad decidió subsidiar a las mujeres negras que tenían hijos en solitario para que recibieran ayudas sociales y así poder criar a sus hijos. Lo que ocurrió fue lo siguiente. En 1965, la tasa de nacimientos fuera del matrimonio entre la población negra era del 25 por ciento (según datos de la Oficina de Planificación de Políticas e Investigación estadounidense). En 2015, el porcentaje alcanzó el 77 por ciento.[4] Es decir, las mujeres negras, para no tener que renunciar a las ayudas sociales, decidieron cada vez casarse menos, en muchas ocasiones empujadas por los padres de los niños que también se aprovechan de esas ayudas que reciben las madres. Desde luego un problema de enorme complejidad y cuyas soluciones no parecen que vayan a venir de la mano de mayores subsidios ni de *hashtags* o fotos de postureo de *influencers*. El doctor Thomas Sowell (también negro) describe este fenómeno con las siguientes palabras:

> La familia negra, que había sobrevivido a siglos de esclavitud y discriminación, empezó a desintegrarse rápidamente en el Estado del Bienestar que subsidiaba los embarazos fuera del matrimonio y transformó la asistencia social, la cual pasó de ser un rescate de emergencia a un estilo de vida.[5]

Como dice Fernando Savater, brillante librepensador español: «La única raza perseguida es la de los pobres. Al sultán de Brunei nadie le falta al respeto ni hay hotel en el que no le pongan una alfombra roja».[6]

Pero a la alogocracia no le interesa centrarse en el fondo de la cuestión, prefiere seguir utilizando un mensaje que no se corresponde con la realidad. El pasado de Estados Unidos está plagado de injusticias hacia los negros, pero por suerte la dinámica cambió hace décadas y muchos negros han conseguido prosperar gracias a la libertad que se les otorgó. Parecía que la cuestión racial había pasado a engrosar la lista de las hojas negras de la historia estadounidense y que el foco se pondría en solucionar el complejo círculo de la pobreza que atraviesan muchos negros, pero al igual que ha ocurrido con el feminismo, se ha decidido que es un buen negocio para las políticas identitarias que conviene mantener vivo. Tratar de buscar la verdadera razón de estos datos requiere adentrarse en un mundo de estadísticas, informes y conocimientos que no interesan ni a la alogocracia ni al rebaño. No está de moda entrar en los datos del Departamento de Justicia de Estados Unidos ni leer tediosos informes de cientos de páginas, la moda es poner fotos en negro y mostrar al mundo que en lo que al antirracismo se refiere no nos gana nadie, aunque eso se limite a repetir el mantra que ordenan los alogócratas que, conscientes de la limitación intelectual de la masa, le dicen las frases que tiene que repetir hasta la extenuación.

Y ahí acuden los borregos, raudos y veloces, a demostrar al mundo que son incapaces de pensar por ellos mismos y que bailan al son de los medios de comunicación. Si de verdad les importara la vida de los negros, estarían enormemente preocupados por los cientos de menores que fallecen extrayendo coltán de las minas del Congo para nuestros dispositivos móviles, los mismos que utiliza el gran guerrero antirracista occidental para hacerse selfis ridículos mostrándose compungido y acompañándolos con frases cursis para memos. Pero claro, el *smartphone* nos sale más barato si al que echan a la mina es a un niño tercermundista y no a un ciudadano del primer mundo, así que mejor callarnos. Somos buenistas, pero de *low cost*. ¿Acaso esos niños son negros de segunda? ¿O acaso nuestra imbecilidad es de primera? Más bien lo segundo. Si algo ha demostrado esta podrida sociedad con cerebros carcomidos por la manipulación es su capacidad para superarse y demostrar que siempre están dispuestos a dar un paso más. Reconozcamos que no es algo sencillo. Cuando uno cree que se ha alcanzado el límite de la degradación, siempre sale algún escombro intelectual a demostrar que la madre de la imbecilidad siempre está embarazada. Y el poder político, que no es tonto, más los medios de desinformación preparan nuevos espectáculos de masas disfrazados, como es habitual, en una causa noble para que las calles se llenen de indigencia intelectual. Ahora vemos cómo el rebaño sí que está enormemente preocupado por la vida de los negros. Es cierto que hasta que no se lo dijeron sus pastores, no decían ni una palabra al respecto, pero ahora no hay día que dejen pasar la oportunidad para ir a primera línea de Instagram, Twitter o Facebook y utilizar el *hashtag* #blacklivesmatter para que el mundo vea que son personas decentes y comprometidas con hacer un mundo mejor. Una *performance* patética que siguen desde gente anónima hasta actores, *influencers*, deportistas y demás gremios.

Pero hay un grupo de activistas que no se queda sólo en la denuncia y el acoso, sino que pasa a la acción en las universidades, especialmente angloamericanas. La histeria colectiva alcanzó su sumun en la Universidad de Evergreen (Washington).

El caso Weinstein, que relata Douglas Murray en su obra *La masa enfurecida,* es uno de los mejores ejemplos que evidencian cómo la locura colectiva se ha apoderado del ámbito académico. La Universidad de Evergreen contaba con la tradición del conocido «Día de la Ausencia». Dicho día consistía en que los alumnos y profesores negros se ausentaban del campus universitario por un día para visibilizar el maltrato que sufrían los negros. Sin embargo, en el año 2017 los alumnos decidieron que la tradición iba a cambiar y ahora serían los blancos los que dejarían de asistir ese día a la universidad. Uno de los profesores, Bret Weinstein, se opuso a la idea. Weinstein llevaba más de catorce años impartiendo clases en la Universidad de Evergreen y nunca había puesto ningún inconveniente al «Día de la Ausencia», pero tal y como señaló en un correo electrónico que envió al campus:

> Hay una gran diferencia entre que un grupo o coalición decida de forma voluntaria ausentarse de un espacio compartido con el fin de destacar su minusvalorado papel social y que un grupo invite a otros a marcharse. Lo primero representa una contundente llamada de atención que, claro está, debilita la lógica de la opresión. Lo segundo es una demostración de fuerza y un acto de opresión.[7]

Weinstein no podía imaginar lo que estaba a punto de ocurrir por no querer aceptar que le obligaran a ausentarse ese día del campus. A pesar de que era un gran seguidor de Bernie Sanders (del ala más izquierdista del Partido Demócrata) y que se había involucrado con movimientos antirracistas, su negativa a someterse iba a provocar un antes y un después en su vida. Para su sorpresa, los organizadores del evento lo acusaron de racista y de supremacista blanco. A las pocas horas tenía un grupo de estudiantes agrupados en la puerta de su clase para protestar por el correo electrónico que había enviado y Weinstein, que no podía creerse lo que estaba ocurriendo, decidió tratar de conversar con ellos. Intentó hacerles ver que su propuesta se basaba en la imposición, pero los gritos de los estudiantes le impedían poder hablar. «No me interesa debatir. Solamente estoy interesado en la dialéctica, que significa que yo os escucho a vosotros y vosotros me escucháis a mí», decía el profesor para tratar de entablar una conversación. «Nos da igual de lo que quieras hablar. No vamos a discutir en términos de privilegio blanco», le gritaba una estudiante. Weinstein intentó de nuevo dar su punto de vista: «Estoy hablando de buscar el modo de llegar a la verdad». La frase despertó las risas y una vez más los gritos: «Lo que has dicho es racista. Me paso por el forro lo que tengas que decir», le respondió un estudiante. «¿Queréis oír mi respuesta o no?», preguntó el profesor. Los estudiantes respondieron con un rotundo «¡No!» y gritos como «¡Eres un inútil. Lárgate, pedazo de mierda!», «¡Que te jodan a ti y a la policía!», exclamaron los estudiantes mientras rompía en aplausos el resto de alumnos.

Los estudiantes pidieron que Weinstein abandonara la universidad por ser «racista» a lo que este se negó, asombrado e incrédulo al ver lo que le estaba pasando tras catorce años de carrera intachable. En una de sus clases, los estudiantes lo rodearon y comenzaron a leer un manifiesto en voz alta (leyéndolo porque no se lo habían ni aprendido) mientras Weinstein lo grababa con su móvil para probar cómo su clase estaba siendo saboteada. El clima violento no cesó y ni siquiera el rector pudo poner orden, más bien todo lo contrario, también sufrió la ira de los estudiantes que le lanzaron improperios como: «Que te jodan. No queremos oír nada de lo que tengas que decir», o «no dejas de hacer gestos con las manos y yo pienso descolonizar este espacio. Estaré rondando por aquí». Hasta el rector tuvo que pedir permiso a los estudiantes para poder ir al baño a orinar ya que estaba rodeado. Más tarde, los estudiantes comenzaron a ir al campus con bates de béisbol y otras armas en busca de los «supremacistas blancos» y especialmente del profesor Weinstein y su familia, que vivía a escasos metros del campus. La policía, incapaz de poner orden, telefoneó al propio Weinstein para que abandonara el campus con su familia por su seguridad ya que habían visto a estudiantes parando coches y pidiendo la documentación a los conductores en su busca o en la de algún díscolo ideológico (ya saben, de primero de pacifismo racial). El campus tuvo que cerrar varios días y Weinstein jamás volvió a dar clase en Evergreen. Solamente su mujer, también profesora, y un compañero suyo salieron en su defensa. El resto calló ante las masas de acoso. Una de las promotoras de la cacería zanjó el asunto con la siguiente frase: «Ya me da igual lo que le pase a Weinstein. Por mí, ese pedazo de mierda puede irse a hacer de racista adonde le dé la gana. Con un poco de suerte, a la larga acabaremos quitando de en medio a todos los que son como él». El desarrollo audiovisual de este relato puede verse en las numerosas grabaciones realizadas ese día por estudiantes y por el propio Weinstein, quien llegó a temer por su integridad física. ¡Un tipo abiertamente antirracista expulsado de la universidad por racista! Una vez más, el zenit de la alogocracia.

Desgraciadamente, el caso Weinstein no es el único que se ha dado en las universidades de Estados Unidos. La enfermedad también se ha propagado por el continente europeo, especialmente en el Reino Unido. La Universidad de Edimburgo eliminó el nombre del gran filósofo David Hume por «sus vínculos con la esclavitud» después de que un grupo de estudiantes comenzara una campaña para que se modificara el nombre de la torre bautizada en honor al filósofo del siglo XVIII. Una de las figuras más importantes de la Ilustración, eliminado de un plumazo por una banda de niños de papá que quieren demostrar al mundo lo tolerantes, abiertos, civilizados y pacíficos que son atentando contra personajes históricos por ser claramente racistas o incluso asesinando a policías negros por ser, también, racistas. La locura de Estados Unidos se ha extendido como la peste por todos los países llegando a Hispanoamérica, Canadá, Reino Unido, Francia, Suecia, etc. Si tiene algo de particular este dogma es su intención de reescribir la historia para hacerla coincidir con la idea única que se pretende trasladar. Romper el viejo mundo es fundamental y eso pasa por derribar o vandalizar estatuas. Las acciones surrealistas del movimiento Black Lives Matter son muchas, pero tal y como relata el historiador español Jaime Cervera en el diario *El Liberal*, las más sonadas son los ataques contra Winston Churchill, David Hume, fray Junípero Serra, Robert Bruce o Matthias Baldwin. Para que ustedes sean conscientes de la peligrosidad de enaltecer a una masa inculta para seguir los pasos de la alogocracia, pondré los ejemplos más delirantes.

No por nada al franciscano mallorquín fray Junípero Serra le conocen por tierras americanas como el Apóstol de California. Este fraile del siglo XVIII fundó nueve misiones en esta región de Estados Unidos y presidió otras quince a lo largo de todo el territorio. En esas misiones, fray Junípero y sus compañeros se dedicaban no sólo a enseñar la doctrina cristiana a los indígenas, sino que les instruían en nociones de vida como la agricultura, la ganadería y otras artes manuales. En una palabra, el santo español (el papa Francisco lo canonizó en 2015) no sólo se encargaba de las almas de sus fieles, sino que aumentó considerablemente su bienestar material. Los manifestantes que en junio de 2020 derribaron la estatua de fray Junípero en Los Ángeles no debieron de tener en cuenta estos méritos, al contrario que las instituciones estadounidenses, que no han olvidado su legado. Por ello, Serra es el único ciudadano español representado en una de las salas más exclusivas del Capitolio (el edificio que alberga las dos cámaras del Congreso de Estados Unidos). Se trata del Salón Nacional de Estatuas, donde se guardan un total de cien efigies de americanos ilustres, dos correspondientes a cada estado. Como es natural, la imagen de fray Junípero se conserva allí a propuesta del estado de California.

Roberto I de Escocia, más conocido como Robert the Bruce, fue, junto con William Wallace, uno de los grandes artífices de la primera independencia escocesa de Inglaterra en el siglo XIV. El pecado de Bruce para los miembros del movimiento Black Lives Matter estriba en que Escocia envió a España una fuerza de siete caballeros y veinte escuderos para combatir a los sarracenos junto a las tropas del rey Alfonso XI de Castilla. Lo más curioso es que la expedición partió de Escocia, no se lo pierdan, cuando Robert Bruce ya había muerto.

Posiblemente el más desconocido de estos personajes, pero también el que ha protagonizado el caso más surrealista, es el del empresario ferroviario del siglo XIX Matthias Baldwin. Su estatua en Filadelfia fue «decorada» con los epítetos de «colonizador» y «asesino». La incoherencia viene del hecho de que Baldwin fue uno de los más notables abolicionistas de la esclavitud en su época. Como botón de muestra de su postura hacia los negros, Baldwin fundó y sufragó una escuela para niños negros en Filadelfia.

Seguramente si fuese un requisito indispensable conocer la historia de cada uno de los personajes atacados y destrozados por la turba fanática, todas sus estatuas lucirían impolutas a día de hoy.

Podríamos relatar una larga lista de las barbaridades cometidas por la turba iletrada que ve racismo donde no lo hay, pero lo cierto es que ni siquiera estos ejemplos son el meollo de la cuestión. Ya sabemos que ante los hechos, al rebaño sólo le queda recurrir a las etiquetas de fascista, racista, machista o cualquier otra para señalar al que no se somete al falso discurso que avanza imparable por el decadente Occidente. El movimiento antirracista trata de crear un colectivo que arrase al individuo libre y para eso necesita crear dogmas que sean propagados fácilmente y asumibles hasta para el más limitado. Invirtiendo millones de euros en la nueva causa de la pureza racial y asignando dinero público a asociaciones que promueven sistemáticamente la intolerancia juzgando a las personas por su raza, algo que Occidente por suerte había dejado atrás hace décadas, la cultura de la denuncia contra la oveja negra se impone obviando el problema principal que debería preocupar a los propios negros. Nunca un colectivo salió de la pobreza con *hashtags*, pintando estatuas, colgando fotos en negro en Instagram, arrodillándose, expulsando a profesores universitarios o señalando como racistas a aquellos que de verdad quieren que los negros no sean el juguete de la alogocracia para ganar unos cuantos votos a su costa. Por eso es tan importante atacar la libertad de expresión y negarse rotundamente a mantener un intercambio de ideas con los estudiosos que han dedicado gran parte de su tiempo a detectar las causas de los problemas que siguen afectando a los negros para darles una solución real.

Las políticas identitarias gozan de buena salud en el mundo occidental, prueba de ello es que el número de estadounidenses que creen que el racismo es un «problema grave» se duplicó entre los años 2011 y 2017.[8] La hegemonía cultural pasa por hacernos creer que debemos luchar contra las injusticias artificiales que ha creado la alogocracia para que todos en público se declaren con énfasis abiertamente antirracistas y exijan al resto el mismo compromiso, como ocurre con el movimiento BLM que obliga a los ciudadanos a arrodillarse como símbolo de penitencia por los pecados que cometieron sus tatarabuelos. Estas exhibiciones de virtud requieren fe ciega y cualquiera que muestre un mínimo de tibieza pronto es enviado a la hoguera por racista, como le pasó a Weinstein y a otros tantos.

¿Por qué ocurre esto? Se preguntarán ustedes. No solamente es el aspecto de controlar a la población. Por primera vez los movimientos antisistema están financiados por el propio sistema, lo cual nos lleva a, como dicen en la película *Todos los hombres del presidente*, «Follow the money» (sigue al dinero). Siempre hay alguien que se beneficia de estos movimientos de masas para mejorar su vida. ¿Les suena Act Blue? Es una organización, según dicen sin ánimo de lucro, a través de la cual se recaudan fondos para el movimiento BLM. Casualmente, también es la organización que utiliza el Partido Demócrata para financiar a sus candidatos. Pero esta evidente utilización política para beneficiarse por parte de la alogocracia no se queda sólo en el Partido Demócrata. ¿Han oído hablar de Patrisse Cullors? Es una de las cofundadoras del movimiento Black Lives Matter que se declaraba «marxista». Tras varios años al frente de la organización, la joven de treinta y siete años compró una vivienda en el municipio de Topanga (California) por valor de 1.400.000 dólares. Curiosamente, en el barrio en el que está ubicada la mansión, que cuenta hasta con casa para invitados, sólo el 2 por ciento de sus habitantes son negros. ¿Por qué una negra oprimida por el sistema se iría a vivir a una casa donde está rodeada de supremacistas blancos? Además, son muchos los que se preguntan cómo ha conseguido amasar tal fortuna y denuncian la opacidad de las cuentas del movimiento BLM. A Patrisse Cullors jamás se le ha conocido ningún trabajo, pero la alogocracia tiene recursos para todo y ahora en Occidente ha proliferado una nueva «profesión» que consiste en ser activista, es decir, jugar a ser revolucionario amparado por el sistema que dices querer derrocar y financiado por multinacionales, grandes empresas y el poder político. Una pantomima que el rebaño se traga mientras los pastores son recompensados por mantenerlos en el redil con grandes sumas de dinero. Patrisse Cullors abandonó el movimiento meses después de salir a la luz la noticia y se olvidó de sus compañeros negros que viven en la pobreza.

El movimiento BLM no es más que una farsa construida por aquellos que desean reavivar conflictos étnicos para beneficio personal y político. El concepto «microagresiones machistas» también se ha trasladado al ámbito racial, dando lugar a las microagresiones raciales. Sacando a la luz episodios racistas protagonizados por blancos contra negros, que por suerte son excepcionales, en el imaginario colectivo queda la imagen de un sistema opresor blanco. ¿Acaso no hay microagresiones raciales por parte de negros a blancos, asiáticos a hispanos, blancos a hispanos, indígenas a árabes? Por supuesto que sí, por pura estadística es imposible que no se den, pero los medios nunca los mostrarán porque entonces estaríamos más cerca de comprender que personajes racistas y episodios racistas siempre habrá, pero no por ello debemos llegar a la conclusión de que nuestra sociedad es racista o que el racismo es patrimonio exclusivo de los blancos occidentales. En la visión del racismo impostado, cada acontecimiento se vigila con lupa. Si no hay actores negros no es porque otros actores de una raza distinta son mejores para un papel determinado, sino porque los que escogen son blancos y, por lo tanto, racistas. Lo mismo ocurre con el feminismo si no hay mujeres en el consejo de administración de una empresa. De esta forma no sólo se menosprecia a los negros, sino que se castiga el talento llegando a una conclusión que debemos rechazar rotundamente: juzgar a las personas por su raza, sexo o condición.

Inmigración

El interés de la izquierda y la derecha posmoderna por abrir las puertas de las naciones a una inmigración masiva de imposible absorción no es más que un nuevo objeto de culto que no admite flaquezas. Tienes que estar a favor sí o sí, cualquiera que sea la circunstancia económica del país y cualquiera que sea el retorno que ofrece la inmigración a la sociedad. Si rechazas esta nueva fe, entonces rápidamente serás catalogado como un racista insolidario que anhela ver a la gente morir. De nuevo, el viejo truco de la pregunta trampa. ¿Está usted en contra de que vengan inmigrantes? No, pero en un orden. «Ah, o sea, que usted condiciona la llegada de inmigrantes a las circunstancias y por lo tanto prefiere que la gente muera de hambre. ¡El ser humano no tiene fronteras!», exclama el que ve en la inmigración masiva la creación del nuevo Jardín del Edén.

Una de las principales discusiones que mantengo a menudo con mis colegas liberales es en torno a la inmigración. A pesar de que todos coincidimos en lo enriquecedor que es una sociedad multicultural en la que puedas conocer otras formas de vida, la discrepancia siempre llega cuando consideran que la inmigración tiene un efecto positivo *per se*. El dogma alogocrático insiste en esta visión que es, cuanto menos, de dudosa aceptación teniendo en cuenta los resultados que ha dejado la inmigración sin control en muchos países occidentales. Para empezar, y este es un punto que echo en cara constantemente a mis queridos colegas, es un error pensar que los inmigrantes son un mero intercambio de bienes y servicios entre fronteras. No es simplemente importar «trabajo» para que realicen un papel productivo; en este caso estás «importando» personas que poseen una forma de vida, valores, religiones, ideas y comportamientos que tendrán un efecto no sólo económico, sino también social. No son robots y los que hemos sido inmigrantes en otros países hemos visto cómo nuestras costumbres han tenido que modificarse para adaptarnos al nuevo entorno en el que vivíamos.

Sin embargo, esta evidencia se niega rotundamente y se acusa de racista, islamófobo, hispanófobo o «humanofobo» a todo aquel que pida un mínimo de control en cuanto a la entrada de inmigrantes se refiere. En una lucha por ver quién es el más solidario, multicultural, progresista, tolerante y abierto de mente, la sociedad occidental se lanza en busca y captura de todos aquellos que quieren, como es lógico, buscar una vida mejor fuera de sus países. En esta vida, generalmente, uno escoge sus amistades, su trabajo, su pareja, etc., pero no dónde nacemos ni la familia que nos toca, así que sería injusto culpar a los inmigrantes que quieren llegar a los países desarrollados para dejar la pobreza en la que nacieron. Hasta ahí, todo en orden. Pero el problema viene cuando el ciudadano tiene que enfrentarse a la dura realidad. ¿Podemos aceptar a los cientos de millones de personas que aspiran a vivir en Europa, Estados Unidos o Canadá? La respuesta es no. ¿Cómo evitamos que puedan entrar de forma ilegal? Solo existe una forma: a través del uso de la fuerza y el control fronterizo. Pero esta realidad supone un gran sufrimiento en las almas occidentales que prefieren obviar los problemas de una inmigración descontrolada. Mejor hacerse pasar por «coolturetas» de lo políticamente correcto y catalogar como despiadados antihumanos a aquellos que señalan las terribles consecuencias de una inmigración sin control, orden y preferencia.

De forma indiscriminada Occidente abrió sus puertas a la entrada de millones de personas que buscaban un lugar mejor. Pero esta política migratoria que se centró en no discriminar, es decir, en no escoger la inmigración que se necesitaba y el perfil del inmigrante, ha provocado problemas sociales, económicos y de seguridad en muchos puntos de Europa. Para abordar la cuestión de la inmigración es inevitable tener que referirnos al islam. Si bien es cierto que es absurdo englobar en el mismo saco a más de 1.300 millones de musulmanes (entre otras cosas porque es entre ellos donde se produce el mayor número de víctimas y dentro del islam existen numerosas vertientes enfrentadas), resulta igual de absurdo negar que existe una corriente fundamentalista dentro del islam que no pretende convivir con nosotros, sino destruir los valores occidentales para imponer los suyos. Este porcentaje, por pequeño que sea, supone un problema enorme para la convivencia y la libertad. El problema se agudiza cuando muchos de ellos son ciudadanos que poseen pasaporte europeo y que han crecido y vivido entre nosotros como uno más. Si a ello le sumamos que hemos obviado el problema durante mucho tiempo por la tiranía de lo políticamente correcto impuesta en Occidente, la situación se encuentra en un punto de difícil solución. No supone lo mismo absorber a un gran número de musulmanes que a hinduistas, taoístas, budistas o católicos. El error de no diferenciar ha provocado que en muchas capitales europeas como París, Bruselas o Londres, la *sharia* (la ley islámica) impere sin que la policía ni siquiera se atreva a entrar en ciertos barrios. La colonización silenciosa a través de los vientres que se está llevando a cabo en muchos puntos de Europa está generando problemas sociales que habían sido relegados a la excepción.

Cada vez es más común observar cómo los inmigrantes musulmanes se agrupan en vecindarios étnicos en los que la ley islámica se erige como la «oficial», desplazando así los derechos y libertades que otorgan las naciones occidentales. Un ejemplo evidente lo vemos en relación a las mujeres. En Occidente ninguna mujer tiene un código de vestimenta fijado por ley, pero esta realidad desaparece en cuanto uno se adentra en determinados barrios parisinos, londinenses o bruselenses. No sólo en las capitales se da este fenómeno de negativa rotunda a integrarse y adaptarse a las leyes occidentales por parte de algunos musulmanes. El caso de Francia es el mejor ejemplo. El país galo lidera la tabla en Europa en cuanto a porcentaje de población musulmana se refiere. En torno al 9 por ciento de su población se declara como tal[9] y el porcentaje alcanza casi el 50 por ciento en Marsella, que pronto se convertirá en la primera ciudad de Europa occidental con una población mayoritariamente musulmana. Francia, camino de convertirse en un Estado fallido, abrazó el multiculturalismo cortoplacista sin pensar en el futuro. Los primeros inmigrantes musulmanes que llegaban al país solamente querían vivir en paz y trabajar para tener una vida mejor, pero tras las políticas sociales de «inserción» y varias generaciones después, los musulmanes comenzaron a exigir en los colegios que sus hijos no tuvieran que aprender ciertos temas y ahora incluso se exige que se prohíban debates o asignaturas. El caso del profesor Samuel Paty (2020) es el último ejemplo de cómo la barbarie va abriéndose paso en Francia.

Samuel Paty era un joven profesor de Historia y Geografía de secundaria. Durante una de sus clases, Paty decidió abordar en una clase de instrucción moral y cívica el papel de la libertad de expresión. Para ello, Paty decidió ilustrar el debate con las caricaturas del profeta Mahoma de la revista *Charlie Hebdo*, que cinco años antes había tenido como resultado un atentado contra la revista satírica y el asesinato de doce personas. Antes de hacerlo, Paty permitió que aquellos alumnos musulmanes que no quisieran participar en el debate pudieran abandonar el aula sin ningún problema. La clase se desarrolló como una más para Paty, pero el joven profesor no sabía lo que estaba a punto de ocurrir. Esa misma tarde comenzaron a llegar decenas de quejas por parte de los alumnos musulmanes y solicitudes de despido hacia el profesor. Uno de los padres de los alumnos subió un vídeo a redes sociales insultando a Paty y alentando a los otros padres a sumarse a la campaña para que el profesor fuera castigado. Además, llegó a ser denunciado y tuvo que presentarse en comisaría para explicar lo que había sucedido. La escuela comenzó a recibir llamadas amenazantes y Paty tuvo que alterar la ruta que hacía todos los días para ir a clase desde su casa. Sin embargo, a las 17.00 horas del 16 de octubre de 2020 a Paty lo estaba esperando Abdoulahk. El atacante había pedido previamente a un grupo de estudiantes que le indicara quién era el profesor Paty y, una vez, localizado le persiguió hasta atacarlo con un cuchillo que le provocó múltiples heridas en la cabeza, y, luego, lo decapitó. Posteriormente subió las fotos a Twitter y mensajes insultantes por denigrar la figura de Mahoma. No fue el único asesinato. Ese mismo mes tres personas fueron asesinadas a manos de un islamista que asaltó una iglesia en Niza y acuchilló a los asistentes.

La negación de los problemas originados por una minoría de musulmanes en las ciudades europeas ha provocado que se entierre un debate fundamental. Si bien los occidentales tenemos la suerte de vivir en países a los que millones de personas quieren acudir, lo lógico sería preguntarse qué tipo de inmigrantes queremos, qué comunidades se adaptan mejor a nuestros valores y qué requisitos deben cumplir. La idea de creer que los detalles no importan es absurda. La denominada «falacia del inmigrante abstracto», bautizada por Thomas Sowell, se ha hecho realidad en Occidente. Pongamos un ejemplo. ¿A quién le costará más integrarse en un país como España? ¿A un ecuatoriano o a un tunecino? Si la respuesta es obvia, quizá habría que plantearse, según las características de cada país, qué tipo de inmigrantes pueden y quieren acoger. Este simple mecanismo que favorece tanto a los miembros del propio país como a los inmigrantes que llegan es rechazado *de facto* por parte de los «coolturetas» que prefieren hacer gala de amor a la diversidad y de apertura mental. La inmigración musulmana es el debate prohibido, el tema tabú por excelencia de la alogocracia, el silencio obligatorio y la fe ciega en que no tendrá consecuencias llenar Occidente de millones de personas con una visión completamente opuesta a los valores occidentales. Por supuesto que afectarán a los derechos de las mujeres, a la libertad de expresión y culto, la separación entre estado y religión, la igualdad de oportunidades y la tolerancia por el distinto. Occidente se construyó bajo esos pilares de respeto al distinto que no existen en los países musulmanes, que optan por la imposición. Pero decir esto es considerado «islamófobo» e incluso algunos se preocupan más por defender a los agresores y justificarlos que por las víctimas. Así ocurrió con el peronista disfrazado de papa que reside en la basílica de San Pedro, que justificó el atentado contra *Charlie Hebdo.* Seguramente, si el atentado lo hubiese cometido un católico contra una revista satírica que ridiculizaba la figura de Jesús o algún postulado de la Iglesia católica, las respuestas de la alogocracia habrían sido bien distintas.

No es de extrañar que el discurso de las élites cada vez esté más alejado de la realidad que sufren millones de personas que observan con estupor cómo tienen que cambiar su *modus vivendi* en su propio país, provocando el voto protesta y la irrupción de partidos populistas que ni siquiera saben muy bien cómo solucionarlo, pero que sí denuncian los problemas reales del pueblo.

El caso de Francia con el Frente Nacional (rebautizada en 2018 como Agrupación Nacional) es una clara muestra del voto *anti-establishment* que se extiende por toda Europa. Representan el voto de los obreros desarraigados, de los proletarios de la periferia que sufren las consecuencias del descontrol migratorio y del grito desesperado de aquel que es relegado a una especie de ciudadano perverso por no querer ser un «cooltureta». Hasta el propio Macron ha tenido que cambiar su discurso respecto a la inmigración y el islam para que el rebaño no lo abandone.

La mejor ayuda a los inmigrantes no es abrirles las puertas sin ton ni son porque eso provoca que muchos de ellos luego se vean sometidos a sueldos de miseria, trabajos mal pagados y condenados a los suburbios. Pero para el rebaño es más *cool* situarse en el top del moralismo haciéndose pasar por personas involucradas con los pobres. El «cooltureta» siempre preferirá al pobre que está a miles de kilómetros que al autóctono que pide limosna debajo de su casa. La caridad con el distinto otorga más puntos de humanitarismo que la caridad con el vecino en la época de la solidaridad publicitada en Instagram. No resulta tan llamativo subir una foto con ancianos blancos octogenarios abandonados por su familia en un barrio de Carabanchel, que hacerlo rodeado de niños negros. Hasta la solidaridad tiene un componente estético fundamental en la decadente Occidente. Las revoluciones buenistas se proclaman desde la alfombra roja de Hollywood y las páginas de la prensa rosa, con una coreografía que se despliega a escala global apoyada por las Naciones Unidas, el papa, las instituciones europeas, las multinacionales y las *influencers* fotogénicas que no dudan en condenar a todos aquellos que se quejan por sufrir las consecuencias de una política migratoria desastrosa. Porque claro, lo importante es no estigmatizar. Hemos visto en la pandemia del Covid-19 cómo las nuevas cepas fueron rebautizadas para no estigmatizar aunque, eso sí, con la cepa británica no se les ocurrió, pero en cuanto apareció la cepa procedente de la India automáticamente la llamamos «Delta». Podemos tolerar que la gente se muera, vale, pero al menos con un mínimo de sensibilidad racial.

Otro de los puntos en los que insiste la alogocracia es en no diferenciar la inmigración legal de la ilegal. El pacto establecido se basa en negar las claras diferencias que existen en la llegada de un inmigrante legal con un puesto de trabajo previo, garantías de no aprovecharse del sistema al que llega, registrado por el país y por ende mayor capacidad de adaptación, que la llegada de un inmigrante ilegal que lo hace sin un trabajo, obtendrá ayudas sociales y tendrá menor capacidad para adaptarse. Lo cierto es que apenas se habla de inmigración legal o ilegal para así no tener que justificar las políticas adoptadas a espaldas de la ciudadanía, que tiene que cargar con el peso de aumentos de población en cortos periodos de tiempo. Cuando el relato se rompe, entonces la alogocracia opta por tratar de esconderlo. En los últimos años la prensa omite la autoría en las noticias relacionadas con violaciones, agresiones sexuales o asesinatos si el autor es de origen extranjero, especialmente si son musulmanes, pero publicitan en *prime time* e ilustran las portadas de sus medios con los culpables siempre y cuando estos sean hombres blancos. La razón para ello se centra en que la masa detecte que tenemos violadores, asesinos y agresores sexuales autóctonos, como si eso no fuera una obviedad.

Porque lo importante para la alogocracia no es el qué, sino el quién comete los delitos. Si son musulmanes entonces el silencio debe protegerlos y las campañas feministas desaparecen a la velocidad de la luz.

Sacrificados por la corrección política

Si le nombro la pequeña localidad británica de Rotherham seguramente no sabrá de qué estoy hablando. Si le digo que fue en esa ciudad donde más de 1.400 niños fueron sacrificados en nombre de la corrección política, quizás siga sin saber de qué hablo. Pero no se preocupe, es lógico, no encontrará nada al respecto en los grandes medios de comunicación. Sin ir más lejos, yo conocí la historia por pura casualidad mientras escuchaba la radio británica LBC, cuando de pronto una de las niñas que fueron sacrificadas llamó y relató su historia. A partir de ahí comencé a investigar un asunto del que jamás había oído hablar. Katie tenía tan sólo trece años cuando fue a denunciar a la comisaría central de Rotherham que había sido violada. La policía comenzó a realizarle preguntas y ella respondió. Los problemas empezaron cuando la policía le preguntó por el aspecto físico de su violador. Ella contestó que era paquistaní, muy moreno y que solía llevar un vestido negro. La policía le espetó que dejara de lado los comentarios racistas. Sí, han leído bien, una niña de trece años que denuncia que ha sido violada recibe como respuesta que es una racista por apuntar que su vil violador era de origen paquistaní. Pero ahí no termina todo. Katie entregó la ropa que llevaba cuando había sido violada. A los dos meses, regresó con sus padres a la comisaría para preguntar si había noticias de su agresor. La respuesta de la policía fue que no había indicios y que la ropa que había entregado se había perdido. Empezaron a salir más casos como el de Katie, en concreto, más de 1.400 niños desde 1997 hasta 2013 declararon haber sufrido abusos sexuales o violaciones. Adele Weir fue una de las mujeres que dio muestra de los abusos, pero las autoridades le respondieron que no debía insinuar que los violadores eran paquistaníes y que debía apuntarse a un curso de diversidad para mejorar su sensibilidad en asuntos étnicos. La mayoría eran niñas y algunas de ellas llegaron a considerar a sus violadores como sus «novios», víctimas de la inocencia propia de una niña de entre ocho y once años. Las víctimas de los abusadores paquistanís eran atraídas con regalos y halagos. Posteriormente las drogaban y alcoholizaban, traficaban con ellas, las violaban y las forzaban a prostituirse delante de otros hombres. Una de las niñas llegó a ser violada por más de 250 tipos.

A muchas las encontraron de madrugada por las calles de Rotherham completamente borrachas y a otras en el maletero de los coches. Se llegó a tal nivel de impunidad que los violadores acudían a recoger a sus víctimas al colegio y se las llevaban sin resistencia. Incluso una de las víctimas se convirtió en una de las madres más jóvenes de la historia de Inglaterra (fue madre a los doce años). El caso de Rotherham debería haber supuesto movilizaciones masivas, penas de prisión para los dirigentes policiales, manifestaciones, encarcelamiento de decenas de ineptos políticos, etc. Pero no, de nuevo, la decadente, cobarde y acomplejada sociedad occidental decidió mirar hacia otro lado. Seis hombres fueron juzgados y mientras escuchaban la condena del juez, miraban desafiantes a las autoridades y gritaban «¡Allahu akbar!» (Alá es grande). Por suerte, mujeres como Jayne Senior permitieron que los casos salieran a la luz tras años de insistencia. Esta mujer de 51 años se dedicaba a realizar trabajos sociales en su tiempo libre. Allí fue donde comenzó a escuchar las historias de los cientos de niños que denunciaban y recibían como respuesta el silencio. Incluso Jayne vio cómo se le degradaba en su puesto de trabajo por su insistencia a la hora de denunciar los hechos. Su actitud le valió para ser distinguida por la reina como miembro de la Orden del Imperio Británico. Por desgracia, cada día hay menos personas como Jayne y más personas como Denis MacShane, el cretino diputado laborista que ordenó a las autoridades silenciar y abandonar a las víctimas para no ser tachados como «racistas».

El caso más aberrante es el de Rotherham, pero otros similares se han repetido en Oldham, Derby, Manchester y Rodchale. El legado de la inmigración sin control del Reino Unido multicultural y antirracista. No solamente en el Reino Unido lo políticamente correcto silenció acontecimientos que hacen tambalear el dogma de la alogocracia. En Alemania cientos de mujeres iban a ser víctimas de lo políticamente correcto. ¿Qué sucedió en la Nochevieja de Colonia? La noche de fin de año de 2015 la policía alemana estaba en alerta máxima por el riesgo de un atentado terrorista (en Múnich se llegaron a desalojar dos estaciones de tren). En Colonia un millar de hombres aprovechó el ruido de las celebraciones y la acumulación de gente para perpetrar abusos y agresiones sexuales. Sin embargo, al día siguiente la policía de Colonia publicó un comunicado afirmando que la noche había transcurrido sin incidentes.

La mentira no tardó en ser descubierta cuando centenares de denuncias de abuso sexual llegaron a las comisarías de la ciudad. Once días después de los ataques, Colonia ya había recibido 516 denuncias y Hamburgo otras 133 más. Otras ciudades como Stuttgart, Düsseldorf o Frankfurt también registraron agresiones sexuales contra mujeres durante la Nochevieja. Los medios de comunicación no tuvieron más remedio que informar de los hechos e incluso la cadena pública ZDF tuvo que pedir disculpas por no haber hecho mención de lo sucedido previamente. Según el ministro del Interior de Renania del Norte-Westfalia, Ralf Jäger, se identificó a 153 sospechosos, de los cuales 149 eran extranjeros (del norte de África y árabes), «muchos de ellos solicitantes de asilo o inmigrantes sin documentación de su Estado de residencia».[10]

Una de las víctimas relató antes las cámaras de televisión, con los ojos tapados y sin revelar su identidad, lo siguiente: «Fue horrible. Me tocaron todo el cuerpo, me metieron las manos por debajo de la falda y hasta me besaron sin que pudiera hacer nada; todo esto, además de asco, me hace sentir vergüenza».[11]

La respuesta de la alogocracia, lejos de depurar responsabilidades por la nefasta política migratoria, fue tratar de ocultar los hechos para que la población no viera que muchos de esos refugiados que habían sido recibidos con los brazos abiertos en Alemania, ahora estaban violando y robando a los alemanes en su país. Según la Fiscalía de Colonia, se detectaron 1.276 presuntas víctimas. En Colonia hubo 1.182 denuncias en Nochevieja, 497 de ellas por agresiones sexuales. Según los informes, 284 personas fueron víctimas tanto de agresiones sexuales como de robos. Hubo cinco violaciones y dieciséis intentos de agresión. La mayoría de los delincuentes no pudieron ser identificados y la pena máxima del proceso se impuso a tres solicitantes de asilo norteafricanos que fueron condenados a penas condicionales de entre dos y siete meses.

Hay que decirlo bien claro: la inmigración sin control genera pobreza, inseguridad y delincuencia sea cual sea el origen del inmigrante, pero en el caso de la inmigración musulmana el problema se agrava todavía más. Las laxas leyes europeas se han convertido no sólo en las mejores aliadas de los bárbaros incivilizados que pretenden actuar aquí como lo hacen en sus países, sino también en grandes aliadas de los yihadistas. Bélgica, país que ha vivido en sus propias carnes el terror yihadista, es el mismo país que tuvo en pleno centro de Bruselas durante más de cuatro meses al cerebro de la operación de los atentados de París que se llevaron la vida de 131 personas inocentes. Abdeslam no pudo ser detenido, a pesar de haber sido localizado, porque la ley belga impide los registros entre las 21.00 y las 05.00 horas, hay que respetar el ciclo de sueño del terrorista, el cual fue protegido por la comunidad musulmana de Molenbeek durante todo ese tiempo. Un país, al igual que otros muchos países europeos, que subvenciona mezquitas salafistas y que por supuesto permite que entre todo el mundo sin control alguno, no vaya a ser que se les acuse de islamófobos. Todo ello acompañado del típico discurso sobre problemas de integración, e incluso hasta intentar hacernos creer que nosotros somos responsables de sus asesinatos por culpa de lo que hizo Ricardo Corazón de León en el siglo XII.

La colonización de barrios enteros en los que la policía no se atreve ni a entrar y donde reside gente que en muchos casos ni estudia ni trabaja, que alienta a practicar el terrorismo contra el «perro cristiano» y encima subvencionados con ayudas estatales, ha provocado que los gobiernos occidentales sean incapaces de distinguir el verdadero volumen de inmigrantes que tienen en su propio país. En Dinamarca, Suecia, Francia, Reino Unido, Alemania o Países Bajos, el caos ha llegado a tal nivel que la policía ha llegado a pedir ayuda ciudadana para detener a sospechosos islamistas por ser incapaces de adentrarse en las zonas controladas por la *sharia*. Estamos renunciando al compromiso por la verdad y olvidando que esta no tiene por qué ser agradable o adecuarse a un grupo de personas. Asumiendo como criterio de políticas migratorias el puro sentimentalismo, Occidente se ubica en el abismo del fracaso social que en cuestión de tiempo generará violencia, caos y destrucción generalizada.

Debemos asumir que, aunque no todos los musulmanes son así, un porcentaje de ellos sí y ya nadie puede negar que la política que ha seguido la alogocracia ha fracasado. Lee Kuan Yew, el padre fundador de Singapur, dejó escrito en su libro *Hard Truths to Keep Singapore Going* lo siguiente: «Diría que hoy en día podemos integrar todas las religiones y razas excepto el islam». Posteriormente, el tiempo le demostró que estaba equivocado y no dudó en aceptarlo.[12] En Singapur, el 17 por ciento de la población es musulmana, el 42 por ciento budista, el 15 por ciento cristiana, el 8 por ciento taoísta y el 4 por ciento hinduista. Ahora bien, el gobierno de Singapur se encarga de velar por la seguridad y la convivencia entre las distintas culturas controlando al islam de la siguiente forma:

1. No está permitido que existan organizaciones islamistas que funcionen al margen del control del gobierno.
2. Está prohibido que terceros países financien y construyan mezquitas en territorio singapurense.
3. Regularmente se envían policías de paisano a las mezquitas para que se cercioren de que no se está dando un mensaje yihadista.
4. Las mezquitas tienen la obligación de presentar anualmente sus cuentas y detallar de dónde procede el dinero y en qué se gasta.
5. Las mujeres no pueden utilizar el burka en centros públicos.
6. A las mujeres musulmanas se les otorga el derecho a divorciarse y son amparadas por la ley.
7. Hay dos registros para los matrimonios. Uno el ROMM (para matrimonios entre musulmanes) y otro el ROM (para los matrimonios civiles en los que una de las partes sea musulmán, pero la otra no).
8. Mohamed Fatris Bin Bakaram, el hasta hace unos meses mufti de Singapur y máxima autoridad islámica del país, tiene la obligación de presentar al gobierno quiénes son los que formarán la «Majlis Ugama Islam Singapura» (la institución que rige el islam en Singapur), y es el gobierno singapurense quien aprueba el nombramiento. Si el gobierno rechaza a alguno de los miembros, el mufti tiene la obligación de expulsarlo del consejo y presentar otros candidatos. Aprovecho para recomendar que vean conferen-

cias del mufti de Singapur, un tipo ilustrado al que da gusto escuchar cómo alaba vivir en un país con tantas religiones.

9. Para poder residir en Singapur, debes acreditar un puesto de trabajo, que dispones de fondos suficientes para tu estancia en el país en caso de ser despedido y, por supuesto, no está permitido que puedas llevarte a toda tu familia si tu trabajo no te permite costear la vida de tus familiares.

Actualmente Singapur tiene una presidenta musulmana (Halimah Yacob), por lo que es complicado que alguien los acuse de islamófobos. Singapur, que vive ajeno a las chorradas imperantes en Occidente, es uno de los tantos ejemplos que demuestran que es posible vivir en una sociedad multicultural en la que los derechos y libertades estén garantizados a través del control de la inmigración. Lo deseable, como ocurre en los países que no están infectados por el buenismo, es que la inmigración llegue de forma controlada, segura y ordenada. Sin duda es una buena idea no reventar los países con la llegada de millones de personas si no queremos que luego surjan conflictos civiles que pueden desembocar en conflictos armados.

6

EL APOCALIPSIS QUE NUNCA LLEGA. CAMBIO CLIMÁTICO

¿Hay algo más noble, heroico, épico, memorable, grande, trascendente, glorioso y supremo que salvar a toda la humanidad, al reino animal y al planeta? Difícilmente uno puede resistirse a formar parte de los cruzados climáticos que expanden el dogma supremo por nuestro bien, o al menos, eso dicen. La intención de este capítulo no es analizar hasta qué punto la acción del ser humano influye en el cambio climático. Ni siquiera entraremos en discusión al respecto, aunque podríamos hacerlo largo y tendido. Más bien nos centraremos en analizar qué hay de cierto en el apocalipsis inminente que nos venden desde hace décadas y, sobre todo, en las medidas que está adoptando Occidente para hacer frente al supuesto fin.

Las historias del final de los tiempos es algo que ha acompañado al ser humano desde prácticamente nuestros inicios. No hace mucho tiempo eran los dioses los que se enfadaban por nuestra mala conducta y nos lanzaban todo tipo de catástrofes naturales, ahora se enfada el planeta, que nos responde con terremotos, incendios, inundaciones o sequías, o eso nos cuentan. No hay día en el que no se asocie una nevada, una gran tormenta o un periodo de sequía al fenómeno del cambio climático. Si nieva es por culpa del cambio climático. Si no nieva, también. Si hay lluvias torrenciales es por el cambio climático. Si hay una sequía, también. Si hace calor, cambio climático. Frío, cambio climático. Todo es debido al cambio climático. Por supuesto, lo causa usted. De China no hablemos... o sí.

Pero ¿qué hay de cierto en estas constantes informaciones que surgen en los medios de comunicación y en el discurso de los partidos políticos que compran esta retórica apocalíptica? ¿Vamos a morir todos por culpa de los desastres naturales? Según EM DAT (base de datos internacional de desastres naturales), la evolución de las muertes producidas por desastres naturales es la siguiente:[1]

Muertes a nivel global por desastres naturales. 1957-2018.

Número absoluto de muertes globales por año como resultado de desastres naturales. Entre los desastres naturales se incluyen sequías, inundaciones, clima extremo, temperatura extrema, deslizamientos de tierra, movimientos de masas, incendios forestales, actividad volcánica y terremotos.

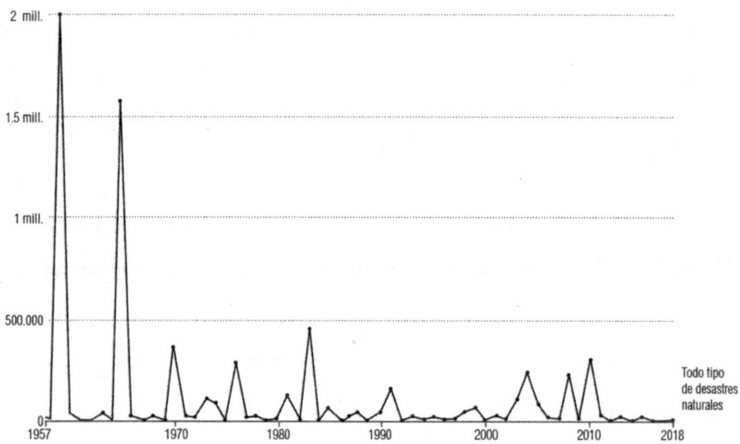

Fuente: basado en EMDAT (2020): Base de datos internacional de desastres OFDA / CRED, Université Catholique de Louvain - Bruselas - Bélgica.

Parece que estamos en el mejor momento de las últimas décadas, pero veamos ahora la evolución de las muertes de los desastres naturales que sí están relacionados con el clima:

■ **Muertes relacionadas con el clima 1920-2020.**

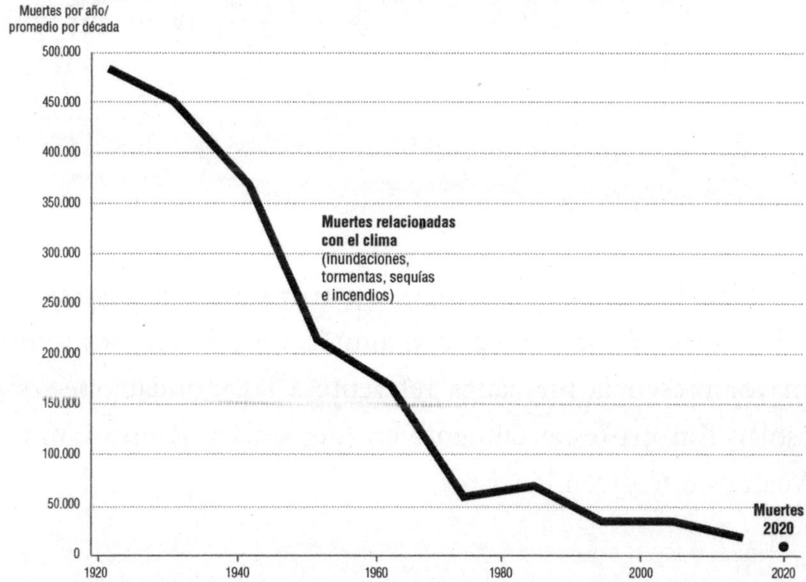

Fuente: basado en EMDAT (2020): Base de datos internacional de desastres OFDA / CRED.

El ambientalista Bjørn Lomborg y apenas unos cuantos científicos más hacen hincapié en publicar este tipo de información que nunca aparece en los grandes medios de masas. ¿Y qué hay de los incendios? Cada vez es más común observar cómo muchos incendios devastan hectáreas enteras y se alude al cambio climático como el causante (aunque muchos de ellos sean provocados). Las observaciones satelitales de la NASA revelan una tendencia decreciente en los incendios forestales mundiales:[2]

■ **Área global calcinada (normalizada).**

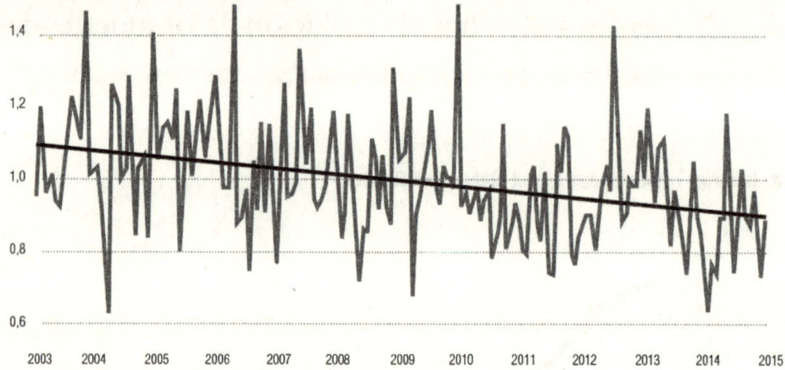

Otra buena noticia, tampoco parece que vayamos a morir calcinados. ¿Y ahogados por las inundaciones? Cada vez vemos mayor presencia mediática referente a las inundaciones que asolan Europa (especialmente en Alemania y Reino Unido). Veamos qué dicen los datos:

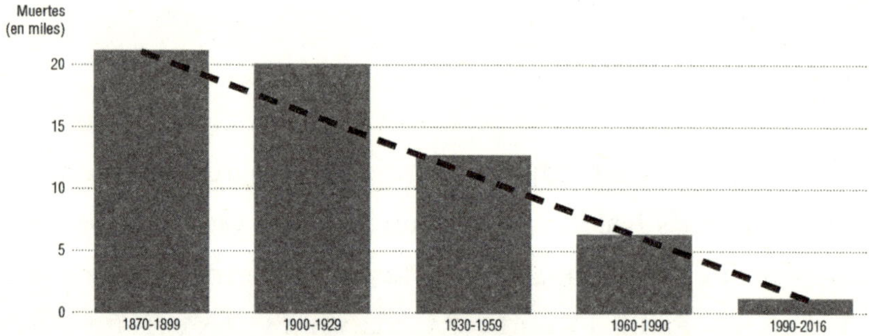

Fuente: basado en «Trends in flood losses in Europe over the past 150 years», *Nature Communications*.

¡Qué maravilla! Para desgracia de los «calentólogos agoreros» no vamos a morir todos ni calcinados ni asfixiados ni tampoco ahogados por terribles inundaciones. «¡Pero por la contaminación sí vamos a morir!», exclaman los amantes del miedo. Veamos qué tal se nos han dado las últimas décadas que iban a ser, según algunos, las últimas del ser humano:

■ Expectativa de vida. 1770-2015.

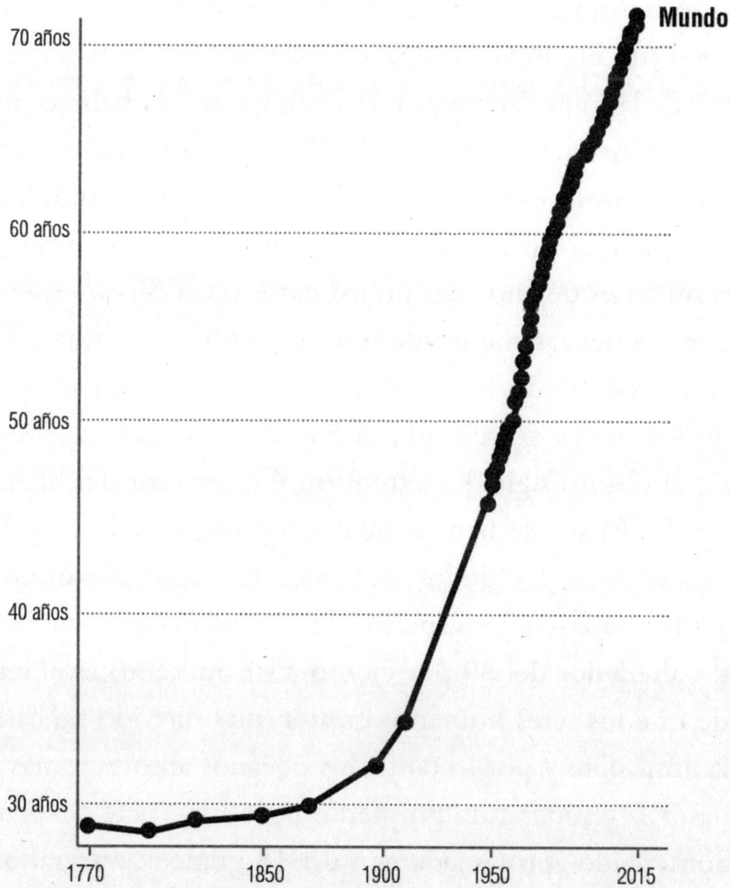

Fuente: basado en Riley (2005), Clio Infra (2015), and UN Population Division (2019).

¡Caray! Vivimos más que nunca, morimos menos que nunca a causa de las inundaciones, cada vez hay menos incendios y todo ello a pesar de que hemos batido récord en cuanto a población se refiere (8.000 millones de personas habitan la Tierra). Evidentemente, el ingenio del ser humano ha tenido mucho que ver a la hora de paliar los efectos devastadores de los desastres naturales. Pero desde luego, el relato apocalíptico se desmorona a tenor de los datos presentados.

Que el clima cambia es indudable e irrebatible. El clima de la Tierra siempre está cambiando. Ha habido momentos en los que el clima de la Tierra ha sido más cálido de lo que es ahora, del mismo modo que ha habido momentos en los que ha sido más frío. Estos cambios pueden durar miles o millones de años. Según los datos de la NASA, que cuenta con un departamento denominado Global Climate Change en el que estudia los cambios reflejados en el planeta, el nivel de los mares del mundo aumentó alrededor de 8 pulgadas en el último siglo. La extensión y el espesor del hielo marino del Ártico se han reducido rápidamente durante las últimas décadas. Desde los inicios de la revolución industrial, la acidez de las aguas superficiales de los océanos ha aumentado alrededor del 30 por ciento. Este aumento es el resultado de que los seres humanos emiten más dióxido de carbono a la atmósfera y, por lo tanto, los océanos absorben más de este gas. Y la temperatura promedio de la superficie del planeta ha aumentado aproximadamente 1'18 grados centígrados desde finales del siglo XIX.[3]

Muchos atribuyen estos cambios al aumento de dióxido de carbono (CO_2) derivado de las actividades del ser humano.

Genial, aceptemos este argumento. Veamos cuáles son los países que más emisiones de CO_2 emiten en el mundo:[4]

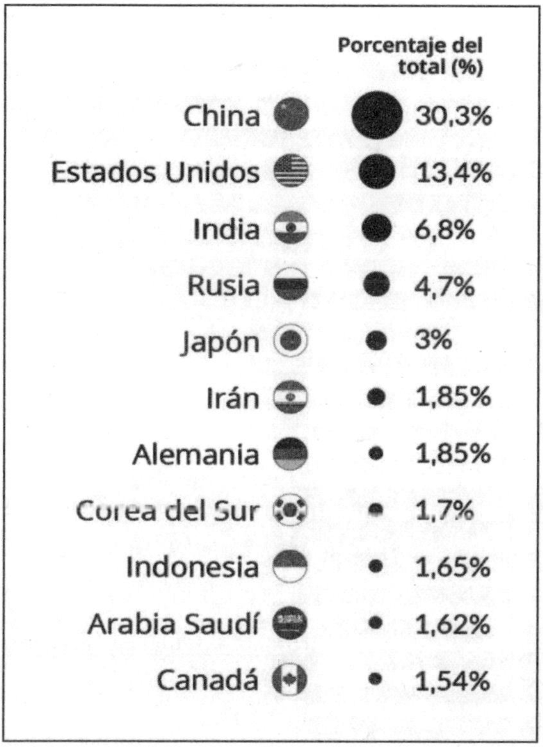

A pesar de que estos datos pueden variar un punto o punto y medio cada año, es evidente que China es el país que más contamina del mundo con gran diferencia. China emite el 30,3 por ciento de las emisiones globales y representa el 17,9 por ciento del PIB mundial (la Unión Europea aproximadamente el 24 por ciento y emite en torno al 9 por ciento). Estados Unidos genera el 13,4 por ciento de las emisiones y representa actualmente el 27 por ciento aproximadamente del PIB mundial. Veamos ahora las veinticinco ciudades con más emisiones (en megatoneladas de CO_2) según un estudio realizado por la Universidad Sun Yat-sen:[5]

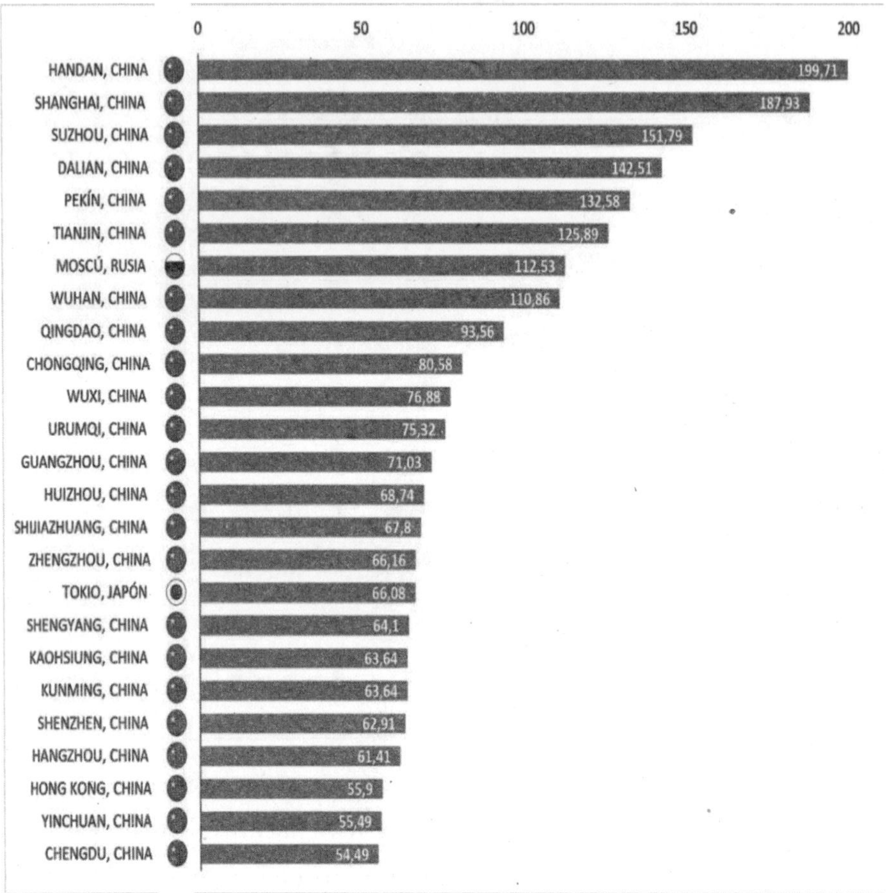

Estas veinticinco ciudades producen el 52 por ciento de las emisiones de gases de efecto invernadero del mundo. Pero a la alogocracia no le interesa dar a conocer estos datos. Hay un negocio que mantener y eso pasa por señalar al ciudadano de una aldea alemana, al señor de un pueblo de España o al agricultor de una localidad siciliana como los grandes culpables de la «destrucción del planeta» para que se fustiguen y expíen sus pecados pagando tasas *eco-friendly*.

Mientras países como España, que representa el 0,9 por ciento de las emisiones de CO_2 a nivel mundial, pero paga una de las facturas de la luz más elevadas del planeta, China sigue a lo suyo. Al gigante asiático sólo le produce una risa hilarante tener como rival por la dominación mundial a una banda alogocrática de cursis repipis que a cambio de poder decir «emisiones 0» están dispuestos a destrozar las economías occidentales. A pesar de las promesas realizadas en esas cumbres mundiales tremendamente costosas para el contribuyente, China está ahora mismo embarcada en una ola de carbón construyendo un gran número de centrales eléctricas de carbón

Carbón consumido.

Carbón consumido por país o región medido en el equivalente a teravatios/hora (TWh).

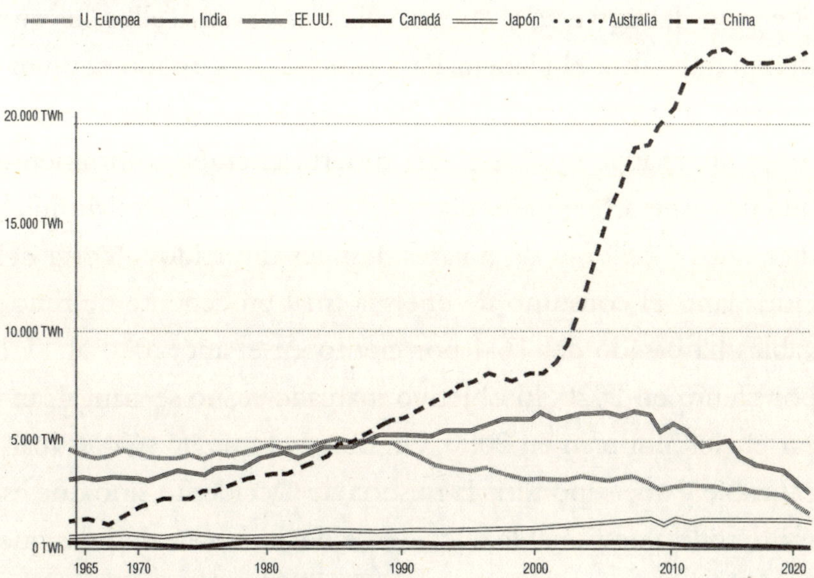

Fuente: basado en *Statistical Review of World Energy-BP* (2021). Disponible en: *OurWorldinData.or*

para impulsar la economía tras la crisis del Covid-19. En el año 2019, el 58 por ciento del consumo total de la energía del país provino del carbón, lo que permite explicar por qué China representa el 30,3 por ciento de las emisiones de CO_2 de todo el mundo. En 2020, China obtuvo más energía a través del carbón, llegando a superar en más del triple lo que generó el resto del mundo. Actualmente, China cuenta con 1.058 centrales eléctricas de carbón y abrió nuevas centrales eléctricas de carbón que suman 38,4 gigavatios de potencia y planea instalaciones para 247 gigavatios más, seis veces más que la potencia de todas las centrales térmicas de Alemania.

Mientras en Asia y especialmente en China siguen su camino, Occidente insiste en el suicidio energético a cambio de que unos cuantos vendedores del apocalipsis se llenen los bolsillos. La mezcla de soberbia occidental y un cierto componente de paletismo ha provocado que los occidentales se crean el centro del universo y que son ellos, solamente ellos, los que tienen que salvar el planeta. Para ello se ha recurrido constantemente a la financiación de las energías renovables como la única alternativa posible a esta muerte energética inminente que nos espera. Según los datos del Foro Económico Mundial, diez años y billones de dólares después invertidos a costa del ciudadano, el consumo de energía final procedente de renovables ha pasado del 16,4 por ciento en el año 2010 al 17,1 por ciento en 2020. El objetivo marcado es, no se rían, alcanzar el cien por cien en 2050. Un objetivo que no sólo es inalcanzable y que supondría la miseria de Occidente, sino que es, sobre todo, cuestionable. Occidente decidió hace décadas que no había una mejor idea para salvar el mundo que depender energéticamente de un puñado de jeques corruptos y tiranos de países terceros y ahora paga las consecuencias.

La adoración por la energía eólica y solar

En los últimos años, Occidente se ha embarcado en potenciar las energías «verdes» para alcanzar el objetivo marcado para el año 2050. Pero ¿realmente es viable y, sobre todo, aconsejable seguir esta inmolación energética? El fundador y presidente de Environmental Progress, Michael Shellenberger, lleva años investigando y analizando los pros y contras de este proceso y reclamando un debate racional que, por supuesto, la alogocracia no quiere abordar. En su obra *No hay apocalipsis*, Shellenberger aborda todas estas cuestiones. Por ejemplo, el famoso proyecto de baterías de Tesla, un centro para almacenar baterías de litio de 129 megavatios/hora en Australia que sería capaz de suministrar energía a 7.500 hogares durante cuatro horas. En Australia hay más de nueve millones de hogares y 8.760 horas al año.[6] Es decir, sería capaz de suministrar energía al 0,08 por ciento de los hogares o, dicho de otra forma, el 99,92 por ciento de los hogares en Australia necesitaría abastecerse con otro tipo de fuentes. Lo mismo ocurre en Estados Unidos en uno de los centros de almacenamiento de baterías de litio situado en California. Es capaz de almacenar energía suficiente para abastecer durante cuatro horas a 24.000 hogares en un país donde hay 134 millones de hogares. Es decir, es capaz de suministrar energía al 0,01 por ciento de los hogares estadounidenses y solamente cuatro horas al día.

La energía eólica ha sido presentada ante el gran público como la solución definitiva. Los molinos de viento se agolpan en las montañas y ya forman parte del paisaje de muchos países occidentales. Pero ¿es la solución? En Alemania la eólica representa el 20 por ciento de la electricidad, pero el coste para la red aumenta un 60 por ciento. Cuando esta representa el 40 por ciento, el coste se incrementa en un cien por cien.[7] En Estados Unidos, un estudio descubrió que para que el país funcionara con energía solar y eólica, mientras se siguen utilizando acumuladores de energía fiables, el almacenamiento requeriría aumentar el coste a más de 23 billones de dólares, es decir, un billón de dólares más que todo el PIB de Estados Unidos en 2019. Repito, un billón de dólares más que todo el PIB de Estados Unidos. Como señala Shellenberger:

> El bajo coste de la electricidad proviene del hecho de que se fabrica principalmente en centrales grandes y eficientes y se distribuye con pérdidas muy bajas a través de una red compartida que conecta a productores y consumidores. Si bien los sistemas eléctricos actuales permiten una cantidad modesta de almacenamiento, se libera en cuestión de minutos, no en los días y semanas que requiere una electricidad completamente renovable. Cada nueva conversión de energía, como de electricidad a presa, batería o gas de hidrógeno, y viceversa, impone un enorme coste físico y económico.[8]

Tomemos como ejemplo de esta realidad que expone Shellenberger a Alemania y Francia. Durante los últimos años, Alemania ha dado rienda suelta a su «transición energética» apostando por las energías renovables y abandonando los combustibles nucleares y fósiles. Según los analistas de energía de Bloomberg, en 2025 habrá gastado 580.000 millones de dólares en energías renovables. Sin embargo, Alemania generó sólo el 34 por ciento de su electricidad a través de energía eólica y solar por lo que necesitó el respaldo del gas natural.[9] En el año 2019, la red eléctrica alemana sufrió serios problemas que obligaron al gobierno alemán a importar energía de emergencia de sus países vecinos para evitar apagones masivos. No sólo eso, sino que, encima, el coste para los consumidores ha provocado que los precios de la electricidad hayan aumentado un 50 por ciento desde el año 2007 y los precios de la electricidad alemana son un 45 por ciento más altos que la media europea.[10] En el año 2019, Francia generó el 71 por ciento de su electricidad a través de centrales nucleares. Este porcentaje se ha visto reducido en los últimos años después de invertir 33.000 millones de dólares para añadir energía solar y eólica a la red. El resultado provocado es un aumento en los costes de la electricidad.

El elevado coste no es el único problema de las energías renovables. Como señala Shellenberger, las grandes cantidades de terreno que requieren sus instalaciones es otro problema añadido. Por ejemplo, la granja solar Ivanpah (California) requiere 450 veces más terreno que la última planta nuclear en funcionamiento, Diablo Canyon.[11] Además, la eficiencia máxima de las turbinas eólicas es del 59,3 por ciento y la densidad de potencia alcanzable de una granja solar es de hasta 50 vatios de electricidad por metro cuadrado, mientras que la densidad de potencia alcanzable de las nucleares y del gas natural oscila entre 2.000 y 6.000 vatios por metro cuadrado.[12] Tendríamos que ocupar de cien a mil veces más espacio si tuviéramos que depender únicamente de las energías renovables. Por último, debemos destacar que las turbinas colocadas matan a especies en peligro de extinción y de lenta reproducción, como las águilas o los cóndores, al igual que están reduciendo rápidamente el número de murciélagos que habitan en las zonas donde son instaladas. Pero que la energía eólica se lleve por delante la vida de miles de murciélagos no nos importa. La moral ecologista se compone de criterios estéticos y como nadie sueña con acariciar a un murciélago, su rol en el ecosistema pasa a un segundo plano porque nuestros sentimientos hacia ellos no son tan cálidos como para otros animales.

En el proceso «verde» ha habido un gran damnificado: la energía nuclear. Seguramente muchos de ustedes al escuchar energía nuclear automáticamente piensan en el peligro que supone.

Si analizamos los datos respecto a las muertes provocadas por cada fuente de energía, observamos lo siguiente:

■ **Tasas de muerte por producción de energía por TWh.**

Tasas de muerte basadas en accidentes y polución del aire por teravatio/hora TW/h.

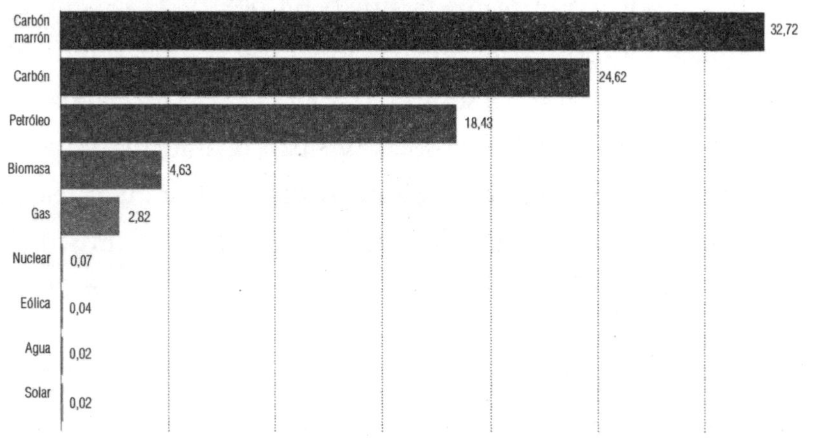

Fuente: basado en Markanya & Wilkinson (2007); Sovacool et al. (2016). Disponible en: *https://ourworldindata.org/*

Los datos nos demuestran que la energía nuclear es de las más seguras del mundo, pero a pesar de ello insistimos en dejarla de lado a pesar de ser una energía más barata, confiable y más eficiente que la de los combustibles fósiles.

En Occidente queremos energía cien por cien segura, eficiente y barata. Sorber y beber al mismo tiempo, una combinación imposible. ¿Y qué hay sobre las emisiones de CO_2 que tanto nos preocupan? Los datos publicados por el IPCC (Grupo Intergubernamental de Expertos sobre el Cambio Climático) señalan lo siguiente:[13]

Emisiones del ciclo de vida de las fuentes de energía (estimación media).

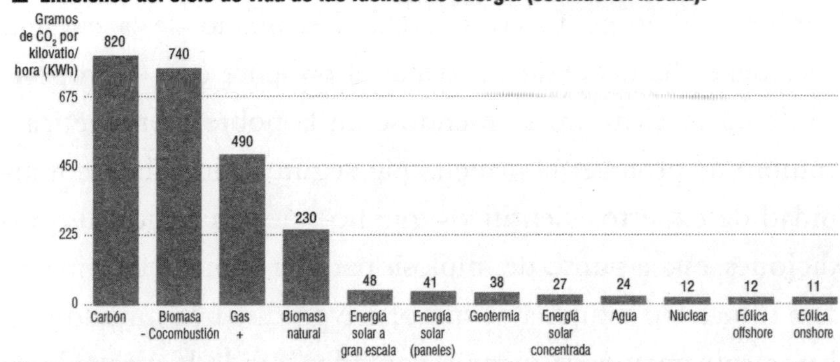

Como podemos observar, la energía nuclear es más segura que otras fuentes de energía, apenas contamina, es más barata y más eficiente. ¿Por qué dejarla de lado entonces? ¿Queremos salvar el planeta o la cartera de una banda de alogócratas? Además, los materiales utilizados para crear los paneles solares generan entre doscientas y trescientas veces más desechos tóxicos por unidad de energía que las centrales de uranio, como señala Shellenberger. A pesar de las ventajas de la energía nuclear, esta también tiene inconvenientes como los residuos que genera. No sólo eso, sino que también tiene su propia agenda e intereses económicos que pasan por cebar el apocalipsis que nunca llega para presentarse como los salvadores del mundo con sus bajas emisiones. Lo aconsejable sería añadirla a la ecuación y combinarla con otras fuentes, pero no creer que es la solución definitiva que muchos personajes, a sueldo de los mandamases de la energía nuclear, venden.

La ola verde es un culto que desprecia la evidencia y la ciencia. Convertida en un arma contra Occidente, países como China se aprovechan de la locura instalada en los países occidentales que buscan reducir las emisiones de CO_2 aunque eso conlleve un aumento considerable del precio de la energía. Occidente ha decidido condenar al presente con el propósito de salvar el futuro sumiéndose en la pobreza energética a cambio de proteger el planeta que, según la «infalible» comunidad de expertos científicos que no aciertan nunca sus prediciones, está a punto de implosionar. Por supuesto, China no será nunca tan estúpida de inmolarse porque una niña adolescente subvencionada viene a contarles que le han robado su infancia. La energía barata es fundamental para el crecimiento económico, sin esta, no sólo no salvaremos el planeta, sino que condenaremos a la humanidad.

Hablemos de Greta

Estremecedor, emotivo, brillante, sobrecogedor, emocionante, etc. Esos fueron algunos de los adjetivos con los que los medios de comunicación al servicio de la alogocracia calificaron el discurso de Greta Thunberg en la ONU. El discurso que dio el pistoletazo de salida a este fenómeno fue el siguiente:[14]

> Yo no debería estar aquí arriba. Debería estar de vuelta en la escuela, al otro lado del océano. Sin embargo, ¿ustedes vienen a nosotros, los jóvenes, en busca de esperanza? ¿Cómo se atreven?
>
> Me han robado mis sueños y mi infancia con sus palabras vacías. Y, sin embargo, soy de los afortunados. La gente está sufriendo. La gente se está muriendo. Ecosistemas enteros están colapsando. Estamos en el comienzo de una extinción masiva. Y de lo único que pueden hablar es de dinero y cuentos de hadas de crecimiento económico eterno. ¿Cómo se atreven?
>
> Durante más de treinta años, la ciencia ha sido clarísima. ¿Cómo se atreven a seguir mirando hacia otro lado y venir aquí diciendo que están haciendo lo suficiente, cuando la política y las soluciones necesarias aún no están a la vista?
>
> Dicen que nos escuchan y que entienden la urgencia. Pero no importa cuán triste y enojada esté, no quiero creer eso. Porque si realmente entendieran la situación y de todas formas no actuaran, entonces serían malvados. Y eso me niego a creerlo.
>
> La idea de reducir nuestras emisiones a la mitad en diez años sólo nos da un 50 por ciento de posibilidades de mantenernos por debajo de los 1,5 grados y el riesgo de desencadenar reacciones irreversibles en cadena más allá del control humano.
>
> Nos están fallando. Pero los jóvenes están empezando a entender su traición. Los ojos de todas las generaciones futu-

ras están sobre ustedes. Y si eligen fallarnos, nunca los perdonaremos. No dejaremos que sigan con esto. Justo aquí, ahora es donde trazamos la línea. El mundo se está despertando. Y se viene el cambio, les guste o no. Gracias.

El discurso fue interrumpido por aplausos en numerosas ocasiones y concluyó con una ovación cerrada. O sea, la alogocracia selecciona a una niña subvencionada por las élites que acude a bordo de un barco propiedad del príncipe de Mónaco y patrocinada por grandes compañías para convencernos de que es una gran guerrera antisistema contraria a las élites que le aplaudían. ¿Funcionó el esperpento? Y tanto que funcionó; no subestimen la idiocia occidental. A partir de ese momento Greta se convirtió en un fenómeno de masas y en un gran referente en la lucha medioambiental. Lo racional hubiera sido afear la actitud del sistema a la hora de utilizar a una niña que sufre el síndrome de Asperger, trastorno obsesivo-compulsivo y mutismo selectivo, para sus fines lucrativos y políticos. Pero no, lo ridículo, grotesco, peripatético, extravagante, repelente, engreído, repugnante, nauseabundo, horripilante, surrealista y petulante se convirtió en un nuevo icono pop. ¡Qué mejor representación de la enajenación mental colectiva de Occidente que Greta!

Pero ¿cómo llegó una niña sueca a la ONU? La historia de Greta no tiene nada de heroico. Todo empezó cuando un periódico sueco realizó un concurso y quedó en segundo lugar con una redacción contra el cambio climático. El activista Bo Thoren, líder del grupo local Fossil Free Dalsland, vio en Greta un gran potencial para poder vender su causa apocalíptica. En agosto de 2018 protagonizó, junto a Greta, una sentada enfrente del Parlamento sueco en contra del cambio climático. Este hecho comenzó a tener una gran difusión en los medios suecos y también fuera del país. Casualmente una niña era el centro de atención de la noche a la mañana por haber realizado una protesta. Pruebe usted a realizar una sentada en su parlamento para protestar contra cualquier causa y verá la difusión que obtiene (ninguna).

Pronto llegó Ingmar Rentzhog, presidente de la plataforma We Don't Have Time (No tenemos tiempo) de la que son miembros desde políticos socialdemócratas suecos hasta ejecutivos de grandes empresas energéticas del país. Según Rentzhog, conoció a Greta por casualidad, aunque realmente todo formaba parte de un plan orquestado tal y como reconoció posteriormente el propio Rentzhog públicamente, ya que la sentada fue perfectamente coordinada con varios días de antelación y todo estaba organizado puesto que esa misma semana salía a la venta un libro de los padres de Greta en el que animaban a salvar el planeta.[15]

Rentzhog fue el principal responsable de popularizar a Greta gracias a sus contactos con la alogocracia. Estuvo en la organización medioambiental de Al Gore, el Climate Reality Project. Tanto él como su socio, David Olson, han pasado por fondos y empresas financieras como Laika Consulting o Svenska Bostadsfonden. Entre los inversores que han trabajado con Rentzhog y Olson está Gustav Stenbeck, una de las mayores fortunas de Suecia. Los *lobbies* verdes y las grandes compañías comenzaron a frotarse las manos cuando vieron que los medios de desinformación conseguían engañar al rebaño con el cuento de las energías verdes. Miles de millones de euros estaban en juego y, por supuesto, ellos iban a ser los beneficiados del suicidio energético. La relación de Greta con los *lobbies* llega al punto que su jefe de prensa, Daniel Donner, trabaja en el grupo de presión de Bruselas European Climate Foundation.

La alogocracia seleccionó, siguiendo la moral dominante, a Greta con suma inteligencia. Una niña (no niño), enferma pero enormemente entregada al ecologismo purificador de almas. La santísima trinidad que nadie se atreve a criticar. Como el escultor que a través del martillo y el cincel talla su obra de mármol, Greta es el ejemplo perfecto del adoctrinamiento alogocrático, que es consciente del poder de la imagen, y si a una niña con mirada perturbada le añaden una imagen de algún oso polar subido a un trozo de hielo o moribundo, entonces la victoria está garantizada. La retórica utilizada por la niña sueca se centra en diferenciar moralmente a los ciudadanos y les pone, una vez más, ante una pregunta que destila hipermoralismo por todos los costados: ¿acaso vas a criticar a una niña, que encima la pobre tiene un trastorno, por querer salvar el planeta? ¿No estás de acuerdo con una pobre menor que entrega su vida al servicio del ser humano? Los que responden negativamente son situados en el lado del Mal, porque el Bien es seguir los consejos de Greta. El debate racional hay que matarlo y en eso, la alogocracia es experta. Obviando los datos, las evidencias y los hechos, se construye un dogma que apenas unos pocos se atreven a cuestionar.

Greta es el rostro visible, el único más bien, de la cruzada calentóloga que arruina Occidente. El resto responde al nombre de la «comunidad científica», esa que nadie sabe quién la conforma y quiénes son los máximos responsables, pero que los cruzados calentólogos utilizan para reafirmar sus postulados de cara al rebaño. Para cautivar a la masa es mucho más útil recurrir a una niña que a los gráficos que desmontan la versión oficial. Del mismo modo que dotar al planeta de sentimientos humanos y capacidad de venganza es mucho más eficaz para infundir el terror. En cierta medida, se convierte en un dios al que hay que temer porque si se enfada, puede responder en forma de incendios, tormentas, huracanes, sequías, terremotos, tsunamis y olas de calor. Y como en la antigüedad, al dios sólo se le puede complacer mediante sacrificios.

Quizá usted está tremendamente preocupado por el devenir del planeta e invierte un porcentaje de su tiempo en la lucha contra el «calentamiento global» para salvarnos a todos (gracias). Si le pido que me dé cinco nombres de esos expertos en los que basa su nueva fe, ¿podría dármelos? Si le pido que me diga diez predicciones apocalípticas que se hayan cumplido, ¿podría decirme alguna? Si le pregunto por los máximos responsables de la comunidad científica, ¿sabría decirme quiénes son? ¿No le extraña no poder responder a estas sencillas preguntas? Usted está constantemente diciéndonos que debemos cambiar nuestra forma de vida, no es cosa menor tal afirmación, pero aun así es incapaz de responder a preguntas básicas. No puede dar diez predicciones apocalípticas que se hayan cumplido, pero insiste en que debemos pagar más impuestos, empobrecer más a los pobres, quitarles el coche a los autónomos, pedalear a 40 grados, no viajar en avión, cambiar nuestra dieta, costumbres y forma de vivir. ¿Acaso eso no le hace reflexionar?

Los «Gretas» se arrogan el don de saber qué necesita el ser humano y de poseer la verdad absoluta. Su moral es la única posible si no quieres ser tachado de infanticida, genocida y criminal insolidario. Nos fuerzan a cambiar nuestras vidas y vivir más pobres, pero todo se justifica porque la ilusión de alcanzar la inmortalidad y la seguridad absoluta es motivo suficiente para que el rebaño solicite perder libertades a unas élites gustosas de complacerlo con mayores restricciones y tasas abusivas que engordan el bolsillo de Greta, la madre que la parió y los *lobbies* verdes. Hacer caso a los «Gretas» sólo beneficia a los gobernantes, las grandes empresas y a los que poseen un poder adquisitivo elevado. Si se prohíbe la circulación de los vehículos más antiguos por su alto nivel de contaminación, ¿quién es el perjudicado como poseedor de esos vehículos, el autónomo que usa una furgoneta para trabajar o el millonario con su BMW de alta gama? ¿Quién sufre más las consecuencias del aumento del recibo de la luz, el asalariado que llega justo a cubrir sus gastos mensuales o el gerente de una compañía energética? ¿Quién puede permitirse el lujo de comprar un vehículo eléctrico? ¿Quién viaja mensualmente en avión a los lugares más exóticos del planeta, el dependiente de un pequeño comercio o el actor calentólogo de *jet* privado que quiere obligarle a pagar más por viajar una vez al año en avión? Si se suben los impuestos del carburante para intentar disminuir las emisiones de CO_2, ¿quién dejará de conducir o llegará peor a final de mes, el operario de una fábrica o la *influencer* ecologista que destila conciencia social? Las políticas «verdes» son tremendamente regresivas. Los más pobres subvencionan con altos impuestos los nuevos coches de los ricos, mientras ellos se ven obligados a perder poder adquisitivo y pagar un elevado coste en el transporte, la energía y, en último lugar, en las compras diarias debido al aumento de la inflación.

Lo lógico sería que este conglomerado de intereses particulares disfrazados de una causa noble insistiera en lanzar estos mensajes en los países que más contaminan. Pero no, el dinero sólo se puede sacar del rebaño occidental que, al tener sus necesidades básicas cubiertas, puede jugar a ser un ferviente guerrero climatólogo. ¿Acaso un individuo que se levanta por la mañana y tiene que pensar cómo conseguir un plato de comida para alimentar a sus hijos puede permitirse el lujo de jugar a salvar el mundo? Esta realidad que actualmente se da en los países occidentales ha degenerado en la religión de la climatología, destinada a empobrecernos y obviar la necesidad de una energía barata para poder progresar económicamente. Supongamos que Greta acude a China a plantar cara a los gerifaltes del Partido Comunista Chino por sus emisiones de CO_2. Siendo optimistas, extremadamente optimistas, quizás tardarían entre uno o dos minutos en arrojarla al río Amarillo.

El miedo desata las pasiones más intensas en el ser humano y destruye la razón. La cuestión del cambio climático guarda grandes similitudes con la pandemia del Covid-19. Hay una verdad, existe un virus, del mismo modo que es verdad que el clima cambia. A partir de ahí, y utilizando como excusa una realidad innegable, se lleva a cabo una larga lista de medidas despóticas, se recortan libertades, se aprueban leyes empobrecedoras, salen a la luz una gran cantidad de «expertos» realizando predicciones apocalípticas, lo peor siempre está por llegar, cada muerte es atribuible al caos climático, todo son noticias negativas, la comunidad científica alerta día tras día de un escenario más catastrófico, el pánico se adueña del rebaño y este, víctima de la irracionalidad, se deja llevar por los instintos buscando un protector (el Estado) que venga a poner remedio al fin de la especie. A pesar de que la evidencia diga lo contrario, el pueblo se deja guiar por una capilla de indeseables que desinforman desde sus terminales mediáticas para forrarse y obligan a todos los individuos a actuar de manera absurda imponiendo una forma de vida a través del voto a favor de la alogocracia, conformando una sociedad distópica que odia la razón y abraza la superstición.

No podemos concluir el capítulo sin volver a referirnos al pánico que genera en la población la alogocracia, los botarates que se prestan a dar dosis de moralina, los medios de desinformación y los activistas profesionales. El objetivo es atemorizar al rebaño a través de titulares y noticias falsas que se lanzan bajo el paraguas de «la comunidad científica» para dotar de mayor veracidad a una serie de catastróficas predicciones que nunca se cumplen. ¡Qué importa! Los titulares corrieron como la pólvora y muchos científicos mediocres pudieron disfrutar de su minuto de gloria. Si el requisito para tener repercusión mediática es dar titulares apocalípticos, es lógico que el mediocre sin escrúpulos se apunte a la moda del fin del mundo. Además, rara vez les piden cuentas cuando sus predicciones no se cumplen y de hacerlo, por entonces seguramente ya se habrán jubilado, cuando no, muerto. Eso sí, se han tirado veinte o treinta años anunciando el fin y, por supuesto, cobrando por concienciar al pueblo de la gravedad del asunto. Estas son sólo algunas de las predicciones que han aparecido publicadas y retransmitidas por los periódicos, radios y televisiones más importantes del mundo occidental:

En 1967, el diario *The Salt Lake Tribune* publicó:
Pronóstico de hambruna terrible para 1975.[16]

En 1969, *The New York Times* publicaba lo siguiente:
Todos desaparecerán en una nube de vapor azul para 1989.
El problema con casi todos los problemas ambientales, dice Paul R. Ehrlich, es que cuando tenemos suficiente evidencia para convencer a la gente, estás muerto.[17]

En 1970, *The Boston Globe* publicaba:
Edad de hielo para el año 2000.[18]

Ese mismo año, el diario californiano *Redlands Daily Facts* aseguraba:
América sujeta a racionamiento de agua para 1974 y racionamiento de alimentos para 1980.[19]

En 1970, la revista *Life* reportó:
Los ciudadanos de las grandes urbes requerirán máscaras de gas para 1985.

Los científicos tienen pruebas experimentales y teóricas sólidas para respaldar las siguientes predicciones: en una década, los habitantes urbanos tendrán que usar máscaras de gas para sobrevivir a la contaminación del aire y, para 1985, la contaminación del aire habrá reducido a la mitad la cantidad de luz solar que llega a la Tierra.[20]

En 1971, *The Washington Post* lanzaba el siguiente titular con su correspondiente entrada:

> Nueva edad de hielo para 2020 o 2030.
>
> El mundo podría estar a tan solo cincuenta o sesenta años de una nueva era de hielo desastrosa, predice un destacado científico atmosférico, el Dr. Si Rasool de la Administración Nacional de Aeronáutica y del Espacio de la Universidad de Columbia.[21]

La ONU nos advierte habitualmente de que sólo nos quedan unos pocos años para perecer. En 1972, Maurice Strong, primer director del Programa de las Naciones Unidas para el Medio Ambiente, sentenció:

> Tenemos diez años para evitar la catástrofe.[22]

En 1974, *The Guardian* publicaba:

> Los satélites espaciales muestran que una nueva era de hielo se acerca rápidamente.[23]

Ese mismo año, siguiendo la moda de los años setenta, que garantizaba una edad de hielo inminente, la revista *Time* publicó:

> ¿Otra edad de hielo?
>
> El hombre también puede ser responsable de la tendencia al enfriamiento. Reid A. Bryson, de la Universidad de Wisconsin, y otros climatólogos sugieren que el polvo y otras partículas liberadas a la atmósfera como resultado de la agricultura y la quema de combustible pueden estar bloqueando cada vez más la luz solar para que no llegue y caliente la superficie de la tierra.[24]

En 1976, *The New York Times* publicaba:

Consenso científico: enfriamiento del planeta, hambrunas inminentes.

Dependemos de la ciencia y los científicos para proyectar un rayo de luz en el oscuro túnel del futuro de la civilización. La relación del clima global con el suministro de alimentos es un buen ejemplo: los investigadores climáticos se están alarmando ya que en los próximos diez a cien años la humanidad no podrá alimentarse por sí misma, no por insuficiencia tecnológica o travesuras políticas, sino debido a los cambios climáticos.[25]

El mismo *The New York Times*, haciéndose eco de los expertos, publicó en 1978:

Sin fin a la vista para la tendencia de enfriamiento.[26]

En los años setenta el apocalipsis llegaba de la mano del frío, del aumento de la población, de la falta de recursos naturales y, por supuesto, del fin del petróleo. Estos son algunos de los titulares que aparecieron:

En 1970:

— El mundo consumirá todos sus recursos naturales.

— El petróleo desaparecerá en diez años.

En 1972:

Petróleo agotado en veinte años.[27]

En los años ochenta, el discurso continuó, pero cambió drásticamente. Ahora el fin venía vestido de tormentas infinitas, ciudades sepultadas bajo el agua y huracanes terribles. En 1982, Mustafá Tolba, director del Programa de las Naciones Unidas para el Medio Ambiente, afirmó en *The New York Times*:

> Si el mundo continúa estas políticas en el año 2000 tendremos una catástrofe medioambiental que será irreversible, como un holocausto nuclear.[28]

En 1983, la EPA (Agencia de Protección Ambiental de Estados Unidos) informaba de un calentamiento global catastrófico que podría comenzar en 1990.[29]

En 1988, el diario *El País* publicaba:

> Las Maldivas se hunden en el Índico.
>
> La falta de agua potable puede obligar a sus habitantes a abandonar las islas. Algunos expertos calculan que en los veinte o cuarenta próximos años la subida del nivel de las aguas en el área de las Maldivas puede alcanzar entre 20 y 30 centímetros. La progresiva amplitud de las mareas junto a la acción de las olas presagia una destrucción lenta pero catastrófica de esas pequeñas planicies enclavadas sobre el océano Índico.[30]

En 1988, la revista *Salon* publicaba:

> El principal experto en clima del mundo predice que el Bajo Manhattan se encontrará bajo el agua para 2018. Habrá carteles en los restaurantes que digan: «Agua sólo bajo pedido».[31]

En 1989, el diario *The Oshkosh Northwestern* hacía referencia a un estudio por parte de los «expertos» que concluía lo siguiente:

El aumento del nivel del mar arrasará las naciones en el año 2000 si no se hace nada.[32]

Los años noventa continuaron con estos mensajes, pero llegaron los años 2000 y la aparición estelar de Al Gore. Fue el verdadero pistoletazo de salida de todo lo que estamos viviendo actualmente. El pánico ahora podía transmitirse de forma audiovisual con mejor calidad y, además, internet comenzaba a llegar a los hogares occidentales por lo que el mensaje tenía un alcance nunca antes visto y llegaba de forma reiterada. En el año 2000, *The Independent* titulaba:

Los niños no sabrán qué es la nieve.[33]

En el año 2002, *The Guardian* decía:

- Hambruna en diez años si no dejamos de comer pescado, carne y productos lácteos.
- El Pentágono le dice a Bush que el cambio climático nos destruirá y que es más peligroso que el terrorismo.
- Gran Bretaña sería como Siberia para el año 2024.[34]

En el año 2008, el científico de la NASA Jim Hansen afirmaba:

El Ártico se quedará sin hielo para 2018.

También en 2008 Al Gore adelantaba el fin y predecía un Ártico sin hielo para el año 2013.[35] En 2009, el príncipe Carlos y el primer ministro del Reino Unido, Toni Blair, se unían a la causa de Al Gore, que cambiaba de idea y afirmaba que sería en 2014. En 2013, *The Guardian* sostenía que quedaban sólo dos años para que el Ártico se quedara sin hielo.

Podríamos rellenar un libro entero con las predicciones que no se cumplieron y continuar la larga lista de mentiras publicadas en los medios alogocráticos, pero esta muestra de las publicaciones realizadas en los medios más importantes de Occidente basta para darnos cuenta de la fuerza que tiene vender el caos y generar miedo en el rebaño. Como hemos visto, cuando uno de los bloques apocalípticos está oxidado y deja de permitir que la maquinaria siga en marcha, se cambia por otro (de la edad de hielo al calentamiento global). Es un modelo sin fallo y de fácil reemplazo. Siempre habrá causas para infundir miedo y crear falsas amenazas para seguir llenándose los bolsillos. Este mecanismo es muy sencillo y otorga a la alogocracia una vitalidad cuasi eterna. Igual que cambian los temas, cambian los protagonistas.

Quizá algunos lectores no conozcan a Alexandria Ocasio-Cortez. Para que entienden quién es este personaje, es una tipa que acude a una fiesta cuya entrada cuesta 30.000 dólares con un vestido que dice «Tax the Rich» (Impuestos para los ricos). Por supuesto, es mujer, joven y de origen hispano. Es el icono pop por excelencia de la degradación moral, estética y del ridículo grotesco constante estadounidense. Cuenta con buena prensa entre los hombres, a algunos les resulta mona (casualmente nunca una obesa de 200 kilos lidera las causas alogocráticas), ya saben, la moral tiene criterios estéticos. Pues esta señora afirmó el 22 de enero de 2019, haciendo gala de un nivel intelectual pocas veces visto, de una mesura en sus razonamientos y de una profunda reflexión, lo siguiente:

> El mundo se va a acabar en doce años si no abordamos el cambio climático y lo único que les importa es cómo lo vamos a pagar.[36]

Dentro de doce años seguramente ya esté casada con algún *influencer* o actor ecologista de *jet* privado, pero eso sí, muy concienciado con el medio ambiente. Si buscan imágenes de ella podrán encontrarla sollozando en la valla de un centro donde se encontraban retenidos inmigrantes que habían cruzado ilegalmente la frontera de Estados Unidos con México. Sin duda, Ocasio-Cortez es más eficaz que cualquier emético.

Tras esta retahíla de predicciones fallidas, pero cobradas, nos deberíamos preguntar si lo que dicen los «expertos del clima» y propagan los medios de comunicación sobre el cambio climático no es más que un mecanismo de la alogocracia para enriquecerse. Conviene recordar que el mundo se acaba desde que el ser humano comenzó a escribir. En el siglo XX íbamos a morir todos congelados, en el siglo XXI nos dicen que asfixiados. El ente abstracto bautizado como «comunidad científica», que lleva errando sus previsiones apocalípticas décadas, lo asegura. No debemos olvidar que la emergencia de salvar a la humanidad es siempre un buen pretexto para controlarla.

La propia existencia del ser humano genera desafíos que debemos afrontar. Decía Thomas Robert Malthus en el siglo XVIII que el progreso humano era insostenible argumentando que podíamos cultivar más alimentos de forma gradual, pero que nos reproducíamos a mayor velocidad, por lo que la sobrepoblación acabaría derivando en hambre generalizada y muerte. Sus predicciones las realizó cuando apenas mil millones de personas habitaban la Tierra, hoy somos más de ocho mil millones. No contaba con que el ser humano es capaz, si se le permite, de desarrollar nuevas herramientas para mejorar nuestras vidas. Jamás imaginó que Israel pudiera convertir un desierto en una máquina de producir verduras y frutas. Todo ello, reciclando el 70 por ciento del agua que utilizan. En Londres también temían en el siglo XIX que las heces de los caballos acabaran sepultando a los ciudadanos y estaban convencidos de que su fin estaba próximo. El ser humano inventó el coche y las heces desaparecieron.

Urge un debate racional para abordar el cambio climático, pero para ello se necesita libertad para debatir, exponer ideas y pensar, algo que el rebaño alogocrático detesta. Si verdaderamente el cambio climático será un problema para la humanidad, no serán los impuestos, las subvenciones, las políticas verdes que nos empobrecen ni los *lobbies* los que otorguen la solución, sino la tecnología capaz de crear el ingenio del ser humano.

7

LA INDESEABLE IGUALDAD

En la carrera por la negación de la naturaleza humana, la igualdad es el gran concepto de nuestros tiempos. La alogocracia se esfuerza diariamente en hacer creer al pueblo que todos somos iguales y que, por lo tanto, todos tenemos que obtener los mismos resultados. Cuando la realidad demuestra la falsedad de tal afirmación, los alogócratas recurren a acusaciones de discriminación que deben ser eliminadas para que no existan unos «privilegiados» que disfrutan de una vida mejor que los demás. Es evidente que la igualdad de oportunidades y derechos es un gran logro de la sociedad occidental del que debemos sentirnos orgullosos, pero no así la intención de igualar los resultados de todos los ciudadanos para que el mediocre no se sienta ofendido. Eliminar del vocabulario del pueblo «este es mejor que tú» está degenerando en una sociedad en la que vemos cómo la meritocracia es sustituida por la mediocridad. Si tenemos en cuenta que la mayoría de la población es mediocre y que apenas unos pocos son capaces de dejar impreso su nombre en los libros de historia, es lógico que se utilice este argumento para ganarse el favor del rebaño, que se siente enormemente identificado cuando el sistema les dice que la única diferencia entre el éxito y el fracaso se debe a pertenecer a una élite de privilegiados que están bien conectados.

Este proceso requiere irremediablemente erradicar la diferencia entre el bueno y el malo, entre el válido y el inútil, entre el listo y el tonto, entre el trabajador y el vago. Si aceptamos que todos somos iguales, estamos aceptando que el vago tiene derecho a vivir como la persona que trabaja incansablemente, o el asalariado debe tener la misma remuneración que el empresario que arriesga su dinero, sus bienes y su futuro cada mes. Si no existe la diferencia entre unos y otros, ¿qué motivación tiene un ciudadano para trabajar duro y así conseguir tener un nivel de vida superior al resto? La respuesta es ninguna y es eso precisamente lo que busca la alogocracia con este perverso concepto que es defendido y sermoneado a diario por parte de partidos políticos, instituciones educativas y medios de comunicación. La creación de un mundo sin retos, sin objetivos, sin competencia, sin rivalidad, donde reina lo idéntico y no hay que esforzarse porque la recompensa es la misma, se ha abierto paso en Occidente para premiar la mediocridad. Basta con observar a la clase política. Los méritos ya no son un historial de éxito en el ámbito privado, sino haberse afiliado de adolescente al partido de turno, haberse comido miles de eventos, dejar un reguero de cadáveres políticos para medrar y subirse al carro ganador en el momento oportuno.

El concepto de la igualdad esconde un mensaje de fondo mucho más perverso de lo que algunos pueden imaginar. Una estructura social en la que todos sean iguales necesita obligatoriamente eliminar las diferencias que, irremediablemente, surgen con el tiempo. Así pues, para evitar que se den desigualdades en las formas de vida, requisitos para alcanzar los puestos de trabajo mejor pagados y el poder adquisitivo dispar entre los ciudadanos derivado de la desigualdad, se necesita acabar o penalizar a los más válidos. La única vía para que las desigualdades sociales desaparezcan es la coacción de un tercero (en este caso el Estado) que se encarga de castigar a los mejores para igualarlos con los peores. Esta tabla rasa que debe ser limpiada a diario para limar las diferencias, se utiliza para poder construir una nueva sociedad en la que todos se encuentren sometidos a los designios de los alogócratas que reparten los panes y los peces según interese. A través de las ayudas sociales, las leyes conocidas como «discriminación positiva» y un rebaño que depende de los pagos de la administración pública, se crea una red asistencialista que conforma un círculo vicioso que resulta imposible romper a través de las urnas. ¿Cómo un ciudadano que necesita el pago mensual de la alogocracia va a votar a favor de terminar con ella? El verdadero objetivo de la indeseable igualdad no es otro que hacer dependiente a la inmensa mayoría de los ciudadanos y convertirlos en siervos a través de limosnas estatales que impidan que estos puedan ser independientes y libres.

Pero esto podría llevarnos, naturalmente, a cuestionarnos ciertos temas. ¿Queremos decir que se debe dejar abandonados a los deficientes mentales? Categóricamente, no. ¿Quiere decir esto que los genios tienen que tener derechos diferentes a los «normales»? Categóricamente, no. ¿Un ciudadano exitoso puede aprovecharse del menos exitoso? Rotundamente, no. Inevitablemente, y como no puede ser de otra manera, el reparto natural de las virtudes y defectos de cada individuo es injusto. Por lo tanto, un ciudadano que, por ejemplo, sufra una deficiencia mental que, desgraciadamente, le prive de poder competir o alcanzar por sí mismo un nivel de vida digno, debe recibir la ayuda del resto de la sociedad para no verse relegado a la marginalidad. De igual modo que un porcentaje de los ciudadanos de cada país deberán ser necesariamente mantenidos a través de ayudas estatales porque han sido incapaces, ya sea debido a su mala praxis o a la mala suerte, de ser independientes para mantenerse. A pesar de lo que puedan pensar algunos sectores libertarios que claman por el «sálvese quien pueda», lo cierto es que el coste que tendría dejar abandonados a estos ciudadanos acabaría derivando en un aumento de la inseguridad y de la delincuencia que generaría mayores problemas que su manutención. Pero más allá del coste económico está el deber moral, que no es otro que ayudar al que lo necesita y comportarse de forma solidaria con el desafortunado. Por lo tanto, hay que dejar bien claro que una cosa es ayudar al débil y otra bien distinta convertir a todos los ciudadanos en débiles, que es lo que la alogocracia busca conseguir.

Todos los seres humanos deben ser iguales a la hora de poseer los mismos derechos y oportunidades, por suerte esto es una realidad en Occidente, pero la alogocracia utiliza el argumento de la desigualdad para aumentar su influencia y moldear la sociedad a su antojo. En los últimos años el Estado ha ido ganando peso interfiriendo hasta en los pequeños detalles con la excusa de acabar con las desigualdades sociales provocadas por su ausencia. La realidad es que estas desigualdades no solamente no han desaparecido, sino que se han incrementado creando una gran cantidad de puestos públicos y empresas privadas que dependen del dedo alogocrático para ser escogidos. Este sistema de acceso reservado únicamente a los aliados de las élites ha provocado que se rompa la igualdad de derechos y oportunidades que reinaba en Occidente. Bajo la «discriminación positiva», ahora una mujer, un hombre negro, un transgénero, un homosexual o un ciudadano de una etnia minoritaria tiene mayores derechos y oportunidades que una mujer blanca o un hombre heterosexual.

Pero no sólo a nivel social se dedican los esfuerzos igualitarios, sino que también son trasladados al ámbito económico. La obsesión por organizar de forma igualitaria una sociedad no es nueva. Algunos creen que los comunistas fueron los primeros defensores de esta fórmula, pero lo cierto es que Étienne-Gabriel Morelly ya dejó escrito en su obra *Código de la naturaleza humana* (1755) cómo debía ser una sociedad donde la diferencia fuera inexistente. El filósofo francés defendía, entre otras cosas, que cada ciudadano fuera un hombre público, sostenido, apoyado y ocupado a expensas públicas. Apostaba por eliminar las diferencias sociales no sólo por cuestión de riqueza, sino también por motivos morales, de talento o religión y, por supuesto, señalaba la ambición de algunos individuos como el principal generador de las desigualdades por lo que se debía prohibir la propiedad privada para que todo fuera público.

> Nada será vendido o intercambiado entre ciudadanos. Alguien que necesite, por ejemplo, verduras, vegetales o frutas, irá a la plaza pública, que es donde el hombre que los cultivó habrá traído estos artículos y tomará lo que necesita por un solo día. Si alguien

> necesita pan, irá al panadero y obtendrá la cantidad que necesita durante un periodo específico, y el panadero irá a la tienda pública para obtener la cantidad de grano que necesita para la cantidad de pan que tiene que preparar, ya sea por un día o por varios. Quien necesite una prenda de vestir la obtendrá del hombre que hace tales artículos, mientras que el fabricante de ropa obtendrá sus telas del hombre que las fabrica, y el fabricante de telas, a su vez, obtendrá su materia prima de la tienda pública, donde habrá sido traída por quienes la cortaron o la recolectaron.[1]

Nos pueden parecer surrealistas las propuestas de Morelly, pero lo cierto es que guardan cierta similitud con las prácticas de la alogocracia. Para el Estado alogocrático, cualquiera que no tenga la necesidad de vivir de las promesas y limosnas que reparten los gobernantes es un peligro independiente al que hay que liquidar para someterlo al deseo de la burocracia que compra voluntades prometiendo aumentar el dinero a recibir. Occidente ha pasado de establecer una línea roja entre lo público y lo privado, a atribuir al Estado la facultad de cuidar, distribuir, proteger, crear y castigar a las ovejas negras. Lo vemos reflejado en los acuerdos no escritos entre las grandes empresas privadas y el Estado. La alogocracia se encarga de aprobar leyes que restringen el acceso al mercado para consolidar oligopolios privados que se aprovechan para abusar del pueblo. A cambio, estas grandes empresas compran y esparcen el relato igualitarista (eso sí, con miles de millones de euros obtenidos de forma inmoral). La competencia es dura, cruel, desgasta mentalmente al «pobre» individuo y genera desigualdad, así que mejor «proteger» a los pobres ciudadanos de tener que sufrir las consecuencias del éxito, obligándoles a permanecer en un estado inalterable, mientras unos pocos amasan fortunas vendiendo los males de tener mucho dinero por la mañana y recogiéndolo por la tarde.

La idea de que disfrutar de una vida mejor requiere esfuerzo, entrega, sacrificios y renunciar a algunos placeres ha sido sustituida por el mantra de los derechos innatos que el Estado debe cubrir. Cualquier programa electoral, sin importar el partido político, es una larga lista de regalos que el ciudadano puede adquirir simplemente por haber nacido, convirtiendo las campañas electorales es una especie de subasta en la que el mejor postor consigue atraer al rebaño. Olvidando que los recursos son finitos, no es de extrañar que cada año los países occidentales acumulen una mayor deuda pública derivada del déficit que sufren, pero todo sea por conseguir la igualdad. Pero esta teoría es inviable a medio plazo, lo que acabará provocando un conflicto social cuando aquellos que creyeron poder vivir igual que el trabajador se den de bruces contra la tozuda realidad de los números.

Nos encontramos con un aumento cada vez mayor de personas que dependen directamente del Estado alogocrático, creando una dinámica empobrecedora que consiste en aumentar las ayudas estatales y, a su vez, los impuestos que tiene que soportar el productivo para equipararlos en cuanto a poder adquisitivo se refiere con el improductivo. En países como España, se llegan a dar casos en los que el beneficio económico obtenido por trabajar es prácticamente el mismo que el de recibir una ayuda estatal. ¿Qué motivación hay entonces para sumar y no restar a la sociedad? Si el resultado es el mismo, es lógico que los ciudadanos no quieran esforzarse para ser mejores que el resto, ya que precisamente ese esfuerzo se realiza para sobresalir de la mediocridad y generar una desigualdad justa. Supongamos que llegásemos al punto de distribuir todo el capital existente en partes iguales. En cuestión de tiempo surgirían diferencias entre el trabajador que sobresaldría ante el vago, el listo ante el tonto y el ambicioso ante el conformista. Por lo tanto, este proceso debería ser repetido una y otra vez, es decir, para alcanzar la igualdad se debe luchar diariamente contra la naturaleza humana y, por supuesto, igualar por abajo castigando al válido en beneficio del inútil. La evolución humana siempre ha venido de la mano de los inconformistas que querían ser mejores que los de su alrededor. Los avances tecnológicos no fueron desarrollados por aquellos que carecían de habilidad, inteligencia y disciplina, ni los grandes descubrimientos que cambiaron el rumbo de la historia fueron obra de mediocres.

En un nuevo paso hacia la igualdad, los países occidentales recurren a nuevos conceptos bautizados como «armonización» o «justicia fiscal» para acabar con las diferencias impositivas que existen, por suerte, entre los distintos países. Lo cierto es que por mucho que usen un vocabulario que *a priori* suena bien, lo que pretenden es eliminar la competencia, aumentar impuestos para poder seguir pagando a los clientes que son víctimas de una estafa piramidal y poner fin a la competencia entre países. Se trata de armonizar para beneficio de los alogócratas y perjuicio del pueblo. La alogocracia necesita una sociedad inculta, carente de raciocinio y dependiente del Estado. Desde leyes educativas que permiten que alumnos superen cursos a pesar de haber suspendido, hasta la aprobación de nuevas tasas impositivas que persiguen al exitoso, el sistema competitivo en el que las relaciones voluntarias primaban al más válido ha degenerado en un sistema asistencialista en el que los ciudadanos se enfrentan a numerosas trabas burocráticas y leyes igualitarias que condenan el espíritu que convirtió Occidente en el lugar más próspero y libre del planeta. No ocurre lo mismo en otras partes del mundo. En Asia la mayoría de países abandonaron hace años la idea igualitaria, permitiendo así la creación de numerosas empresas y el aumento de la riqueza en sus ciudadanos.

La igualdad en el ámbito económico

En nombre de la igualdad se está produciendo un cambio drástico en el modelo económico que permitió que los países occidentales coparan los puestos más altos en cuanto a calidad de vida y bienestar social se refiere, tal y como demuestra el Informe sobre Desarrollo Humano 2020 del Programa de las Naciones Unidas para el Desarrollo (PNUD).[2]

Las premisas fundamentales que rigen a cualquier sociedad son una serie de reglas políticas y económicas creadas e impuestas por el Estado. Las instituciones económicas y políticas determinan cuales serán dichas normas a seguir por todos los ciudadanos y las sanciones que conlleva saltárselas. Esta verdad innegable sirve tanto para los países de libre mercado como para los intervencionistas. Incluso la ausencia de regulación en el mercado es una medida que viene determinada por el Estado. La gran diferencia entre la forma de actuar de estos dos bloques económicos la podemos encontrar en los monopolios. Mientras los países capitalistas castigan y persiguen los monopolios que realizan un abuso de poder para obtener mayores ingresos, los países intervencionistas, lejos de poseer unas instituciones contrarias a los monopolios, los crean, los mantienen y les otorgan privilegios que impiden que otras empresas puedan entrar en el reducido mercado manejado por los gobernantes.

De forma idealista o no, es evidente que un modelo apuesta por las teorías liberales que generan desigualdades justas y otro por las socialistas que provocan igualdades injustas. Adam Smith, considerado el padre del capitalismo, escribió:

> El precio del monopolio es, en cada caso, el más alto que se pueda obtener. Por el contrario, el precio natural o precio de libre competencia es el más bajo posible. […] El primero es siempre el máximo que se puede pedir a los compradores, el segundo es el más bajo que los vendedores se pueden permitir para así poder continuar con su negocio.[3]

Es evidente que mientras Smith apuesta por la libertad de mercado y que sean los consumidores y vendedores los que hagan viable o no una empresa, los intervencionistas apuestan por el Estado para que sea el que determine qué deben producir, cómo producir y cuándo, independientemente de su rentabilidad o demanda. Esta intervención flagrante es utilizada por la alogocracia, ya que es la forma en la que pueden enriquecerse mientras la población se empobrece. Algunos podrían pensar que la pobreza es un problema que debe solucionar el Estado. Parece lógico creer que un problema de esa índole requiere de la intervención estatal para erradicarla. Sin embargo, como podemos observar, los países más pobres del mundo cuentan con una alta intervención estatal en el ámbito económico, por lo que la pregunta que debemos hacernos es: ¿por qué no funciona?

De nuevo es inevitable recurrir a la naturaleza humana para dar una explicación que complemente las teorías económicas liberales. Jenofonte, historiador y filósofo de la antigua Grecia, ya determinó que el ser humano es egoísta por naturaleza, pero que, gracias a ese egoísmo, es como se consigue generar un bien común de forma indirecta al resto de la sociedad (idea recogida en su obra *Oekonomicus*). Su afirmación acerca del ser humano es cierta, no obstante, precisa de matices. Jenofonte hablaba de aristócratas, jefes de gobierno y políticos de alto rango cuya ética les impedía enriquecerse mientras su población se empobrecía. Pero cuando dicha ética desaparece, el resultado obtenido es el que vemos en los países intervencionistas. Del riesgo que suponía la ausencia de ética en los gobernantes, advirtió Adam Smith con estas palabras:

> Cuando las autoridades deliberan sobre cualquier regulación de comercio o política, los propietarios de la tierra nunca pueden desviarla con el objetivo de promover el interés de su propia clase en particular, al menos si tiene un conocimiento aceptable de dicho interés. Es cierto que en demasiadas ocasiones no lo tienen. Estos forman la única de las tres clases cuyo ingreso no les cuesta ni trabajo ni preocupaciones: se puede decir que llega a sus manos de forma espontánea, sin que ellos elaboren un plan o proyecto con tal objetivo. Esta indolencia, que es el efecto natural de una posición tan cómoda y segura, los hace

> con frecuencia no sólo ignorantes, sino incapaces de cualquier ejercicio intelectual necesario para prever y comprender las consecuencias de cualquier reglamentación pública.[4]

Adam Smith, que utilizó la obra de Jenofonte para diseñar su teoría, agrega el componente del esfuerzo para demostrar que, si no existe una combinación de egoísmo y esfuerzo, es cuando se produce el desastre. Lo cierto es que estas palabras de Smith sirven perfectamente para definir lo que ocurre en los países con una alta intervención estatal. El componente del egoísmo está presente tanto en los gobernantes como en los ciudadanos, pero no así el del esfuerzo. A los gobernantes alogocráticos no les cuesta ningún trabajo enriquecerse, simplemente tienen que redactar leyes gubernamentales que castiguen a los emprendedores y que limiten su actividad económica e independencia. Si a eso le sumamos que tienen la potestad para, en el caso de que un negocio sea fructífero, nacionalizarlo y que pase a manos del Estado para así colocar a amigos o compañeros de partido para que gestionen la empresa, ¿qué aliciente tiene el dirigente que no ha arriesgado su dinero y trabajo en la empresa, sino que lo ha obtenido a través de una ley? He ahí la respuesta al fracaso de la intervención estatal. Mientras los que viven de su trabajo, y el salario que reciben depende de hacerlo bien o mal, generan un bien común a la sociedad, los que viven del trabajo ajeno rara vez buscarán mejorar en productividad, infraestructuras, eficiencia laboral, desarrollo del mercado financiero, innovación tecnológica y otros factores determinantes para el crecimiento económico y la libertad social.

A lo largo de la historia, la puesta en práctica de los sistemas igualitarios ha provocado numerosas tragedias. Las más significativas podemos encontrarlas en la URSS, Camboya o China. Precisamente, en la actualidad, vemos cómo en Camboya y China el abandono de esta teoría ha provocado un crecimiento considerable no sólo a nivel económico, sino también a nivel social. A pesar de que siguen siendo países altamente intervenidos, son un claro ejemplo de cómo un aumento del mercado y la competencia beneficia tanto a los empresarios como a los ciudadanos. Adam Smith explicó las ventajas de estas políticas con las siguientes palabras:

> La amplitud del mercado suele coincidir con el interés general, pero el hecho de reducir la competencia siempre va en contra de dicho interés y sólo puede servir para que los empresarios, al incrementar sus beneficios por encima de lo que naturalmente serían, impongan en provecho propio un impuesto absurdo sobre el resto de compatriotas. Cualquier propuesta de nueva ley o regulación comercial que provenga de esta clase de personas debe ser siempre considerada con la máxima precaución, y nunca debe ser adoptada si no es después de una investigación prolongada y meticulosa, desarrollada no sólo con la atención más cuidadosa sino también con el máximo recelo, puesto que provendrá de una clase de hombres cuyos intereses nunca coinciden exactamente con los de la sociedad.[5]

Los datos proporcionados por el Banco Mundial nos muestran lo que ha supuesto en Camboya el abandono del igualitarismo liderado por Pol Pot:

- Ha triplicado su renta per cápita en los últimos 25 años.
- El porcentaje de la población que vive en la extrema pobreza se ha reducido del 35 por ciento al 9 por ciento en los últimos 25 años.
- La esperanza de vida ha pasado de 57 años a 68,4 años.
- El trabajo infantil ha pasado de ser superior al 50 por ciento al 8,1 por ciento en apenas 15 años.
- La tasa de escolarización ha subido del 80 por ciento al 99,6 por ciento.
- El nivel de alfabetización de la población ha alcanzado su máximo histórico.

A diferencia del régimen de Pol Pot en el que se erradicó la propiedad privada para eliminar las desigualdades y supuso la muerte del 25 por ciento de la población de hambre o ejecutados, la llegada de grandes empresarios occidentales para producir en Camboya ha mejorado notablemente su situación. El caso de China es el ejemplo más claro. Mientras que a nivel social sigue actuando con mano de hierro para controlar a su pueblo, en el ámbito económico China decidió abandonar las políticas igualitarias de Mao Tse-Tung. Tras la victoria del ejército rojo liderado por Mao Tse-Tung y su ascenso al poder el 1 de octubre de 1949, China pasó a ser un régimen socialista que apostó por la erradicación de la propiedad privada, una economía basada en la autarquía, el trabajo sin recompensa económica, la ausencia de inversión extranjera (con la excepción de la URSS) y la nula libertad comercial para que la desigualdad desapareciese. En 1958, Mao decidió aplicar un nuevo plan para la economía china con la intención de erradicar la pobreza, el cual denominó «el Gran Salto Adelante». Para ello Mao necesitaba comprar fábricas de sus aliados rusos, obtener equipamiento militar, complejos industriales, adquirir materiales como hierro y acero y, por supuesto, controlar toda la actividad agrícola.

Así pues, Mao ilegalizó la propiedad privada en el campo. A partir de entonces, cada grano pasó a ser propiedad del Estado. Construyó miles de graneros públicos, erradicó el comercio y expropió a los campesinos sus propiedades. Destruyó las pequeñas casas que tenían para construir barracones donde dormían los granjeros, las cuales eran llamadas granjas colectivas (sí, todas eran iguales). Los chinos, de la noche a la mañana, perdieron todas sus diferencias. Las autoridades chinas establecieron unos requisitos mínimos de producción que debían cumplir los trabajadores para poder obtener una ración de comida y aquellos que no tenían la posibilidad de trabajar (niños, mujeres embarazadas y ancianos) morían de hambre al no conseguir los objetivos. Mao pensó que estas duras condiciones de trabajo impuestas por el Estado iban a suponer una mayor productividad. No obstante, ocurrió todo lo contrario. Los campesinos, débiles y malnutridos, cada vez producían menos.

La élite del partido comunista, establecida en Pekín, negó que el plan fuese nocivo para los intereses de los ciudadanos y buscaron culpables de la crítica situación que atravesaban los campesinos. Los burócratas determinaron que el problema era que los gorriones se comían los granos de arroz. Aunque parezca surrealista (existen miles de fotos del exterminio de gorriones), Mao redactó una ley que obligaba a todos los chinos a matar el máximo número de gorriones posible. A cambio, recibirían una ración extra de arroz. Por supuesto, el plan fracasó. Sin gorriones ni pájaros que se comieran los insectos y las langostas, las cosechas del año siguiente fueron un desastre absoluto que desencadenó una hambruna jamás vivida antes por la población china. La intervención estatal provocó la muerte a causa del hambre de diecisiete millones de chinos en el primer trimestre de 1959. A finales de ese año, la cifra alcanzó los treinta millones. No fue el único plan estatal que provocó hambrunas en la población, hasta la muerte de Mao en 1976, China estuvo sumida en la miseria, si bien es cierto que Mao dejó una China industrializada. ¿Qué es entonces lo que ha permitido a China convertirse en una potencia económica en las últimas décadas? La liberalización del comercio y, parcialmente, del mercado.

Tras el fallecimiento de Mao, Deng Xiaoping y sus aliados consiguieron derrotar a «La Banda de los Cuatro» liderada por la mujer de Mao. Tomaron el poder y abandonaron gradualmente las instituciones y las políticas económicas igualitarias (sobre todo en el sector industrial y agrícola). Hasta entonces, la producción, el comercio, la compraventa y el trabajo habían estado dirigidos por el Estado para eliminar las desigualdades. En el poder, Deng Xiaoping adoptó una serie de medidas alejadas del intervencionismo que había caracterizado a China durante el régimen de Mao:

- En 1985, el Estado dejó de comprar toda la producción de cereales para posteriormente repartirla. A partir de ahí, el sistema de contratos sería voluntario.

- En 1985, los precios agrícolas dejaron de estar establecidos por el Estado (aunque siguió vigente un precio máximo), los agricultores podían obtener beneficios económicos con sus cosechas.
- En 1983, se adoptó el sistema que proporcionaba incentivos económicos a los agricultores (ya no producían para subsistir).
- En 1979, se nombraron catorce «ciudades abiertas» y se les otorgó la posibilidad de atraer capital extranjero.
- Y la más importante, también en 1979, se permitió que nuevas empresas pudieran entrar en el mercado para competir con las empresas que eran propiedad del Estado.[6]

El resultado de esta liberalización fue un crecimiento económico espectacular, un aumento del poder adquisitivo de los ciudadanos, el aumento de la inversión, llegar a convertirse en el principal exportador del mundo y, lo más importante, favorecer la capacidad de ahorro de los ciudadanos chinos quienes por primera vez en décadas podían consumir bienes y servicios alejados de la imposición estatal. El ejemplo más claro lo encontramos en la ciudad de Shenzhen. En 1980, Shenzhen no era más que una localidad pesquera poblada por apenas 30.000 personas. A día de hoy, su población es superior a los doce millones, alberga más de 6.000 fabricantes de dispositivos electrónicos, es la sede de dos de las cinco compañías de teléfonos más grandes del mundo (Huawei y ZTE), produce más de la mitad de los 2.500 millones de móviles que se venden al año en todo el mundo, es uno de los puertos más grandes del mundo por tráfico de contenedores y el PIB per cápita de su población ha pasado de ser inferior a un euro bajo las políticas igualitarias, a alcanzar los 25.502 euros.

Este proceso lo explica Ragnar Nurkse a la perfección en su libro *Problemas de la formación de capital en los países subdesarrollados* y su teoría del «Círculo vicioso de la pobreza»:

> En las discusiones sobre el problema del desarrollo económico, una frase que surge frecuentemente es la del círculo vicioso de la pobreza [...] Una situación de esta especie (la del círculo vicioso de la pobreza), aplicada a todo un país, puede resumirse en la vulgar proposición: un país es pobre porque es pobre. Tal vez las relaciones más importantes de este tipo de tautologías son aquellas que inciden negativamente sobre la acumulación de capital en los países atrasados. La oferta de capital se rige por la capacidad e inclinación a ahorrar; la demanda de capital está gobernada por la propensión a invertir. Una relación circular existe a ambos lados del problema de la formación de capital en las zonas pobres del mundo. Por el lado de la oferta, existe la poca capacidad para ahorrar, resultante del bajo nivel de renta real. La baja renta real es un reflejo de la baja productividad, la cual a su vez se debe en gran medida a la falta de capital. La falta de capital es un resultado de la escasa capacidad para ahorrar, completándose de ese modo el círculo. Por el lado de la demanda, la propensión a invertir puede ser baja debido al escaso poder de compra de la población, el cual se debe a la baja renta real, la cual de nuevo se debe a la baja productividad. El bajo nivel de productividad, sin embargo, es un resultado de la escasa cantidad de capital

utilizada en la producción, la cual a su vez puede ser causada, o al menos parcialmente causada, por la pequeña propensión a invertir. El bajo nivel de renta real, que refleja la baja productividad, es un punto que es común a ambas partes.[7]

Podemos resumir en cinco puntos la teoría de Nurkse:

1. Un país es pobre cuando no tiene capacidad de ahorro.
2. Si no tiene capacidad de ahorro, posee un nivel de renta bajo.
3. Si posee un nivel de renta bajo, no atrae inversión debido al reducido poder adquisitivo de la población.
4. Si no atraes inversión, no generas riqueza.
5. Si no generas riqueza, te mantienes pobre.

Precisamente uno de los puntos que más castiga la alogocracia es el ahorro de los ciudadanos gravándolo con altas tasas impositivas. De esta forma, el ciudadano que ahorra, lejos de utilizar ese dinero para invertir o crear nuevos negocios que le generen un mayor poder adquisitivo, se ve impedido a hacerlo ya que el Estado le requisa gran parte de su dinero para distribuir la riqueza y crear una sociedad más igualitaria. La intervención estatal encauzada para acabar con la pobreza a través de políticas que tengan como principal protagonista el gasto público está condenada a fracasar. La razón fundamental es que el Estado puede mejorar temporalmente la vida de sus ciudadanos aumentando las partidas económicas destinadas a la industrialización, la erradicación de la pobreza y las ayudas sociales a los segmentos más pobres, pero eso no les dotará de la capacidad de ahorro que señalaba Nurkse, ni tampoco les permitirá atraer inversión por el nulo respeto a la propiedad privada de los gobernantes. Por supuesto que se deben pagar impuestos para cubrir servicios como la recogida de basuras, el ejército, la policía, la sanidad o las carreteras, pero las tasas impositivas han ido aumentando con el paso de los años. En la antigua Grecia se empezó confiscando las propiedades de familias ricas y más tarde se aprobaron impuestos a rentas menores, mientras la plebe chapoteaba en el lodo y celebraba el ocaso de los ricos. La alegría duró poco. Cuando ya no había nada ni a nadie a quien requisar, el siguiente paso fue ir a por los ciudadanos más débiles y despojarlos de sus bienes. El resultado no fue otro que la igualdad en la miseria. En Occidente hemos aceptado que los que ganan mucho dinero y son ricos, por el hecho de serlo, deben pagar más que los demás. Si este es el dogma aceptado, deberíamos preguntarnos ¿quién es rico? ¿Una persona que gana 3.000 euros al mes es rico? ¿Lo es el que gana 2.000 euros? ¿Quién determina el umbral que establece que una persona es rica?Y si este debe pagar más, ¿cuánto más tiene que pagar? ¿Un 30 por ciento? ¿Un 50 por ciento? ¿Un 70 por ciento? ¿Quizás el 90 por ciento? Total, seguiría contando con un poder adquisitivo mayor que la media. Este enfoque profundamente envidioso no sólo genera la huida de las grandes fortunas, sino que manda un mensaje directo a la población: no busques enriquecerte porque te castigaremos más que a nadie.

Las economías occidentales dejaron de ser el paradigma de la libertad económica hace muchos años y se han convertido, siguiendo los pasos de la alogocracia, en un océano de trabas, intervencionismo estatal, limitaciones, impuestos, tasas y restricciones que afectan a los más débiles y benefician a la élite compinchada con el poder político que disfruta de un enriquecimiento injusto cada vez mayor a costa del rebaño. Exprimiendo a los ciudadanos con tasas verdes, ecológicas, ecosostenibles, feministas y toda índole de absurdas imposiciones que sólo sirven para financiar a las grandes corporaciones que sacan tajada del pastel alogocrático, el ciudadano occidental cada día que pasa vive con salarios más bajos, más esquilmado y con menos capacidad de ahorro. A menudo se señala al capitalismo como el origen de esta situación. Si bien es cierto que los medios de producción están en manos privadas, aunque no todos, y se permite una amplia libertad de mercado, la competencia leal (componente fundamental) ha desaparecido para beneficiar a una banda de facinerosos que, en pro de la igualdad, han exterminado la competencia y limitado el acceso al mercado a nuevas empresas que no pueden enfrentarse a gigantescas corporaciones arropadas por la alogocracia a cambio de portarse bien y difundir los nuevos dogmas.

El capitalismo de amiguetes promueve actitudes y acciones que son contraproducentes para aquellos que dicen defender. Charlatanes descarados que se dedican a dar lecciones de moral y a su vez promueven las políticas identitarias despreocupándose por los trabajadores y por los que cuentan con menos recursos. Esta tendencia ha dado lugar a prácticas injustas que impiden que un alumno brillante proveniente de una familia de bajo poder adquisitivo pueda optar a una buena universidad porque esta escoge a sus alumnos en función del sexo o la raza para que haya igualdad. Esta reducción de la exigencia y el mérito afecta a los mejores alumnos, pero especialmente a aquellos que no pueden recurrir al talonario para ingresar en otra universidad prestigiosa a través de un elevado pago económico.

La experiencia del pasado aconseja alejarse de aquellos que dicen ser capaces de determinar los resultados finales que produce la planificación, por lo que sorprende que uno de los mantras más utilizados de la historia siga triunfando en la actualidad a pesar de haber fracasado una y otra vez. Quizás por ignorancia, estupidez o envidia (o las tres cosas a la vez), el discurso igualitario siempre ha conseguido encontrar un gran público, sobre todo allí donde la mediocridad, la vagancia y el fracaso cuentan con gran apoyo. Y es gracias a eso, que en Occidente la clase política está compuesta por auténticos irresponsables que atacan el éxito porque hacerlo cuenta con gran audiencia. Impasibles al desaliento, los que jalean el sobrepeso del Estado creen que esta vez el final será distinto. Olvidan que siempre que se ha ido a por el válido, el rico y el triunfador, ha sido toda la población, sin importar su ideología, ingresos, raza, sexo o religión, la que ha terminado sufriendo el voraz ataque igualitario, mientras que el gobernante ha continuado viviendo en la opulencia. El éxito de un país no se debe medir por la cantidad de pagas que otorga el Estado, al revés. Un país que subvenciona a un alto porcentaje de personas es un país fracasado, mientras que aquellos que apenas tienen que recurrir a ayudar con pagas estatales a sus ciudadanos son sinónimo de éxito porque sus habitantes son capaces de obtener por méritos propios unas condiciones de vida dignas y prósperas. El rebaño, enamorado de la igualdad, prefiere ser igual en la miseria que desigual en la libertad.

8

LA DEMOCRACIA TOTALITARIA

¿Qué es la democracia? Esa es la gran pregunta con la que debemos empezar este capítulo. A pesar de que muchos tratan de presentar la definición de democracia como algo definitivo, lo cierto es que su evolución ha dado paso a un concepto abstracto de difícil explicación. Es conocido por el gran público que el término democracia procede del griego donde *demos* significa pueblo y *kratía*, poder. Así pues, la democracia quedaría definida como la forma de gobierno en que el pueblo es el que tiene el poder. La andadura democrática tuvo su inicio en el siglo VI a.C. en Atenas y concluyó abruptamente en el siglo IV a.C. Es decir, no llegó a superar los dos siglos de vida y ni siquiera se implementó en toda Grecia. Se considera a Clístenes el padre de la democracia debido a que promovió reformas políticas que debilitaron el poder de los aristócratas en favor del pueblo. A pesar de que Clístenes no hablaba de democracia sino de isonomía (igualdad ante la ley), sus aportaciones posteriores a Solón lo convirtieron para muchos en el fundador de la democracia. Más adelante, Ephialtes y Pericles consolidarían el sistema democrático aplicando nuevas reformas. Si bien esta breve introducción es bien conocida por la mayoría (o eso creo), nadie suele recordar que los padres fundadores de la democracia ni siquiera concebían el sufragio universal. Las diferentes investigaciones han determinado que solamente entre el 10 y el 25 por ciento de los ciudadanos podía participar en el sistema ya que el 75 por ciento restante no poseía la categoría de «ciudadano» (mujeres, esclavos, extranjeros y esclavos liberados carecían de esa condición). Hoy resulta inconcebible que alguien pueda hablar de un sistema democrático sin contar con la aprobación del sufragio universal.

En la actualidad la palabra democracia es una de las más escuchadas en todo el globo terráqueo. Desde liberales hasta comunistas, utilizan el término democracia hasta la extenuación. Apenas existen movimientos políticos cuyo propósito sea acabar con la democracia o, al menos, aunque ese sea el verdadero objetivo, se promulgue abiertamente. Goza de enorme popularidad y son muchos los que utilizan la palabra democracia para llenar sus bolsillos a través de promesas imposibles de cumplir, pero que cuentan con un gran respaldo. Así nos encontramos cómo en países como Cuba, Irán, Corea del Norte o la República Democrática del Congo se habla de un sistema democrático con todas las garantías. ¿A qué se debe pues el uso recurrente de la democracia como imán de atracción y aceptación de la masa? La respuesta, de nuevo, la encontramos en la antigua Grecia. Es imposible poder hablar de democracia obviando el concepto demagogia. Si de algo está llena la historia es de múltiples ejemplos que demuestran que la democracia ha fracasado allí donde el eslogan barato ha triunfado.

Ya lo advirtieron en su momento aquellos que tuvieron el lujo de observar la puesta en práctica del nuevo sistema. Decía Aristóteles que la democracia era el mal menor para los ciudadanos siempre y cuando estuviera regida por gente de alto conocimiento cultural y sólida honestidad. Sin embargo, una vez establecida la democracia comenzaron a surgir demagogos que acapararon la atención de un pueblo fácilmente manipulable que acabó destruyendo la democracia de Rodas, Heraclea, Megara, Cumas, etc.[1] La demagogia cautiva las mentes de los más débiles y pronto, ante el estupor de los grandes pensadores de la época, aquellos que obtenían el poder eran los que realizaban promesas disparatadas e imposibles de cumplir. Quedó en evidencia que no importaba la realidad, sino más bien el nivel de demagogia utilizado para obtener el poder. La democracia desapareció de Grecia y también del planeta. Occidente pasó a estar liderado por tiranos durante siglos, ya fuera a través de repúblicas o monarquías.

No fue hasta el siglo XX cuando el concepto democracia comenzó de nuevo a tener auge y fue utilizado para fines políticos por infinidad de vertientes ideológicas que reclamaban la puesta en práctica de un sistema que otorgara el poder al pueblo y se lo arrebatase a los monarcas, militares, emperadores y dictadores militares. A partir de ese momento, la definición de democracia fue variando según qué se concebía como indispensable en un sistema democrático. Los comunistas predicaban que un requisito indispensable de la democracia, entre otros, era que los medios de producción estuvieran en manos del Estado. Los fascistas, por poner otro ejemplo, defendían que la unión partido-Estado era fundamental para poder cumplir con un régimen verdaderamente democrático. Los liberales no conciben un sistema democrático, entre otras cuestiones, sin propiedad privada y libertad de expresión, mientras que los socialdemócratas consideran inviable hablar de democracia sin un tipo de Estado que respalde el denominado «Estado de Bienestar». Es habitual observar en la actualidad cómo en todas las campañas electorales se recurre al concepto democracia. Todos apelan a ella y tratan de erigirse como los adalides de la misma. Cada partido utiliza sus recursos para tratar de atraer al máximo número de votantes y, por supuesto, una baza que siempre se utiliza es que «la democracia está en peligro». El populista suele recurrir a que la democracia es que el poder lo tenga el pueblo, pero no deja de ser una afirmación estúpida y falsa que jamás se dará por la pura organización jerárquica que cualquier animal requiere debido a su naturaleza. El pueblo jamás tiene ni tendrá el poder. Estas diferencias notables sobre el concepto democrático han germinado en uniones como la democracia liberal, la socialdemocracia, la democracia constitucional, la democracia directa, la democracia representativa, la democracia indirecta, la democracia socialista, la democracia real, la democracia asamblearia, la democracia humanitaria, la democracia parlamentaria, la democracia participativa y un largo etcétera de acompañantes a la palabra más popular por excelencia.

El filósofo y director de la Fundación para la Filosofía de la Democracia Jean-Paul Gagnon realizó una profunda investigación para determinar cuántas descripciones de democracia existen en inglés.[2] El resultado fue que hay en torno a 2.234 descripciones de democracia, lo cual demuestra que sólo un valiente ignorante puede determinar que la democracia tiene una definición única e inequívoca. Fuera de ese juego vacío y superficial para ganarse el apoyo popular, estos matices y diferencias alrededor del concepto de democracia simplemente son una clara muestra de que no tiene una definición exacta e indiscutible por mucho que algunos utilicen y retuerzan «la democracia» para que el necio activista repita el mantra de turno. Ahora bien, ¿qué aceptamos en la actualidad por democracia? Esa pregunta sí podemos responderla con claridad. Con el paso de los años se ha establecido un consenso en Occidente que acepta que la democracia es el sistema en el que el pueblo escoge a sus representantes de forma directa o indirecta por sufragio universal y por un periodo de tiempo limitado. En el transcurso del poder que disfruta el ganador de las elecciones este tiene la batuta para aprobar leyes que regulen el país en el ámbito económico, social, sanitario, educativo, etc., a través de votaciones que se realizan en los distintos parlamentos. A todo ello, se suma la protección a la propiedad privada, la existencia de diferentes partidos, libertad de inscripción para participar en las elecciones, libertad de expresión y, generalmente, una constitución que limita el poder de los gobernantes y garantiza el cumplimiento de derechos y libertades fundamentales, aunque esta pueda ser reformada si existe una mayoría suficiente para desmantelarla. Además, el sistema democrático moderno garantiza que el gobernante pueda ser depuesto de forma pacífica sin tener que recurrir a una revolución sangrienta.

Así pues, podemos concluir que las leyes aprobadas cuentan con el apoyo de la población que, a través de las urnas, ha decidido escoger a unos representantes con una serie de ideas para que legislen en esa dirección y no a otros políticos con ideas diferentes. Adviértase una diferencia sustancial: votar no es sinónimo de democracia. Parece surrealista tener que aclarar este punto, pero son muchos los ciudadanos que presumen que la democracia es votar y ya está. Si eso fuera así el régimen de Corea del Norte sería, bajo ese parámetro, una democracia plena.

Ahora bien, debemos detenernos a examinar las razones que hacen a un ciudadano votar a uno u otro partido, político o líder. Nadie puede decir que su posicionamiento ideológico no está sujeto a su contexto vital, experiencias personales, información que recibe (tanto verdadera como falsa) o importancia que le otorga a diferentes cuestiones. Difícilmente aquel que quiera tipos impositivos bajos votará a un partido socialista, del mismo modo que aquel que tenga como prioridad poder abortar sea cual sea la circunstancia acabará depositando su voto en un partido conservador. Sin embargo, fuera de estos casos particulares existe «la masa». Este conglomerado de individuos sin excesivas aspiraciones ni claros intereses a la hora de depositar su voto es el que realmente tiene el poder para quitar y poner gobiernos. ¿Y qué es lo que les motiva votar en un sentido u otro? Sabiendo, como explicábamos previamente, que el rebaño no posee grandes conocimientos y desconoce información fundamental para poder tener una opinión mínimamente argumentada, ¿qué criterios dan por válidos para apoyar ciertas ideas? La respuesta es la letal combinación formada por:

> Instituciones públicas + educación + masas de acoso + redes sociales + medios de comunicación.

Las instituciones públicas dejaron de ser neutrales hace años y se convirtieron en una herramienta más del poder político para realizar política y propaganda. En el caso de la educación, no podemos decir que fue neutral en algún momento de su existencia salvo con contadas excepciones. Desde el principio se recurrió a ella como una forma de adoctrinamiento para asegurarse que las nuevas generaciones crecían dando por bueno el oficialismo imperante del momento y por malo todo aquello que se salía del guion marcado. Hoy en día la educación sigue teniendo ese objetivo y lejos de disimularlo como antaño, directamente se publicita e incita a los profesores a ser implacables a la hora de ejercitar una presión infernal contra los estudiantes que se alejan del rebaño.

De esta forma el individuo libre, siempre sospechoso de no pensar y hacer lo que todo el mundo da por válido, es objeto de reproches inculpatorios como si hubiera cometido un grave delito moral, prefiriendo así formar parte del colectivo a cambio de tranquilidad.

Por lo tanto, el poder realmente lo tienen los medios de comunicación que extienden el mensaje del demagogo que acaba siendo aceptado sin fisuras y sin mostrar un mínimo de rigor racional por la masa ignorante que quita y pone gobiernos.

No es un fenómeno nuevo. Cuenta de ello dieron numerosos clásicos griegos cuando observaron estupefactos que el pueblo caía rendido a los encantos de los demagogos. Los gobernantes dejaron de buscar el bien común y se centraron en retener el poder gracias al voto de la masa por lo que se enfocaron en halagarla con promesas imposibles y generando debates artificiales que conducían a la irracionalidad y la estupidez (como ahora). Buena muestra de ello dio el historiador Plutarco: «Aunque los que hablaban eran los más hábiles, los que decidían eran los ignorantes».[3] También el comediógrafo Aristófanes señaló: «Oh, pueblo, qué bello es tu gobierno. Todos te temen como a un tirano. Sin embargo, no resulta difícil llevarte a donde quieren. Te gusta que te adulen y te engañen. Siempre estás escuchando a los charlatanes».[4] No fueron los únicos, tanto Jenofonte, Eurípides, Demóstenes, Aristóteles y Platón concluyeron que el sistema democrático con un pueblo ignorante acabaría siendo perjudicial para el propio pueblo. Bastaba con dirigirse a las emociones más primitivas del ser humano para arañar el apoyo del pueblo y sustituir la verdad por la demagogia irracional. El gran Sócrates tuvo que sufrir la ira de sus paisanos por hacerles ver simplemente a través de preguntas lo idiotas que eran. Fue ejecutado porque el sistema democrático no toleraba que hablara en libertad y sacara a relucir que la democracia podía desembocar fácilmente en un sistema injusto, tiránico y nocivo si se contaba con un pueblo ignorante fácilmente manipulable causando una ceguera popular que definió de la siguiente forma el poeta Píndaro: «Cuanto mayor es la muchedumbre, más ciego es su corazón».[5]

La historia se repite y entre la ignorancia del pueblo, las pasiones, las envidias, los deseos infantiles y la promesa de un mundo perfecto, Occidente navega a merced de políticos aduladores que para alcanzar el poder solamente necesitan expulsar a los válidos, comprar a los medios de comunicación, limitar la libertad de expresión y prometer a la masa querulante que ellos van a protegerlos. Algunos ya se percataron del problema, como Aristóteles, que insistió en la necesidad de separar cada constitución del arbitrio momentáneo de alguna mayoría.[6] Posteriormente Calvino en el XVI, la Escuela de Salamanca en el mismo siglo y John Locke en el XVII determinaron la necesidad de la separación de poderes para evitar el abuso de poder en los sistemas democráticos. Todos ellos repararon en el hecho de que la naturaleza humana innegablemente tiende al mal, por lo que los gobernantes tratarían de aumentar su poder aunque eso supusiera reducir los derechos y libertades del pueblo. No obstante, ninguno de ellos reparó en que la propia masa, a través del voto, pudiera ser la que incitara al gobierno a aumentar sus competencias y restringir la libertad. Es decir, ni siquiera la separación de poderes evita que la democracia acabe desembocando en una tiranía asfixiante que asesine la libertad. No sólo encontramos en la antigua Grecia ejemplos de cómo el pueblo llegó a votar en contra de sus propios intereses. Desde que la democracia ganó fuerza a principios del siglo XX y hasta nuestros días, son multitud los ejemplos que confirman que, para ganarse el favor de un rebaño asentado en la alogocracia, para triunfar y destruir el sistema democrático basta que el triunfador consiga detectar el talón de Aquiles de su pueblo para trasladar mensajes populistas y fácilmente repetibles por los que deben depositar la papeleta. Hitler es la prueba más clara, pero no debemos olvidarnos de Salvador Allende, Papa Doc o Hugo Chávez, entre otros. Todos acabaron imponiendo una tiranía y la masa que los votó sufrió las consecuencias de su desesperación e ignorancia al tratar de buscar un mesías que solucionara todos sus problemas.

Es una obviedad afirmar que la opinión pública es la que gobierna Occidente. El verdadero poder es el de las masas conectadas con el gobierno que se hacen transmisoras de las tendencias e inclinaciones que la alogocracia desprende según el momento. Tanto en el ámbito privado como público, la moral de los pueblos depende de su pensamiento libre, conocimientos adquiridos e independencia del Estado. A fin de cuentas, la mediocridad numerosa y colectiva es la que determina el futuro de un país democrático. Como detectó Stuart Mill, una de las mentes más preclaras del siglo XIX, son escasos los ejemplos de una masa cultivada. «Jamás llegó el gobierno de una democracia, o el de una aristocracia numerosa, a elevarse por encima de la mediocridad excepto allí donde el soberano se dejó guiar por los consejos y la influencia de "pocos" o de "uno" mejor dotado y más instruido».[7] Pero al coro de los charlatanes democráticos se les convence con poco. Basta por asegurarles que el problema pasa por democratizar, crear asambleas, procesos constituyentes, reformas democráticas, garantías democráticas, etc., apenas quedan expresiones que no vayan acompañadas del término «democracia», para que el rebaño ovacione al demagogo del momento.

El voto de la masa depende fundamentalmente de tres factores: la información que posee, la idea mayoritaria en su entorno (lo que Gramsci definió de forma magistral como hegemonía cultural) y la capacidad de huir de las masas de acoso. Este último factor es tremendamente importante. Un ciudadano desinformado y sometido a la hegemonía cultural difícilmente podrá salir del marco mental establecido, aunque encuentre evidencias de estar equivocado, si un ejército de miles de personas se dedica a darle caza a través de linchamientos virtuales. Si la ignorancia, la desinformación y el acoso hacen que la masa apoye medidas y candidatos que no apoyaría si estuviera mejor informada, ¿quién tiene verdaderamente el poder en un sistema democrático? Evidentemente el poder no lo tiene el pueblo, ni siquiera los políticos, sino más bien el mortífero tridente formado por medios de comunicación, hegemonía cultural y masas de acoso. El sistema democrático incentiva que la mayoría de los votantes tome decisiones políticas de forma irracional en pro de los sentimientos para posteriormente imponérselas a personas racionales y mejor informadas. Por lo tanto, si el pueblo se deja guiar por el lenguaje de las pasiones antes que el de la razón, y en conjunto no somos más que una banda de ignorantes con ínfulas de grandeza que conforme más habla más estúpida se muestra, ¿por qué se acepta que en democracia una mayoría someta a una minoría? Sabiendo que el pueblo puede votar incluso a favor de suprimir libertades y derechos, ¿podemos hablar de democracia totalitaria?

El término totalitario cuenta con numerosas acepciones. Sin embargo, no debemos aplicarlo simplemente a un régimen genocida o a movimientos políticos que ejercen la violencia física para imponer sus ideas, porque sería un error de facto y la demostración de no ser conscientes del verdadero significado del mismo. A pesar de que está muy extendida la idea de que fue el propio Benito Mussolini quien acuñó el término para definir la ideología fascista, lo cierto es que fueron sus opositores los primeros en hablar de «totalitarismo». El adjetivo totalitario fue utilizado por primera vez por el liberal Giovanni Amendola para describir la realidad italiana. Amendola publicó varios artículos en *Il Mondo* los días

12 de mayo y 28 de junio de 1923. En ellos, denuncia que el régimen fascista es un «sistema totalitario» entendiendo como totalitario la «promesa del dominio absoluto y del mangoneo completo e incontrolado en el campo de la vida política y administrativa».[8] Tal y como relata la excepcional académica Simona Forti, el adjetivo se amplía en noviembre de ese mismo año. Amendola escribe:

> Sin duda, la característica más destacada del movimiento fascista será, para quienes lo estudien en el futuro, el espíritu totalitario que no permite al futuro amaneceres que no sean saludados con el gesto romano, como no permite al presente alimentar almas que no se doblegues a la confesión. Esta singular guerra de religión que desde hace más de un año azota Italia no os ofrece una fe [...], pero como compensación os niega el derecho a tener una conciencia —la vuestra y no la ajena— y pone trabas a vuestro porvenir con una gravosa hipoteca.[9]

El adjetivo totalitario iba a ganar adeptos. Amendola advertía que si bien existían dos clases de pensamientos imperantes en Italia (comunismo y fascismo) ambos negaban el espíritu de la libertad del individuo y pretendían imponer un poder absoluto a través de la creación de un Estado totalitario que controlara, totalmente, todos los ámbitos del país (educación, cultura, sindicatos, economía, sociedad, instituciones, justicia, producción, etc.). La injerencia del poder en el ámbito público y privado sumado a la simbiosis entre el Estado y la ideología, llamó la atención de muchos intelectuales que recurrieron al término totalitario para definir este nuevo régimen.

Cabe mencionar a Piero Gobetti, Lelio Basso y Luigi Sturzo. Ellos, junto con Amendola, captaron mejor que nadie el verdadero significado de totalitario, que no es otra cosa que deificar el poder y sus acciones, otorgar un trato de semidioses a los gobernantes y solicitar un Estado omnipresente. Lelio Basso escribió lo siguiente el 2 de enero de 1925 en la revista *La Rivoluzione Liberale*:

> Todos los órganos estatales, la corona, el parlamento, la judicatura, que en la teoría tradicional encarnan los tres poderes, y las fuerzas armadas que ejecutan su voluntad se convierten en instrumentos de un único partido que se hace intérprete de la voluntad unánime del totalitarismo indistinto.[10]

Si bien tanto el comunismo como el fascismo no cuentan con ningún poder en el Occidente actual (el fascismo murió con Mussolini y el comunismo en 1989 tras la caída del muro de Berlín) y los órganos estatales que ostentan el poder también han variado, el totalitarismo no deja de ser el fin de cualquier discrepancia con el Estado, ya que este encarna a través del gobierno el Bien supremo al que todo ciudadano debe obedecer y creer. El totalitarismo otorga un componente de infalibilidad al Estado y, establecido este principio, el Estado lo puede todo, por lo que cualquier oposición a las leyes aprobadas por el gobierno que lo controle es tachada de una traición imperdonable. Otro de los grandes intelectuales de Italia y considerado el mayor experto en cuanto a fascismo y totalitarismo se refiere, el historiador Emilio Gentile, define bajo los siguientes términos un régimen totalitario:

> Aspira al monopolio del poder y después de conquistarlo, por vías legales o extralegales, destruye y transforma el régimen preexistente y construye un Estado nuevo, fundado sobre el régimen de partido único, con el objetivo principal de efectuar la conquista de la sociedad, esto es, subordinar, integrar y homogeneizar a sus gobernados, conforme al principio de politización integral de la existencia, tanto individual como colectiva, interpretada según las categorías, los mitos y los valores de una ideología sacralizada en la forma de una religión política, con el propósito de modelar al individuo y a las masas merced a una revolución antropológica para regenerar al ser humano y crear un hombre nuevo.[11]

De este modo y con la democracia como coartada al ser el pueblo «soberano» el que con su voto ha escogido a los gobernantes, cualquier ley que sea aprobada pasa por justa a los ojos del votante irracional que apenas es consciente de la erradicación de sus propias libertades a manos de ese Estado sacralizado. No es casual que cada vez se escuche más en Occidente apelar por parte de los alogócratas a reformas constitucionales. Las constituciones fueron elaboradas, en su mayoría, bajo unas premisas que impiden ostentar el poder absoluto a los alogócratas, por lo que necesitan convencer al pueblo de la imperiosa necesidad de modificarlas para dotar de mayores herramientas al Estado y así poder conseguir la igualdad, el fin de la maldad, la paz en el mundo y amaneceres preciosos cada día. Por supuesto, es para democratizar el país y otorgarle más poder al pueblo. Un ejemplo reciente de este fenómeno autodestructivo lo encontramos en Chile. El país sudamericano tiene deficiencias que deben ser atajadas (como todos los países), pero lejos de reformar las leyes para dotarlas de mayor eficiencia y justicia, han optado por hacer tabla rasa a través de la alogocracia. Incapaces de detectar al charlatán de turno, terminaron sucumbiendo frente a los que decían que se debía hacer una nueva constitución porque la anterior tenía fallos (como si alguna no los tuviera). Chile, un pequeño oasis que resistía las acometidas del populismo rancio, con su «magnífica» idea de crear un proceso constituyente para cambiar la Constitución chilena que había otorgado al país el mayor progreso económico y libertad de toda su historia, se ha inmolado para seguir los pasos de sus vecinos. Para más inri, la nueva norma suprema la redactará nada menos que ese mismo pueblo. Un disparate propio de Hispanoamérica. Si hay una cultura a la que le atrae la búsqueda de mesías es la hispana. Tontos motivados que se presentan como tal nunca faltan. Valga como demostración la autobusera disfrazada del célebre Pokémon Pikachu, que se convirtió en una de las abanderadas del nuevo proceso. No es que tenga nada de malo ser autobusero, ninguna profesión es más digna que otra, pero desde luego que otorgar la redacción de un texto del que dependerá en gran medida el futuro de la nación a una semianalfabeta apodada «la tía Pikachu», no parece una decisión muy inteligente. El desmoronamiento del sistema chileno comenzó tras la subida del pasaje de metro por parte del gobierno de Sebastián Piñera, uno de esos gobernantes inmorales que encabezan el centroderecha internacional, que decidió renunciar a la defensa de la ley y dejar que los grupos violentos que se escondían detrás de las protestas se adueñaran del país saqueando estaciones de metro, edificios públicos, carreteras, comercios e incluso asesinando a los carabineros abandonados a los pies de los caballos. Poco importaba que Bachelet (la predecesora de Piñera) ya hubiera subido el pasaje de metro más que su sucesor. Simplemente hacía falta una excusa para dar rienda suelta a las masas enardecidas y engatusar a la mayoría del país. El fenómeno dejó un compendio de disparates constantes, promesas imposibles y la garantía de mejorar la vida de millones de personas simplemente escribiendo una serie de sandeces en un papel oficial. Lo crean o no, hay gente tan limitada que piensa que todos los males de su vida se solucionan escribiendo cómo tiene que ser el país en un decreto, una ley o cambiando una constitución. En palabras del economista austriaco Joseph Schumpeter, «el ciudadano típico desciende a un nivel inferior de rendimiento intelectual en cuanto entra en el ámbito político. Argumenta y analiza de una forma que él mismo reconocería de inmediato como infantil en la esfera de sus intereses reales».[12]

Las palabras de Joseph Schumpeter se cumplieron a la perfección en el fracaso chileno y «la tía Pikachu» causaba furor allí donde aparecía. La masa dejaba de saquear para correr a hacerse un selfi con una señora disfrazada de Pokémon que prometía acabar con las injusticias, la pobreza, los privilegios de los ricos y representar al pueblo verdadero. Decía H.L. Mencken que «un demagogo es aquel que predica doctrinas que son falsas a personas que sabe que son idiotas».[13] Un pueblo huérfano de espíritu crítico siempre será incapaz de detectar al demagogo y acabará sometido a una banda de incompetentes y a una turba de fanáticos personajes que les regalarán los oídos expiando sus pecados y buscando falsos culpables en cada esquina: los ricos, los políticos, los imperialistas, las grandes empresas, los perversos colonizadores españoles que robaron el oro, etc. Todos, menos el pueblo venerado, son los culpables de la situación. Los chilenos compraron la mercancía con gran facilidad y decidieron destrozar su propio país, eso sí, muy soberanamente. En el proceso de la elección para la redacción de la nueva norma suprema se aprobó por ley la paridad de género, es decir, mismo número de hombres y mujeres en la Convención Constitucional. Curiosamente, más mujeres resultaron electas, lo que provocó que fueran expulsadas once mujeres para ser reemplazadas por hombres.

La democracia no deja de ser un «recién nacido» que apenas está dando sus primeros pasos, por lo que las consecuencias del sufragio universal y la escasa experiencia de cómo la demagogia puede, al igual que en la antigua Grecia, convertirse en la mejor herramienta las estamos observando ahora. La democracia actual podría resumirse en una competición de promesas a cambio de votos. Tú me votas, yo te premio. Esta perversión natural del sistema democrático en los países de baja cualificación intelectual ha convertido la relación entre el elector y el votado en una mera relación de intereses personales. Quienes ostentan los cargos públicos no se centran en realizar un buen funcionamiento de las instituciones públicas para todos, a pesar de que este debería ser el cometido principal. Por el contrario, se centran en eliminar el interés general, la igualdad ante la ley, la libertad individual y la igualdad de oportunidades para sustituirlos por los nuevos dogmas que permitan legitimar el abuso de poder en pro del bien común. Así es como de la noche a la mañana se puede decretar desde el poder que una idea, una tradición o una costumbre pase a ser ilegítima porque ha sido catalogada como nociva por el pueblo. La urgencia de salvar a la humanidad siempre es la mejor herramienta para aplicar un régimen totalitario. «¡El pueblo siempre tiene la razón!», exclaman los alogócratas que están encantados de contar con un rebaño estúpido que revalida con su voto cada una de las medidas totalitarias aprobadas. El concepto de sabiduría popular no es más que la creencia de que el individuo ignorante en masa se convierte en una figura intocable a la que apenas nadie puede discutirle su voto, deslizando la democracia en un sistema clientelar contrario a la razón.

Tanto James Madison como Thomas Jefferson eran conscientes de que los seres humanos eran seres imperfectos y ansiaban por encima de todo el poder. Conocedores de la historia de la antigua Grecia y siguiendo la idea de Platón de que la democracia es poco menos que la segunda peor forma de gobierno porque puede desembocar en una tiranía, decidieron hacer especial hincapié en la creación de un sistema de contrapesos al poder político. Pero si esos contrapesos dejan de actuar como tales y los medios de comunicación, que son los que gobiernan la opinión pública, deciden pervertir su naturaleza crítica, informativa e independiente para formar parte del juego ideológico, ¿qué podemos esperar del futuro de un sistema democrático? Evidentemente, sólo queda una opción: la democracia totalitaria amparada por el rebaño. Los gobernantes de países democráticos no piensan en el bienestar de la población, sino en el suyo propio. Una de las características de la democracia es el cortoplacismo. Ningún gobernante está dispuesto a aplicar políticas que sean impopulares por mucho que estas resulten beneficiosas para los ciudadanos si eso supone perder votos en las próximas elecciones y abandonar el poder. La democracia y el sufragio universal queda, en un pueblo ignorante, a merced de los deseos de la muchedumbre desinformada y manipulada. ¡Que le pregunten al pobre Turgot!

Luis XVI, rey de Francia, llamó a Anne Robert Jacques Turgot para encomendarle una misión: reducir el déficit público, la deuda y sanear las cuentas del país. Turgot se puso manos a la obra siguiendo una declaración de principios inquebrantable: no más impuestos, no más deuda y no más bancarrotas. Para ello comenzó a controlar el gasto de los ministerios, lo que le hizo ganarse la enemistad de los enchufados que cobraban buenas cantidades de dinero. Posteriormente fue a por los gremios que monopolizaban el comercio y poseían grandes privilegios; también le juraron enemistad eterna. No conforme con ello, decidió reestructurar el sistema agrario eliminando las cuotas y ayudas para liberar el sector; se enfadaron. Continuó con las clases altas que poseían elevadas pensiones por tener buenas conexiones con el monarca; por supuesto, montaron en cólera. Decidió acompañar estas políticas con reducción de impuestos y liberalizaciones de otros sectores. ¡Incluso se atrevió a intentar eliminar los privilegios de la Iglesia!, pero Luis XVI se lo impidió. Los resultados de estas medidas fueron la reducción significativa del déficit, la deuda y un mejor balance fiscal en las cuentas del Estado. El objetivo marcado por el rey se había cumplido, pero Turgot tuvo que ver cómo un buen día, el rey lo llamaba a consultas. Allí que se presentó el bueno de Turgot y, lejos de recibir la felicitación y reconocimiento de Luis XVI, lo que recibió fue su despido. ¿La razón? Sus medidas eran tremendamente impopulares a pesar de ser tremendamente efectivas.

Si incluso en los regímenes absolutistas esto ocurre y ha ocurrido, la democracia provoca de forma inevitable que la política sea cortoplacista y que los ciudadanos sean tratados como meros clientes a los que se les debe satisfacer aunque lo que demanden sea insensato. De esta forma vemos cómo muchos problemas que podrían ser solucionados (paro, deuda pública, déficit, inmigración, delincuencia, injusticias, inseguridad, sistema educativo, sanitario, etc.) se convierten en problemas infinitos que no se abordan porque las soluciones son impopulares y costaría el poder al burócrata elegido por la masa. En democracia, el gobernante encuentra una coartada: «El pueblo no me votó para eso». Trágicamente, es cierto. El pueblo es un cómplice imprescindible de esa actitud del presente sin pensar en el futuro inmediato que acabará llevándoselo por delante. Así, una minoría racional se ve sometida al totalitarismo de la irracionalidad e irresponsabilidad de sus paisanos. Como hemos dicho, el rebaño es estúpido y no tiene grandes conocimientos. ¿Cómo va a ser consciente del problema que supone un endeudamiento público salvaje? ¿Acaso tiene idea de qué consecuencias tiene vivir en un país deficitario? No, y nunca lo sabrá porque para eso el poder político se encarga de dar la ración de pienso diaria que hace que todos hablemos de temas que son infinitamente menos importantes, pero que generan, lógicamente, mucha más pasión que debatir sobre el papel de los bancos centrales y los tipos de interés de la deuda pública. El debate marcado por los medios de comunicación que poseen el poder para distraer al rebaño permite que la alogocracia continúe implementando medidas absurdas que no solucionan ninguno de los problemas reales que sufren los ciudadanos, sino que los agravan. Basta con ofrecer buenas palabras y gestos para que el sistema se mantenga con el voto de la masa ignorante.

Algunos llegan al punto de justificar la aprobación de ciertas leyes porque es lo que el puedo ha votado y, por lo tanto, debe ser aceptado. Conviene recordar que lo justo no tiene por qué ser legal. El *apartheid* era legal, la esclavitud era legal, la segregación racial era legal, la castración química a los homosexuales era legal, las leyes de Núremberg eran legales, etc. Bajo ningún concepto lo legal debe ir acompañado de un concepto de justicia. Ni siquiera cuando el pueblo ha sido el que con su voto ha alentado y aprobado que se firmen decretos en una dirección u otra. Los padres de la democracia y los clásicos griegos ya vieron reflejado, y señalaron con gran precisión, cómo la democracia podía desembocar en una catástrofe para los ciudadanos si estos carecían de un nivel racional mínimo. Se le atribuye a Chesterton la frase: «Una sociedad está en decadencia cuando el sentido común se vuelve poco común». Uno de los grandes defensores de la razón no dudaría en ver a Occidente reflejado en su célebre cita. Vivimos en un mundo de constantes estímulos que apenas dejan lugar a la reflexión. Resulta imposible poder centrarse en una obra literaria si no es con el teléfono móvil en silencio y apartado en otra habitación. El aparato del que todos dependemos, ya sea por motivos laborales o personales (cuando no ambas cosas), se ha convertido en la mejor herramienta para crear una sociedad anestesiada y carente de raciocinio.

La sociedad actual apenas recuerda lo que hace tres días la escandalizó y enervó. La nefasta estrategia del cortoplacismo ha sido trasladada a la población por parte del poder político, medios de comunicación y redes sociales. Como si de un espectáculo de la antigua Roma se tratara, son muchos los que quieren participar del *show* porque este tiene una duración de 24 horas. No importa que sea imposible tener una idea bien formada en un periodo tan corto de tiempo sobre temas extremadamente complejos. Si a ello le sumamos un sistema educativo encaminado a crear una sociedad que no se detenga a pensar, la victoria del charlatán de tercera está garantizada. El objetivo es privar de las herramientas necesarias a las nuevas generaciones para comprender lo que ven, para protegerse de vendehúmos, de los «hunos» y los «hotros» que buscan el estímulo sentimentaloide disfrazados de defensores de la libertad para llenarse los bolsillos, de demagogos de tercera que te solucionan grandes problemas en un tuit, de politicastros que viven del enfrentamiento y, sobre todo, de los medios de comunicación. Estos últimos son pieza clave en todo este proceso. El bautizado como «cuarto poder» es incluso más importante que la separación de poderes (ejecutivo, legislativo y judicial). Los medios de comunicación son los responsables de generar la opinión pública y dotar de herramientas a los ciudadanos a través de la información para que estos no caigan en manos de políticas nocivas. Pero si estos no son libres, la democracia se marchita y acaba muriendo.

Supongamos que de forma milagrosa aparece un político honesto, inteligente, sincero, decente, digno, responsable, honrado, culto y todos los adjetivos positivos que usted quiera añadir. ¿Tendría alguna posibilidad de victoria si no cuenta con dinero, no es invitado a las televisiones y no es nombrado por los programas de política más vistos y escuchados? La respuesta es obvia. Por lo tanto, no importa si hay otros candidatos mejores o peores si estos forman parte de partidos políticos que no comparten intereses con los medios de comunicación. Este mismo ejemplo lo podemos realizar con las ideas, información y mensaje que se mandan. Si los medios de comunicación deciden no hablar de un tema peliagudo porque pone en riesgo los favores que reciben del poder político, ¿cómo el ciudadano va a tener una opinión bien formada sobre la realidad? Algunos dirán que con la aparición de Internet eso cambió, lo cual es cierto, pero los últimos años nos están dejando un montón de ejemplos de censura en redes sociales, leyes aprobadas por gobiernos para controlar el contenido que se publica, nombramientos de empresas para que actúen como certificadores de la verdad y eliminación de mensajes que son calificados como intolerables.

En una sociedad que lejos de preocuparse por los problemas que la rodean está más centrada en subir ridículas *stories* que en aprender maravillas históricas y culturales de este mundo, no es de extrañar que cada día que pasa el número de víctimas que caen en los tentáculos de la ignorancia sea mayor. Recuperar el sentido común es más necesario que nunca para evitar que Occidente se encalle en el fango y se pudra para siempre. El mayor deseo de cualquier político es contar con una masa ignorante, y para conseguirlo es necesario erradicar la meritocracia porque si no, el político no puede subyugarnos a sus intereses, estafarnos y mentirnos a través de los medios de comunicación que controlan. Al ignorante se le enardece de forma fácil, al culto no. El primer paso es despojar de amor propio a los ciudadanos, borrar de su mente que son capaces de obtener cualquier cosa si se lo proponen y se esfuerzan. El mensaje va encaminado a decirle al bobo que no se preocupe, porque a pesar de no merecerlo, obtendrá el mismo título que aquel que se ha esforzado. Va encaminado a inculcar en las mentes más débiles que lo justo es que todos obtengan el mismo premio independientemente de su valía.

Se trata de mermar la moral de aquellos que tienen ilusión por superarse, cosechar éxitos personales y sentirse orgullosos de ellos mismos, porque si eso es así, si sabes que puedes alcanzar tus metas sin la ayuda de nadie, dejarás de ver al Estado como el papá que te protege de tus males y verás realmente lo que es: una losa que aniquila la libertad en cuanto puede. Al válido no le queda más remedio que irse a sacar partido de sus aptitudes a otro sitio o someterse, mientras que el vago, el inculto, el estúpido y el carente de raciocinio será protegido porque es el que interesa a la clase política, ya que son esos los que llenan las urnas, los que deciden el gobierno y los fácilmente manipulables.

9

EL OJO QUE TODO LO VE

No es nada nuevo la dependencia que tenemos de la tecnología. De una forma u otra siempre ha estado presente en nuestras vidas porque nos otorga comodidad y rapidez a la hora de realizar nuestros quehaceres diarios. Hasta el desembarco de Internet y las redes sociales, los periódicos, las televisiones y las radios tenían el monopolio de la información y, sobre todo, de la manipulación. ¿Cómo podía saber un ciudadano que algo era cierto o falso si solamente tenía acceso a un número limitado de emisores? ¿Cómo comprobar la veracidad de una noticia lanzada en un programa de televisión? ¿Cómo conocer los hechos que no interesan publicar a las televisiones al servicio del poder político? Por ello, tanto el poder político como los medios convencionales vieron una gran amenaza en las redes sociales, que se llenaban de usuarios que escribían e informaban de asuntos que rompían el relato de la alogocracia. Al principio este hueco lo llenó la «izquierda», siempre mucho más hábil que la «derecha», porque estos últimos consideraban que no tendrían éxito y que bastaba con controlar los medios tradicionales para tener a la masa embobada. La prensa escrita, radios y televisiones creyeron que no iban a suponer una amenaza a su posición privilegiada y decidieron ignorarlas. Todo cambió cuando en las elecciones, partidos que no contaban con cobertura mediática obtenían un buen puñado de votos. Acto seguido, todos se lanzaron a pelear por obtener un hueco en las redes sociales. El monopolio informativo se fue resquebrajando y cada vez más políticos y medios de comunicación creaban cuentas para estar presentes en Facebook, Twitter, Instagram, YouTube, etc.

Sin embargo, pronto se dieron cuenta de que no eran ellos los que controlaban el funcionamiento de las redes sociales ni tampoco los temas del día, sino un porcentaje de usuarios (anónimos en muchas ocasiones) que conseguían poner en el centro del debate los dogmas que la alogocracia llevaba tanto tiempo construyendo. El feminismo, el racismo, el apocalipsis climático y la inmigración comenzaban a ser fuertemente cuestionados por ciudadanos corrientes que habían invertido unos cuantos euros en una cámara. Al principio, tanto políticos como medios tradicionales se mofaban de estos subversivos, pero el pánico se apoderó poco a poco de ellos conforme el número de lectores, seguidores y reproducciones aumentaba considerablemente. Se consideró intolerable que un ciudadano sin el sello de «buen ciudadano» que otorga la alogocracia, pudiera influir en la sociedad o que una visión contraria a la nueva moral pudiera tener tanto alcance. Las grandes compañías que conforman el oligopolio de las redes sociales (Facebook, que controla también Instagram y WhatsApp, Twitter y Google con YouTube) comenzaron a ser presionadas por parte del sistema para que tomara medidas y eliminara el contenido que más daño le hacía. Estas no tardaron en firmar acuerdos con los distintos estados para mantener controlado al rebaño. Primero comenzaron cerrando cuentas porque instigaban «al odio». Seguramente muchas cuentas lo hacían (y lo hacen), pero este abstracto concepto difícil de determinar le permitió a la alogocracia dar un paso adelante en el mundo de las redes. ¿Qué es un mensaje que incita al odio? ¿Quién lo determina? Esas eran las preguntas que debían ser respondidas. ¿Y quién determina qué es válido y qué no? Los alogócratas. Para aquellos que se mantengan al margen del funcionamiento de las redes sociales y de la batalla que se libra diariamente en ellas, les costará creer que se pueda actuar de forma arbitraria, pero los que se dan cita en el submundo de las redes son conocedores del sesgo que existe a la hora de determinar qué cuentas incitan al odio y cuáles no. Por ello es común observar cómo miembros de grupos terroristas de izquierdas, asociaciones islamistas establecidas en Occidente partidarias de la lapidación contra las mujeres, periodistas que incitan al uso de la violencia física contra el distinto y panfletarios que realizan actos de acoso contra el oponente, jamás son castigados porque están protegidos por la alogocracia. No ocurre así con otras cuentas.

Una de las nuevas incorporaciones en las redes sociales son los llamados «verificadores». Agencias de noticias y empresas privadas encargadas, por parte de los distintos gobiernos y el oligopolio de las redes, de determinar qué es verdad y qué es mentira. Puede parecer un acto noble evitar que un ciudadano caiga en las manos del farsante que vende una mercancía falsa a cambio de unos cuentos *likes* y *retuits*, pero lo cierto es que detrás de esta causa noble se esconde la verdadera razón, que no es otra que censurar los mensajes que no están alineados con la versión oficial. Actúan en contra de los ciudadanos, eso sí, argumentando que es para protegerlo de los innumerables peligros que recorren las redes sociales y para que sus conciencias se mantengan puras y vírgenes ante tanta información falsa. Si los títeres de la alogocracia son los encargados de establecer qué puede leer y qué no un ciudadano, resulta lógico pensar que estos se esforzarán en eliminar el contenido que rompe el relato alogocrático incluso si no es falso. La pandemia del Covid-19 ha sido un ejemplo claro de esta práctica. Numerosas cuentas de usuarios y unos pocos periodistas valientes sufrieron el sello de *fake news* por parte de los verificadores simplemente por cuestionar la versión oficial. Ni siquiera negaban *de facto* ciertas afirmaciones, solamente presentaban información que era contraria a la versión que todos debían dar como verdad absoluta e inamovible. Con el paso del tiempo muchos de esos usuarios y periodistas que habían sido expulsados resultaron estar en lo cierto, pero ya quedaron catalogados como mentirosos y acusados de intoxicar a la sociedad con información que no era cierta.

Internet se había convertido en un lugar libre en el que reinaba la anarquía y la censura no hacía acto de presencia, hasta que el Estado y sus compinches llegaron para acabar con la libertad sustituyéndola por información «certificada» y «farsantes legítimos» al servicio del poder. Si a ello le sumamos que el acceso a las redes sociales se realiza a través de un oligopolio que es promocionado desde los medios de comunicación, que ahora se aprovechan de tenerlas como aliados, y que legislaciones restrictivas impiden el acceso al mercado de nuevos competidores, el resultado es letal para la población. Pero no queda ahí, las redes sociales se han convertido en el mejor aliado de la manipulación gracias al acceso a información a la que jamás había tenido acceso el poder. Nunca antes, ningún régimen había contado con la posibilidad de diseccionar a la audiencia de forma tan precisa como lo pueden hacer ahora a través de las redes sociales. Cuando vamos a una tienda y compramos un televisor, una radio o un periódico, nadie nos obliga a dar nuestros datos personales y, por supuesto, desconocen qué canal o emisora vamos a sintonizar. Sin embargo, las redes sociales funcionan de una forma bien distinta. Cuando nosotros nos creamos una cuenta, no importa la plataforma, debemos aceptar los términos y condiciones que nos presentan las distintas compañías para poder acceder. A partir de ese momento, tienen acceso a conocer tu localización, tus datos se almacenan para la posteridad, queda un registro de lo que publicas, lo que compartes, lo que te gusta y lo que te disgusta. Saben cuáles son tus gustos, tus ideas, lugar de nacimiento, qué has estudiado, dónde trabajas, estado civil, si tienes hijos, tus preferencias, el número de tu cuenta bancaria, en qué gastas el dinero y en qué quieres gastarlo, tu equipo de fútbol, tu plan del fin de semana y tus opiniones gracias a los algoritmos que se utilizan para, con la excusa de brindarte el mejor servicio posible, presentarte la información más «adecuada».

Basta con observar la manipulación del lenguaje. Llaman «verificadores independientes» a los censores, «protectores de la verdad» a los artífices de la mentira y «mejor servicio posible» a utilizarte para ganar más dinero. Todo se resume, una vez más, en la básica dicotomía de lo bueno y lo malo. «Estoy aquí para ayudarte», te dicen, pero en el fondo, te están utilizando para sus propósitos. Algunos pensarán que cómo es posible que sea yo el que escriba esto cuando una de mis herramientas de trabajo fundamentales es, precisamente, las redes sociales. No se debe confundir maldad con idiocia. Todo lo contrario. ¿Qué alternativa tiene un usuario que quiere interactuar y formar parte del club fuera de las redes sociales con mayor número de usuarios? Ninguna. Si no formas parte de las grandes redes sociales, tu mensaje queda automáticamente fuera de juego. Todos somos esclavos de nuestro tiempo, incluido el que escribe estas líneas. No tienes más remedio que prestarte al oligopolio creado si quieres llegar al máximo número de personas. Reunido el rebaño, la explotación que se puede hacer de ello es descomunal. A través de los algoritmos y los datos ofrecidos de forma individual por cada usuario, el trabajo de los manipuladores nunca había sido tan fácil y tan eficaz.

Las redes sociales cuentan con la combinación perfecta para la manipulación de masas. La información viaja a una velocidad de vértigo, la mentira es leída por millones de usuarios a los que nunca les llegará el desmentido, el ciudadano anónimo e ignorante tiene el respaldo de los suyos, el mensaje es corto y directo, el sentimentalismo triunfa sobre la razón y la inmediatez que persigue el usuario le hace querer estar informado sobre temas extremadamente complejos a golpe de tuit o publicaciones de apenas unos cientos de caracteres. Es difícil imaginar un nuevo sistema de información en el que todos estos aspectos estén reunidos y pueda permitir que el discurso falaz triunfe de forma tan rápida. Las redes sociales son el sumun de la manipulación de masas. No es de extrañar que el poder político haya querido meter sus pezuñas para controlar la información que se vierte en ellas y, así, asegurarse que el rebaño camina en la dirección deseada.

Si toda esta información durmiese en un servidor situado en algún lugar de Estados Unidos al que nadie tuviera acceso, realmente no supondría un gran inconveniente, pero el problema es que es utilizada por multinacionales, políticos y las propias plataformas para exprimirte al máximo. «El Ojo que todo lo ve» nunca descansa y trabaja continuamente para construir vallas y que el amplio campo en el que transitaba el rebaño se convierta en un reducido terreno de apenas unos metros. En eso se está desde hace tiempo, en reducir al máximo la posibilidad de navegar libremente y expresar tus opiniones sin miedo a sufrir la censura porque no coincides con la moral oficial. Internet está siendo utilizado por los gobiernos y las empresas para desarrollar nuevas formas de espionaje y control social. La inmensa masa de personas se había creído que las nuevas tecnologías abrían la puerta a un mundo mejor. Una visión utópica convertía a Facebook, Google, Instagram y Twitter en pioneros de un nuevo orden social más libre. Ahora sabemos que estas empresas colaboran con el poder político y utilizan la información que les proporcionamos gratuitamente para favorecer la manipulación social de gobiernos y clientes.

Pedro Baños, coronel del Ejército de Tierra y uno de los grandes expertos en esta materia, expone de esta forma cómo Internet se ha convertido en el gran aliado del poder político:

> Internet se ha convertido en el instrumento fundamental para la manipulación social. Se consigue saber todo sobre noso-

> tros. Los gigantes tecnológicos, y por ende los Estados, llegan a conocernos mejor que la familia y las personas que nos rodean. Y cuanto mejor nos conozcan, más fácil será condicionar nuestras emociones y conductas, vendernos lo que se supone que necesitamos —incluso si ni siquiera lo hemos pensado todavía—, orientar nuestras ideologías o inclinar el voto en las siguientes elecciones.[1]

Internet no sólo sirve para manipularnos, sino también para mantener al rebaño en un estado de anestesia generalizado. El inventor y diseñador de interfaces Aza Raskin relató en «Panorama» (programa de investigación de la BBC), lo siguiente:

> Detrás de todas las pantallas de tu teléfono, hay un millar de ingenieros que han trabajado en esto para intentar hacerlo lo más adictivo posible. Es un modelo de negocio creado para captarte y conseguir básicamente que le dediques el mayor tiempo de tu vida posible, para después vender esa atención a los anunciantes.[2]

El objetivo de mantenerte distraído y enganchado a tu *smartphone* o *smart TV* es obtener el máximo dinero, pero también tenerte entretenido con las banalidades que copan la inmensa mayoría del contenido que consumen los usuarios. El concepto conocido como *infinitive scroll*, es decir, poder desplazarte hacia debajo de forma infinita en Instagram, Twitter o Facebook, se creó con esa intención. Puedes pasar las veinticuatro horas del día sumergido en una red social porque el contenido jamás se termina y, además, también te genera una adictiva recompensa. Como relata Pedro Baños, «al publicar una foto en Instagram, por ejemplo, el cerebro recibe un estímulo que le avisa de una posible recompensa y que genera una inyección de dopamina. Así pues, queremos repetir la acción tantas veces como sea posible. Nos permiten generar respuestas muy satisfactorias con poco esfuerzo, y eso nos genera adicción». La adicción a las redes sociales ha aumentado considerablemente los últimos años. Por ejemplo, un estudio elaborado por Common Sense Media entre los adolescentes estadounidenses de trece a diecisiete años corroboró que el 70 por ciento comprobó las plataformas varias veces al día y que pasaba de media casi tres horas diarias consumiendo contenido en redes sociales. Además, el 25 por ciento se declaraba adicto al teléfono móvil. No sólo ocurre con las redes sociales. Reed Hastings, CEO de Netflix, declaró: «Si lo piensas bien, cuando ves Netflix y te enganchas con una serie, te quedas despierto hasta tarde viendo capítulos. De verdad, nuestro verdadero competidor para que la gente siga viéndonos es el sueño y estamos ganando».[3]

Evidentemente, esta nueva realidad es utilizada por parte de los gobernantes. Desde el principio de nuestra historia, todos los grupos de poder han querido dominar la sociedad, acabar con la disidencia y conseguir el control total. Hoy en día, estos objetivos son una realidad gracias a la tecnología. La pandemia del Covid-19 ha permitido oficializar la práctica de la observación que ya realizaba el poder de forma extraoficial. Ahora, todos debemos estar sometidos a un control extraordinario por parte de los gobernantes y declarar dónde, cuándo y con quién hemos estado. Por supuesto, es por tu seguridad, o al menos así es cómo la alogocracia justifica cerrar las cuentas de personajes políticos que no interesan y eliminar contenido que discute la veracidad de la información dada por los medios de desinformación o artículos que exponen las contradicciones de la versión oficial. El rebaño celebra la decisión creyendo que está más seguro porque unos burócratas que anhelan el poder más que cualquier otra cosa les «protege» frente a la terrible desinformación.

La alogocracia recurre al uso de las emociones con la intención de manipularnos, al mismo tiempo que las utiliza para simular cuidarnos de los indeseables que campan en el mundo virtual. Se busca crear ambientes en los que el usuario viva en una cámara de eco y nadie pueda importunar su ficticia felicidad virtual. Por ello, plataformas como Facebook, Twitter o Instagram no quieren instaurar el «no me gusta», para que los usuarios sigan experimentando el subidón de dopamina y sigan enganchados. Cuando un ciudadano abandona las redes sociales, en realidad está privando al poder de obtener con todo lujo de detalles la información que comparte y, por lo tanto, se le pierde la pista. Facebook, liderada por Mark Zuckerberg, ha sido acusada en numerosas ocasiones de actuar como una plataforma de vigilancia y de vender los datos que obtenía a terceros (tanto empresas como partidos políticos). Mientras el usuario de cualquier red social solamente ve la superficie, debajo de cada perfil hay todo un submundo de datos e información enormemente valiosa. La capacidad de analizar de forma individual a una persona no existía hasta ahora. Las televisiones no saben quién está viendo su programa ni conocen sus gustos, sus opiniones, sus preocupaciones, sus *hobbies*, sus miedos, etc. Con la radio y los periódicos ocurre lo mismo. No así con las redes sociales, que sí saben quién está detrás de cada perfil y tienen acceso a esa información, permitiendo que el usuario sea manejado y manipulado sin que se percate de ello. Cuando cada uno de nosotros aceptamos los términos y condiciones al crearnos una cuenta, por supuesto sin haberlos leído, estamos entregando un cheque en blanco a la plataforma. Estas utilizaban al principio esta información para campañas publicitarias individualizadas que permitieran aumentar la eficacia del dinero invertido por parte de las empresas. De esta forma, las empresas que recurren a las redes sociales para promocionar nuevos productos consiguen aumentar su rentabilidad segmentando a las personas a las que quieren llegar. Con la segmentación y las campañas publicitarias individuales, uno puede decidir a qué perfil quiere llegar y conseguir un impacto mayor que se ve traducido en ingresos. A todos nos ha ocurrido que, tras mirar billetes de avión a algún lugar o navegar por páginas de venta de coches, posteriormente hemos visto cómo nuestras pantallas se llenaban de ofertas de hoteles, billetes de avión o coches. Esta novedad, que ha cambiado por completo la forma de llegar a los ciudadanos, es utilizada por la alogocracia para vigilarnos y manipularnos. Simplemente sustituyendo los productos de las empresas por los productos políticos, es decir, votos, se puede conseguir que la nueva moral llegue a todos los rincones a gran velocidad.

A todos los que somos usuarios de redes sociales, nos aparecen recomendaciones de perfiles a los que seguir o sugerencias de amistad gracias al acceso a los datos personales que tienen de nosotros. Esto genera un problema y es que el usuario que sigue este camino por el cual te hacen transitar las plataformas digitales va dirigido a la búsqueda de perfiles que reafirmen tu opinión, es decir, que limita enormemente al usuario conocer visiones diferentes y remarca los prejuicios que uno pueda tener. Reafirmar ideas y, por ende, la nueva moral. Todo está estudiado para determinar tu comportamiento dentro de las redes sociales o, como las plataformas dicen en otra sutil perversión del lenguaje: «Mejorar tu experiencia». Como relata Pedro Baños: «la tecnología permite una manipulación cada vez mayor. Hay una gran diferencia entre hacer política siguiendo la pista de la opinión pública y crear esa opinión pública. No es lo mismo escuchar los miedos de la gente que crear miedos en ella».[4]

El miedo es la gran baza utilizada para que el rebaño no solamente no se enfade, sino que exija a sus pastores mayores restricciones para mantenerlos alejados de los lobos solitarios que merodean por el terreno. Es un negocio redondo que ahora quiere culminarse con la eliminación del dinero en efectivo para así tener una ficha con absolutamente todos los datos de cada ciudadano. El rebaño bala y festeja: «A mí me da igual, yo pago siempre con tarjeta», exclama. La alogocracia lo acompaña con la lucha contra «el fraude fiscal», lo cual todavía llena más de júbilo a los inocentes. En China, el 85 por ciento de los pagos se realizan a través de un código QR para teléfonos móviles.[5] El gobierno chino espera que, para antes de 2025, el cien por cien de los pagos se realicen bajo esta modalidad. Pero ¿qué importa si es más cómodo y rápido que tener que contar billetes y cargar monedas? Desde luego que sí, pero acaso nadie se pregunta ¿quién tendría el control total de nuestras vidas? Eliminar el dinero en efectivo supone *de facto* entregar tu vida a un banco inmoral (escojan ustedes el que quieran) y a un gobierno alogocrático que tendrá acceso a conocer si estás enfermo porque has comprado en una farmacia, si eres usuario habitual del cine, si has comprado entradas para ir al fútbol o si has estado fuera del país y cuánto tiempo. ¡Una hoja de servicio con todos los detalles de tu vida en manos de una élite corrupta que desea manipularte! Supongamos que sobreviene una crisis como la del Covid-19 y los gobernantes deciden que, para evitar el desabastecimiento, se limita a diez euros el pago por persona. Estos comunican a los bancos la decisión y acto seguido el ciudadano que quiere gastar más de esa cantidad ve cómo la compra es cancelada al instante. Imaginemos otro supuesto. Los gobiernos occidentales llegan al acuerdo de establecer una tasa del 10 por ciento de los depósitos bancarios a nombre de los ciudadanos para así pagar la ingente deuda pública que acumulan los estados. ¿Qué herramientas tendría el ciudadano para vaciar su cuenta o dejarla con un euro y no sufrir la injusticia? Si esto les parece una nimiedad, supongamos que a usted lo condenan a pagar una multa millonaria por algo que, encima, no ha hecho. ¿Cómo podría subsistir si cada céntimo de euro que usted gana es rastreado al instante por el gobierno? La eliminación de los pagos en efectivo y la entrada en vigor de un proceso puramente digital no es más que una nueva vuelta de tuerca por parte de la alogocracia para eliminar la libertad de los pueblos.

A pesar de todo, no debemos olvidar que la tecnología posee enormes beneficios y ventajas. Tenemos acceso a una amplísima fuente de información con todo tipo de referencias y explicaciones. Todo el conocimiento alcanzado por el ser humano tras cientos y cientos de años lo tenemos almacenado en un dispositivo de apenas quince centímetros y unos cuantos gramos de peso. Realmente es un cambio drástico a nivel mundial que debería hacernos sentir orgullosos. Aquel que es un ignorante en una materia es porque así lo ha decidido, no porque no tenga acceso a cultivar su cerebro. La compra de bienes y servicios mediante las nuevas tecnologías no para de crecer, facilitando extraordinariamente el consumo, cambiando hábitos y creando nuevos tipos de empresas y nuevas formas de comerciar. En un pequeño *pendrive* de memoria USB, almacenamos gran cantidad de información referente a un tema y podemos acudir a un aula con presentaciones vistosas y bien trabajadas. Los *smartphones* han hecho realidad un mundo interconectado en el que podemos, a través de una videoconferencia, hablar con el tipo que está a más de 8.000 kilómetros sin interrupciones y en tiempo real. Los investigadores pueden intercambiar información y estudios en apenas unos segundos a pesar de estar alejados. Incluso, con los traductores instantáneos pueden leer estudios en idiomas que no conocen. La medicina también se ha beneficiado realizando intervenciones médicas con microcámaras que avanzan por las pequeñas arterias del cuerpo humano, mientras los cirujanos se orientan y son aconsejados por otros cirujanos desde la otra punta del mundo, unidos por videoconferencia en Internet. Podemos adquirir el producto que más se adecua a nosotros a través de un clic de ratón y tenerlo mañana mismo en la puerta de nuestra casa. Todos, absolutamente todos los campos del saber y el hacer humano están siendo afectados positivamente por las nuevas tecnologías de la información y la comunicación, y esto ocurre de tal manera que es impensable y poco deseable una vuelta atrás.

Sin embargo, la alogocracia está explotando los inconvenientes que tiene la tecnología para así convertir a ciudadanos libres en vasallos digitales hipervigilados y controlados. Este proceso no se está llevando a cabo de forma brusca, sino gradualmente para que el ciudadano no pueda percatarse de la pérdida de su libertad. Primero nos enseñan la amenaza, posteriormente sobreactúan y la engloban como problema nacional a través de los medios de comunicación, para, finalmente, cuando el rebaño está asustado y desesperado, el Estado venga a protegerlo quitándole derechos y libertades para que nada ni nadie se escape al Ojo que todo lo ve.

10

EL NUEVO HOGAR DE LOS SUBVERSIVOS

Por mucho que el sistema alogocrático insista en censurar las críticas a la alogocracia, la gente sigue teniendo pensamientos contrarios a la nueva moral en privado, lo que está provocando un fenómeno en Occidente que muchos politólogos son incapaces de detectar. El auge de partidos como Agrupación Nacional, el FPÖ, la Liga Norte, VOX, SVP, Demócratas de Suecia, el Partido de los Finlandeses, el AfD y el Movimiento 5 Estrellas, la victoria de Donald Trump, la figura de Viktor Orbán o el triunfo del Brexit responden al rechazo que genera en gran parte de la sociedad occidental la imposición de la nueva moral y, sobre todo, sus consecuencias. A pesar de que la alogocracia trata de responder etiquetando como «ultraderecha» a este amplio abanico de partidos y figuras políticas, lo cierto es que existen notables diferencias entre ellos. Por ejemplo, mientras la Agrupación Nacional francesa posee unas recetas intervencionistas en el ámbito económico, partidos españoles como VOX o el SVP suizo apuestan por todo lo contrario. Lo mismo ocurre si comparamos la postura del FPÖ austriaco, partidario de eliminar la actual UE y dividirla en dos, con los suecos Demócratas que apuestan por reformar ciertos aspectos, pero no abandonarla. Podríamos realizar un análisis completo de las diferencias entre estos partidos que el *mainstream* recurre a empaquetar para vender su *kit* de mercado, bajo la etiqueta de «ultraderecha», «fascista», «racista», etc., pero lo realmente interesante es saber qué tienen todos en común y el motivo por el que su auge es cada vez mayor.

La respuesta es bien sencilla: son los únicos que rechazan los dogmas de la nueva hegemonía cultural y lo hacen sin complejos. Dicen lo mismo en público que en privado y millones de personas se sienten reflejadas en su discurso político. Si a ello le sumamos que la masa no suele dirigir su voto «a favor de» sino «en contra de», es lógico que estos partidos cada vez cuenten con un mayor apoyo popular. En Suecia, uno de los países que cuentan con un mayor problema con la inmigración musulmana, los Demócratas de Suecia pasaron de tener en el año 2006 tan solo 162.468 votos (2,93 por ciento) a obtener en las elecciones del año 2018 más de 1.135.000 (17,53 por ciento). En las elecciones presidenciales francesas, el Frente Nacional (Agrupación Nacional en la actualidad) consiguió acceder a la segunda vuelta en dos ocasiones. En el año 2002 cosechó 5.552.032 votos (17,8 por ciento), mientras que en el año 2017, Marine Le Pen obtuvo 10.644.118 votos (33,9 por ciento). En Italia, la Liga Norte pasó de 1.769.501 votos (4,58 por ciento) en el año 2006 a obtener 5.698.687 votos en el año 2018. La tendencia al alza de estos partidos se puede explicar desde una perspectiva racional o, por el contrario, creer la estúpida idea de que de repente los franceses, españoles, alemanes, italianos, suecos, etc., se han vuelto racistas, islamófobos, machistas, homófobos, negacionistas, ultraderechistas, comunistas, nazis, antieuropeos, estalinistas o maoístas de tercera generación.

Ciertamente estos partidos, que en muchas ocasiones muestran incongruencias en sus discursos y soluciones puramente populistas, no son votados por personas que defiendan a raja tabla el mensaje que mandan. Simplemente obtienen el voto de los ciudadanos que ven cómo su modo de vida ha sido alterado, cuando no sustituido, por una forma de vida que es contraria a los valores occidentales. Sintiéndose extranjeros en su propio país y abandonados por las élites que los desprecian por habitar en barrios de bajo nivel adquisitivo, la única solución que tienen para emitir un voto protesta contra el *establishment* la encuentran en estos nuevos fenómenos. Cansados de ser estigmatizados por la izquierda chic que reside en las zonas lujosas del país, que no sufre la inmigración ilegal, el coste de la «transición ecológica», los sueldos precarios, unos servicios públicos cada vez más deteriorados, subidas impositivas, denuncias falsas, delincuencia, robos, violaciones y una calidad de vida cada vez peor, los que sí sufren todos estos inconvenientes emiten un voto protesta contra aquellos que los insultan llamándolos racistas, machistas, negacionistas y ultras radicales insolidarios.

A todo ello debemos sumarle que ser un «elemento marginal» es mucho más revolucionario que posar subvencionado por bancos y grandes multinacionales en una conferencia contra el capitalismo. La nueva contracultura es formar una familia, decir lo que piensas en público, reírte del apocalipsis inminente del clima, burlarse de lo políticamente correcto, no escribir bajo el lenguaje inclusivo, fumar, beber, rechazar el pago de impuestos, hacer bromas sobre los blancos, negros o asiáticos, no ver fútbol femenino o montar fiestas hasta altas horas de la madrugada. Los desmadres, las cosas incendiarias y emocionantes que ahora, tras conquistar la hegemonía cultural, censura la alogocracia con el propósito de no ofender a nadie para que sea apta para todos los públicos, se encuentran en el hogar de los nuevos subversivos. El pensamiento grupal es vulgar, necio y poco revolucionario. No exige reflexión ni ganas de pensar por uno mismo, por lo que la valentía y la mofa al poder político que sustenta el sistema alogocrático se encuentra en lo que denominan «ultraderecha». No es de extrañar que a los jóvenes les parezca más atractivo estos nuevos movimientos que el defendido por aquellos que acuden a fiestas subvencionadas con sus mejores galas. El postureo ético es ridículo y la juventud rehúye el ridículo. Además, a diferencia del cuarentón de barbita desarrapada, coche de alta gama comprado por papá y fotos en África salvando elefantes, «el pobre» no se lo puede permitir. Este es otro de los puntos fundamentales. Ser un verdadero «alogócrata» requiere una gran cantidad de dinero y una vida solucionada que te permita jugar a salvar el planeta. Cuando en la cuenta corriente tienes 50 euros y no sabes si podrás pagar el alquiler el mes que viene o regalarle algo a tu novia el día de su cumpleaños, la prioridad ya no es salvar la foca del Caspio y subir en Instagram un *post* fotografiado con ella, sino mejorar tu calidad de vida.

La mayoría de los periodistas, políticos, *influencers* y activistas vive en una burbuja ideológica que le impide predecir el éxito de los «ultras». Aislados en zonas lujosas y ajenos a los problemas que ellos generan, son incapaces de entender por qué las encuestas fallan una y otra vez. La victoria de Donald Trump o el Brexit fueron claros ejemplos. Los intentos por atraer en masa al rebaño hacia la idea de una sociedad multicultural compuesta por personas que no sólo no desean integrarse, sino que tratan de imponer la suya, provocó el efecto contrario al deseado por la alogocracia. Piensen en un ciudadano británico que trabaja en un taller de coches. El barrio en el que creció era una zona de trabajadores humildes que buscaban mejorar su vida, un vecindario seguro, con pequeños comercios regentados por conocidos, sin drogas, limpio (todo lo limpio que puede ser un barrio británico), sin problemas de abusos sexuales y con perspectivas de futuro. Veinte años después, ese barrio se ha convertido en una zona insegura, los comercios han cerrado y han sido sustituidos por tiendas paquistaníes enfocadas a los inmigrantes que ahora son mayoría, la delincuencia y los robos han aumentado y su casa, lejos de valer más, ahora no encuentra a nadie que quiera comprarla. A todo ello, sumemos que muchos de esos inmigrantes viven de ayudas estatales y no trabajan, en detrimento del padre de ese ciudadano británico al que le han rebajado la cantidad económica que recibía porque «no hay dinero» suficiente. Pues según la alogocracia, ese ciudadano es un racista insolidario porque votó a favor del Brexit.

A menudo se intentan hacer análisis complejos de cuestiones que son sencillas. No por mucho hablar y utilizar un lenguaje académico se sabe de lo que se habla. Eso le ocurre a la mayoría de alogócratas que prefieren mantenerse ciegos ante la realidad. La izquierda actual es una de las grandes damnificadas. Los «barrios rojos» los convirtieron en «barrios arcoíris» mientras les decían a sus votantes que era por su bien. Cuando sus votantes vieron que los pequeños comercios para los que trabajaban cerraban debido a que el barrio se había vuelto inseguro y posteriormente el local pasaba a manos de un inmigrante que empleaba a sus «familiares» para evitar el coste de contratación, estos se sintieron estafados. Al no verse reconocidos en la izquierda cursi y políticamente correcta, miraron al centroderecha, pero estos defendían lo mismo. ¿Qué les quedaba entonces? Los Trump, los Farage y los Le Pen. No debemos olvidar que los ciudadanos votan principalmente por las experiencias personales que viven. Para un ciudadano que habita en una zona residencial de alto poder adquisitivo, el problema de la inmigración masiva no supone un riesgo inminente, antes que eso su preocupación será el porcentaje de impuestos que debe pagar. Mientras uno apenas se cruzará con un inmigrante en su zona, el ciudadano con bajo poder adquisitivo vive en un mundo nuevo impuesto desde arriba y, desde luego, el principal problema será ese y no las tasas para comprar un panel solar. Por eso, una de las grandes novedades que la alogocracia no consigue comprender es que son los ciudadanos de menor poder adquisitivo los que se lanzan en masa hacia los nuevos movimientos nacionalistas a pesar de que no comulguen con muchos de sus postulados. Simplemente lo hacen porque son los únicos que abordan el problema. El obrero no se ve reflejado en las portadas de *Vanity Fair* en las que posa una política emperifollada haciéndose pasar por una glamurosa pija, pero que asegura tener una gran conciencia de clase. Los problemas reales no son el lenguaje inclusivo o si una serie de dibujos animados añade un negro, un chino y un indio para que sea multirracial. La desconexión total con las élites, los medios de comunicación, la prensa escrita y las instituciones públicas ha generado un desarraigo que deja como consecuencia el voto protesta que recogen los partidos políticos subversivos.

La izquierda chic ha abandonado al obrero e incluso lo ha desprestigiado. Desde que se dieron cuenta de que los obreros no eran necesarios para conquistar la hegemonía cultural y que otras herramientas eran más útiles, pasaron a ser considerados como enemigos a batir. La alogocracia cree que son demasiado «machistas», «racistas» y «simples» como para preocuparse por las mujeres, la ballena azul o la reconstrucción poscolonial. El divorcio entre la «revolución» y la clase obrera no deja de ser una constante que se ve reflejada cada vez con más profundidad en los resultados electorales. Mientras los urbanitas burgueses juegan a modificar el comportamiento de la especie humana, los obreros luchan por poder pagar el colegio de sus hijos, la hipoteca de la casa, ayudar a su padre cuya pensión ha sido recortada y que su hermano pueda encontrar un trabajo después de años desempleado. Despojados de su pertenencia a una comunidad que centraba el foco del debate, ahora otros asuntos ocupan su lugar. La realidad paralela alogocrática no convence, como es lógico, a los obreros que no ven como un problema fundamental que en una película de Netflix no se haya incluido a un transexual.

La derecha tradicional tampoco consigue captar el voto de los subversivos. Absorbida por los dogmas de la nueva hegemonía, apenas tiene algo que ofrecer más allá de alguna estadística o dato de mejora económica en términos macroeconómicos que, obviamente, no ilusiona lo más mínimo al obrero. Tanto la izquierda como la derecha tradicional comparten la misma narrativa, el mismo amor incondicional por lo políticamente correcto y los mismos calificativos contra los coetáneos que no aceptan el ecosistema alogocrático. Si bien es cierto que la derecha tradicional no recurre al espantajo de la ultraderecha, estos han formado otro: el comunismo. Es común observar en los países europeos y en Estados Unidos el llamamiento al riesgo inminente de una revolución comunista para que el miedo se apodere del rebaño y acuda en masa a votar a la derecha tradicional, que no tiene nada que proponer más allá de un «ferviente anticomunismo». Lo cierto es que es imposible que en los países pertenecientes a la Unión Europea se pueda dar el triunfo del comunismo por dos sencillas razones: ni la política fiscal ni la política monetaria están en manos de los estados, sino que están en manos de unos burócratas que residen en Bélgica. Complicado parece que una revolución comunista se pueda llevar a cabo sin controlar dos aspectos fundamentales para cambiar el modelo económico de un país. Algunos alertan, y no sin razón, que este podría ser el último objetivo de la alogocracia: hacerse con el control total en el ámbito social y económico tal y como postula el comunismo. ¿Sería este el fin del camino? Rotundamente no.

La alogocracia cree haber encontrado al «superhombre» que uniría a izquierdistas y derechistas para el fin de los tiempos. ¿Quién representa a la perfección la nueva hegemonía cultural? Los Macron y Trudeau son la fusión definitiva del extremo centro. El presidente francés es el hijo predilecto de la alogocracia. Formado como inspector de finanzas por la Escuela Nacional de Administración (ENA), donde se forman las élites francesas, Macron consiguió trabajar rápidamente como alto funcionario y posteriormente para la poderosa Banca Rothschild. El francés no tardó en dar el paso a la política, ya había sido miembro del Partido Socialista desde 2006 a 2009, y fue nombrado, tras varios cargos, ministro de Economía bajo el gobierno presidido por el socialista Hollande. Macron contaba con el beneplácito de las grandes empresas francesas, que no querían perder sus privilegios oligopólicos, y era el nexo de unión entre el poder político y los grandes capitales. Tras dimitir como ministro, se presentó a las elecciones francesas con un nuevo partido y arrasó, algo que no había ocurrido en Francia en décadas, gracias al apoyo en pleno de la alogocracia. Macron ganó las elecciones no sin antes advertir a sus compatriotas lo siguiente: «La honestidad me obliga deciros que ya no soy socialista».[1]

Y no mintió, Macron no es nada, simplemente es el niño bonito de la alogocracia que obtiene el apoyo del rebaño con eslóganes igualitarios, dosis de moralina capitalista vacía, mensajes bonitos en Twitter y puro *marketing* bombardeado por los medios afines que finanza la patronal francesa.

El caso de Justin Trudeau, primer ministro de Canadá, es todavía más grotesco. Hijo de la élite política canadiense y ahijado de los *lobbies*, Trudeau no tuvo que hacer grandes esfuerzos para ser el primer ministro de una de las grandes economías del mundo. Su padre ya fue el primer ministro del país y los contactos que hizo le aseguraron que se produjera ese fenómeno de dinastías familiares más propio de Estados Unidos. Un fenómeno que se puede dar si la alogocracia está de tu lado y te portas bien con las élites económicas. Entre ellos se protegen mientras sus cuentas corrientes no dejan de aumentar, te venden la justicia social, la lucha por el cambio climático, el movimiento BLM y, por supuesto, la paridad de género. Trudeau es el producto por antonomasia del político forjado en el *marketing* del discurso oficial. Fue normal verle arrodillarse en cuanto el movimiento BLM despegó y también pedir perdón por haberse disfrazado de Aladino cuando tenía treinta años porque según él «fue racista».[2] Todo lo que no sea hacer el ridículo y someterse al extremo centro es una decepción. Pero al rebaño le basta con verle con camisa arremangada, bien afeitado, decir que ha formado un gabinete paritario y dando algún discurso inspiracional para alimentar el alma de los memos. El niño de papá te cuenta cómo ser un tolerante de primera división mientras lamenta profundamente en un comunicado oficial el fallecimiento del dictador Fidel Castro o ataca la religión católica (al islam, ni mentarlo).

A la alogocracia no le interesa el triunfo de un comunista, vive mejor bajo los Macron y Trudeau. Quiere que el sistema siga dando grandes beneficios a las multinacionales que apuntalan y tener al rebaño controlado, aunque empobrecido para luego comprarlo con ayudas estatales. El comunismo no es un buen acompañante y no conviene romper la cuerda ni tensarla demasiado, por eso los oligopolios mediáticos y económicos se centran en vender el «macronismo» y el «trudeaunismo» como la corriente política definitiva que acabará con el debate ideológico para siempre: el extremo centro de la solidaridad, la igualdad de género, los derechos humanos y la multiculturalidad. Ellos son los grandes defensores del colectivo LGTB, mientras les llenan los barrios de musulmanes que si pudiesen acabarían con ellos. Los que dicen defender al pueblo mientras lo castiga a pagar desproporcionadas tasas impositivas para salvar el planeta. Los que dicen estar enormemente involucrados con los obreros, pero no dudan en favorecer a sus amigos de las élites para que se aprovechen de los oligopolios que controlan. Una farsa que no consigue convencer, de momento, a todo Occidente. Macron se ha encontrado con la resistencia de muchos franceses al modelo multicultural, con el rechazo para aplicar sus reformas y con cada vez mayores críticos a sus políticas en un país que vive en el desastre social y endeudado económicamente. La alogocracia no tuvo más remedio que levantar el pie del acelerador y esperar a que engrose el rebaño para poder aplicarlas.

Esta colección posmoderna que se presenta con una superioridad moral implacable frente al contrario y actúa como adolescentes histéricas contra los pecadores machistas, racistas y negacionistas genera, como es lógico, las burlas de las nuevas generaciones que ven divertido alterar y molestar al poder. Convertida en el nuevo hazmerreír de la gente joven, la alogocracia trata de reinventarse para que su mensaje llegue a unos jóvenes que ya no leen la prensa, ni ven la televisión, ni escuchan radios que financia el poder político. Ahora, un tipo instruido que se abre una cuenta en redes sociales es el producto que consumen. Ante esto, la alogocracia reacciona de forma más histérica y todavía provoca más diversión decir que tu referente es un tipo que se compró una cámara de 40 euros, emite en YouTube, sabe más que los charlatanes televisivos, informa mejor y encima lo financian sus propios seguidores. La independencia es el gran enemigo a batir de los alogócratas que invierten miles de millones de euros en imponer los nuevos dogmas y se encuentran con que un «meme» realizado por un ciudadano en su casa les desmonta el discurso. La victoria de Donald Trump, junto con otros factores, ciertamente fue un voto de mofa a la burocracia de Washington, a la superioridad moral neoyorquina, al desprecio de los californianos por los estados de la «América real», a los desarraigados de Wall Street, a los *think tanks* casados con los *lobbies* y a las plañideras estilo Ocasio-Cortez que te dicen que la única forma de vida posible es la suya. Al día siguiente, la alogocracia despertó histérica y con llantos colectivos. La masa berreaba por la gran derrota entre acusaciones de fraude e insultos a los que se reían desde sus casas viendo las lágrimas del poder. Habían sido derrotados por un multimillonario que se había aburrido de la corrección política que inundaba Estados Unidos.

«¡Son populistas, azuzan el miedo!», dicen los que nos cuentan que vamos a morir asfixiados pasado mañana, con suerte en una semana, si no paramos el cambio climático, los que te imponen medidas despóticas como llevar mascarilla por el Covid-19 para pasear, te encierran en casa por dos casos detectados en Australia, te cuentan que los animales van a desaparecer por culpa del autónomo que usa una furgoneta diésel para repartir, los que cada verano te dicen que quizás es el último baño en el mar que vas a poder darte, que vamos a morir de hambre, que las mujeres están en peligro de extinción y que si eres negro y sobrevives es poco menos que un milagro. Esos son los que dicen que los populistas recurren al miedo, lo cual es verdad, pero de populismo la alogocracia es la gran campeona.

Atizar el pánico es una constante de los denominados «antipopulistas» para hacer frente a los nuevos movimientos. «¡Vuelve el fascismo!», dicen los alogócratas para que el rebaño busque rápidamente seguridad en los pastores que se niegan a dar respuesta a los problemas del presente porque son políticamente incorrectos. Como bien señala el historiador italiano Emilio Gentile, este uso inapropiado que se ha extendido del término fascismo sólo responde a una estrategia de deslegitimación[3] para obviar enfrentarse a cuestiones como la inmigración ilegal, la reducción de la calidad de vida, el aumento de la inseguridad, la pobreza, el paro, los altos impuestos, las leyes injustas que discriminan al hombre, el funcionamiento de la UE, la creación de entes supranacionales que eliminan la soberanía nacional de los países, la factura económica de la transición ecológica o el Estado de Bienestar. Son temas tabú que los alogócratas de izquierda y derecha no quieren abordar y el único recurso que encuentran es acusar de todo tipo de fechorías a los nuevos partidos que sí hablan de eso.

La alogocracia ha creado un caldo de cultivo que puede desembocar en el triunfo de movimientos igual de reaccionarios y dogmáticos. Si el modelo presentado para los ciudadanos no varía entre los socialistas, socialdemócratas, democristianos, socioliberales y liberales, es lógico que estos busquen la alternativa en cualquier partido o líder político que simplemente diga que no va a seguir el camino emprendido los últimos años. Acusar de radicales a personas que lo único que quieren es poder recuperar el control de sus vidas y que el poder político deje de convertirse en un enemigo, no sólo no va a conseguir que cada vez cuenten con mayor apoyo por parte de la población, sino que ahondarán en la idea de que tienen razón al ser los únicos que presentan batalla y se preocupan de los problemas reales que afectan a millones de ciudadanos occidentales que tienen que sufrir el desprecio de la alogocracia. Creer que estamos ante el auge de un nuevo fascismo disfrazado es algo propio de ignorantes. La realidad es que la brecha abierta en la alogocracia seguirá agigantándose cada vez más, conforme los problemas que han creado se extiendan entre todos los segmentos sociales y no solamente afecten a las clases con menos poder adquisitivo. Algunos, una minoría, son capaces de rechazar la nueva moral porque saben en qué va a desembocar, pero las grandes multinacionales, bancos, políticos y demás agentes de la élite víctimas del cortoplacismo prefieren obviarlo porque son incapaces de pensar a medio plazo. La existencia cada vez mayor de más subversivos confirma que hay más disidentes de los que la alogocracia sospecha. A pesar de lo que creen los irracionales de la nueva hegemonía cultural, negar la realidad no implica que puedas evitar las consecuencias de hacerlo.

Epílogo

Occidente no se forjó de la noche a la mañana. La historia occidental está cargada de episodios positivos y negativos. El ser humano, que siempre se encuentra en proceso de aprendizaje, construyó un espíritu crítico que animó a los ciudadanos a crear el mejor lugar del mundo con unas tasas de escolarización, alfabetismo, esperanza de vida, tolerancia, libertad y calidad de vida que nunca antes había experimentado el ser humano. La alogocracia insta a los pueblos a erradicar las enseñanzas que provengan de ese viejo mundo que nos hizo llegar hasta aquí. Sin futuro y sin pasado, hemos decidido que debíamos partir de cero para crear «un mundo feliz» que nos ha conducido a la depresión económica y a problemas sociales que ya habíamos superado. La teoría alogocrática que recorre Occidente está provocando que el nivel de polarización cada vez sea mayor en un rebaño que camina desorientado acechado por los ladridos y los gritos de unos pastores que han encontrado en el miedo el arma definitiva para controlar a la población. Reduciendo el complejo mundo de la sociedad humana al choque de dos contrarios y estableciendo esa dualidad como fija, la alogocracia se ha centrado en sujetos inalterables para aplicar su revolución. Hombres-mujeres, negros-blancos, ecologistas-negacionistas, homosexuales-heterosexuales, ricos-pobres, etc. Si aceptamos que existe un colectivo oprimido entonces estamos, necesariamente, aceptando que existe un colectivo opresor. En este perverso juego dialéctico en el que nos hallamos se justifica el recorte de libertades, la aprobación de leyes discriminatorias, el castigo mediático, el acoso virtual e incluso presionar a los jueces a la hora de redactar sus sentencias. No hay término medio. Todo se divide en buenos y malos y rápidamente acudimos a categorizar a nuestros semejantes.

Los obreros ya no sirven para generar este conflicto que justifica actuaciones totalitarias que creíamos haber dejado atrás. El obrero puede cambiar de parecer, pero un hombre, una mujer, un blanco, un negro, un homosexual o un heterosexual no pueden dejar de serlo. Estas filosofías identitarias que persiguen la creación de clases estancas irrenunciables están llamadas a desembocar en un conflicto social contra otras clases estancas a las que se les acusa de ser los opresores. Muchos ciudadanos se han convertido en los tontos útiles de la máquina alogocrática diseñada con una motivación perversa que sólo beneficia a unos pocos mientras condena a la gran mayoría. Las masas de acoso son como una gran bola en una avalancha que no deja prisioneros. O te unes a ellas o te aplastan. Actuando como un rebaño que sigue al grueso del grupo y la tendencia del momento sin cuestionarse nada, jamás seremos capaces de solventar los desafíos a los que Occidente se enfrenta. Las instituciones públicas, educación, masas de acoso, redes sociales y medios de comunicación nos encadenan a la irracionalidad eliminando de nuestras vidas a las personas sensatas y valientes que supieron conciliar el presente y el pasado para crear un futuro mejor. Idiotizadas masivamente por el sistema, las sociedades occidentales se encuentran carentes de una dirección y propósito de la existencia que está dejando un mundo de almas vacías que buscan en los nuevos dogmas la forma de rellenarlas.

El aprendizaje natural que se traslada desde los más ancianos hasta los más jóvenes sufrió un abrupto cambio cuando decidimos que la juventud inexperta e ignorante debía ser la que decidiera el nuevo mundo. La gratificación inmediata, la falta de autoexigencia, la negación de la realidad y la creencia de que todo nos pertenece por el mero hecho de existir rompió el hilo conductor que recordaba a cada nueva generación la necesidad de tener una visión crítica, esforzarse por lo que uno quiere, el trabajo duro como única vía para progresar, priorizar el cuidado de nuestra familia y ser conscientes de que como individuos pertenecemos a una sociedad y, por lo tanto, debemos actuar siempre pensando qué efecto tienen nuestras acciones en los demás. Esa visión ha desaparecido para ser sustituida por un hedonismo que genera frustración en las nuevas generaciones. El Estado les prometió que se ocuparía de los asuntos molestos para que ellos pudieran disfrutar ajenos a cualquier tipo de responsabilidad. Ahora descubren que Occidente pudo eliminar lentamente lo injusto y lo ineficiente a través de la experiencia entre las relaciones humanas y del legado que dejaba cada generación a las venideras. Las enseñanzas se adaptaban a los tiempos para que los errores del pasado no cayeran en el olvido, pero toda esa dinámica ha sido sustituida por una alogocracia que promete salvar el planeta y la humanidad firmando decretos en un despacho. Si llegamos hasta aquí fue gracias a nuestros antepasados que nos dejaron un mundo más libre, próspero, justo y seguro. Occidente es una historia de éxito. Nuestro presente, una historia de fracaso.

Si los valores que sostienen una civilización desaparecen, esta dejará de existir como tal. Reescribir nuestra historia para hacerla coincidir con la moral del presente está generando una pérdida de sano orgullo por los éxitos cosechados. Se nos insta a pedir perdón para purificarnos por los errores cometidos, mientras que en Asia, orgullosos de su pasado y su presente, el futuro lo ven ilusionante y lleno de oportunidades. La alogocracia quiere destruir ese mundo por completo para guardarlo en las tinieblas de una habitación cerrada. Las creaciones, la competencia, los sistemas de mercado, la creatividad gracias al desarrollo y la competitividad, el encuentro con la verdad a través del intercambio de ideas que *a priori* sonaron disparatadas, la respuesta a problemas derivados de nuestra existencia, la creación de maravillas arquitectónicas, la belleza de las construcciones occidentales, la cultura musical, los padres de la filosofía, los grandes artistas y las mayores obras de arte tuvieron lugar aquí. No debemos avergonzarnos ni pedir perdón por nuestro pasado. Al contrario, debemos sentirnos enormemente agradecidos de haber superado nuestros errores y alcanzado, tras largos siglos de sangre, odio al distinto, luchas nacionalistas, guerras e injusticias, los mayores estándares de libertad y progreso de la historia de la humanidad. Si queremos que Occidente siga siendo esa excepción maravillosa del planeta, debemos alejarnos de la alogocracia y enterrar el fanatismo dogmático que recorre nuestras tierras. No la pasión ni la creencia, la superstición o el dogma que más nos conviene para justificar nuestra realidad, debe ser nuestra guía para analizar los hechos y tratar de extraer de ellos la verdad para poder aumentar nuestro conocimiento de un mundo complejo a la par que maravilloso.

Los hombres no son malos porque algunos, que perdieron esa condición, se aprovechan del vil abuso que a veces diferencia al más fuerte. La mayoría de los hombres, al igual que las mujeres, se preocupan por sacar adelante a su familia, de darles un futuro prometedor y de cuidar a su prole. Del mismo modo que nadie es mejor o peor por haber nacido blanco o negro. Cada día millones de personas conviven largas horas en sus puestos de trabajo desde el respeto y la educación. El planeta no se va a terminar porque viene un apocalipsis climático que vende un grupo de ecologistas que lleva fallando sus predicciones desde que descubrieron lo rentable que era. Robándole al rico su dinero no vas a conseguir que tu situación económica y personal mejore. El espantajo hecho negocio que ha creado la alogocracia es la gran farsa que sirve para que unos cuantos vivan enchufados al presupuesto público y amasen miles de millones de euros: *lobbies*, grandes empresas, bancos y asociaciones cuyo único propósito no es hacer un mundo mejor, sino empeorarlo para poder seguir formando parte de una élite económica inmoral que nada en la abundancia a expensas del ciudadano trabajador. El rebaño, arrastrado por ensoñaciones y quimeras, conforma procesos revolucionarios dirigidos por la propia alogocracia para beneficiarse del pueblo y obtener más presencia en nuestras vidas con mayor control estatal. Acatando lo anormal como normal, lo injusto como justo, lo horrendo como bello y lo falso como cierto, las aberraciones que se adueñan de Occidente cada vez son más comunes y nos escandalizan menos. El avance de la corrección política, la censura, la división social en colectivos y la dependencia del Estado ha provocado que los individuos pierdan su independencia para actuar y pensar.

Pensar se está convirtiendo en un verdadero acto subversivo. Las sociedades cada vez están más narcotizadas. Incluso ni los hechos más execrables consiguen provocar que la población reaccione al estado de anestesia generalizada en el que nos encontramos. Los abusos de poder cometidos por parte de los gobiernos occidentales, en muchas ocasiones saltándose la ley con el propósito de cuidar de nuestra salud, han sido el último ejemplo de cómo el uso de los sentimientos tiene la capacidad de moldear una sociedad en tiempo récord. Los gobiernos occidentales han decidido seguir el modelo de hipervigilancia chino aprovechando la pandemia del Covid-19 para someter al rebaño a un control estricto. La tecnología se ha convertido en el mejor amigo de la distopía que sacude Occidente y en la mejor herramienta para azuzar el miedo y dividir a la sociedad entre buenos y malos. El Estado se ha acostumbrado a monitorizar al pueblo a través de códigos QR y no renunciará a ello si no le obliga la presión social. Lo más sorprendente es que este proceso orwelliano, que debería avergonzarnos, se ha llevado a cabo sin grandes protestas, sin tener que recurrir al uso de la fuerza y sin ningún temor a perder el poder. Ensimismados por alcanzar la inmortalidad y escapar de la naturaleza de las cosas, Occidente se ha convertido en una tierra llena de moralismos puritanos que recuerdan a siglos pasados.

Entre agitadores sociales analfabetos, patanes que se suman al juego de las etiquetas y politicastros que solamente piensan en cómo retener su nómina pública, Occidente destruye a pasos agigantados todo aquello que le hizo brillar tras largos siglos de oscuridad. El rebaño solamente busca diversión y satisfacción inmediata, olvidando que para progresar se requiere de disciplina, sacrificio y aprendizaje. Nunca nadie ha logrado fascinar a las masas sin eslóganes y falsas promesas. Ni siquiera los problemas creados por la alogocracia y sus terribles consecuencias hacen que la confianza del rebaño hacia sus pastores disminuya. Ser alogócrata consiste fundamentalmente en proclamarse guardián de las grandes causas y que otros paguen las consecuencias de las mismas. Una impostura que solamente beneficia a una élite que sustituye la realidad por relatos edificantes en los que se presenta como el único ético, moral, noble y valiente, a pesar de que sus prácticas demuestren todo lo contrario. El moralismo inmoral de los alogócratas requiere de la creación de un enemigo del que deben defender al rebaño y que este, convencido de que todo se le debe por el mero hecho de existir, vea en ellos al gran aliado que lo protege de los villanos fabricados por los medios de masas. La alogocracia es consciente del poder que tiene el miedo y, por ello, sigue interesada en que el rebaño no encuentre salida para convertirlo en presa del pánico y, así, presentar al Estado y sus tentáculos mediáticos como los únicos capaces de solucionar la situación. En la época de la inmediatez en la que nos encontramos, el triunfo de la posverdad se ha acelerado llevándose por delante el debate intelectual y condenando al ostracismo a los más válidos de nuestro tiempo, que se niegan, como es lógico, a participar en la gran farsa y buscan aislarse de la histeria colectiva que reina en Occidente.

Aceptar los dogmas vertidos por los medios de desinformación, las instituciones educativas públicas y los partidos políticos conlleva la destrucción de una sociedad crítica, convirtiéndola en una sociedad enferma y fanática preparada para la manipulación de masas. Una situación que ya se dio a principios del siglo XX bajo regímenes dictatoriales que la aprovecharon para eliminar cualquier resquicio de libertad individual y recortar paulatinamente todos los derechos de los ciudadanos para convertirlos en un rebaño homogéneo sin distinciones. En esa peligrosa vorágine se encuentra nuestra sociedad, conformada cada vez más por universitarios analfabetos, empleos precarios, jóvenes infantilizados y ciudadanos decepcionados porque creyeron que todo se lo entregaría el Estado sin ningún coste.

La alogocracia está separada completamente de la realidad. Cree que los problemas económicos y sociales se pueden solucionar firmando decretos buenistas que sirven de sustituto al pasto, por lo que no podrá sobrevivir mucho más tiempo repitiendo consignas vacías y carentes de sentido real. Desaparecerá y se quedará como un terrible recuerdo si los miembros del rebaño prefieren ser ovejas negras, o bien arrastrará a Occidente al abismo para desaparecer conjuntamente. Por ello, debemos reivindicar nuestra libertad para pensar alejados de dogmas y analizar racionalmente la situación para detectar las soluciones correctas, aunque estas no sean de nuestro agrado. Todos tenemos, según nuestras experiencias y entorno cultural, ideas y pensamientos distintos. La diferencia cultural, pensar y tener visiones distintas sobre los mismos hechos, es algo positivo. Todos ganamos con eso. El problema es cuando una visión se cree superior a la otra, cuando alguien quiere prohibir aquello que no le gusta porque considera que su ética es la única válida y la del resto no lo es. La alogocracia no busca encontrar la verdad a través de la razón, al contrario, la asfixia y persigue para que nadie pueda tener una opinión discordante y todos formemos parte de un rebaño que recorre el oscuro sendero de la superstición y la irracionalidad creyendo que el final del camino es el paraíso y no el infierno. Como dice mi querido y admirado Antonio Escohotado: «Dejar que el otro sea libre es la gran asignatura pendiente de la humanidad».

Notas

Introducción

[1] Gustavo Bueno, *El mito de la izquierda. Las izquierdas y la derecha*, Madrid, Ediciones B, 2003, p. 100.

[2] Disponible en: *https://elpais.com/sociedad/2010/04/21/videos/1271800804_870215.html*

[3] Disponible en: *https://www.infobae.com/america/america-latina/2021/06/08/pedro-castillo-contundente-no-al-aborto-no-al-matrimonio-igualitario-y-no-al-consumo-de-marihuana/*

1. Los cimientos de la alogocracia

[1] Michael White, *Galileo anticristo. Una biografía*, Córdoba, Almuzara, 2009, p. 220.

[2] Blanca Inés Prada Márquez, *Galileo Galilei*, California, Windmills Editions, 2017, p. 115.

[3] Axel Kaiser, *La neoinquisición. Persecución, censura y decadencia cultural en el siglo* XXI, Barcelona, Deusto, 2020, pp. 148-150.

[4] *Email* de Theodore Hill. Disponible en: *https://retractionwatch.com/wp-content/uploads/2018/09/Hill_RetractionWatchAppendix_Sep14.pdf*

[5] Disponible en: *https://www.newtral.es/el-uso-de-mascarillas-no-produce-hipoxia/20200521/*

[6] Disponible en: *https://www.lavanguardia.com/vivo/lifestyle/20201202/49849396904/mascarilla-ejercicio-oms.html*

[7] Disponible en: *https://twitter.com/navedelmisterio/status/1397895326032404481*

[8] *Ibid.*

[9] John Stuart Mill, *On Liberty*, Ontario, Batoche Books, 1859, p. 19.

[10] Disponible en: *https://fra.europa.eu/*

[11] Disponible en: *https://justpaste.it/svdv*

[12] Disponible en: *https://www.lasprovincias.es/sociedad/poema-irene-montero-asi-es-20181109090310-nt.html*

[13] Disponible en: *https://elpais.com/politica/2018/11/08/actualidad/1541694065_345018.html*

[14] Disponible en: *https://www.youtube.com/watch?v=Zb8dSDDIXK4*

[15] Max Weber, *El político y el científico*, Madrid, Alianza, 1979, p. 84.

[16] *Ibid.*, p.92.

[17] Benito Mussolini y Giovanni Gentile, *La doctrina del fascismo*, Florencia, Vallechi, 1932, p. 13.

[18] *Ibid.*, p. 14.

[19] *Ibid.*, p. 38.

[20] Disponible en: *https://www.fbbva.es/noticias/los-europeos-confian-en-el-estado-y-en-sus-grupos-profesionales-e-instituciones-pero-no-en-los-politicos/*

[21] Claude-Frédéric Bastiat, «El Estado», *Diario de Debates*, p.1.

2. Las masas de acoso

[1] Jason Brennan, *Contra la democracia*, Barcelona, Deusto, 2018, p.115.

[2] Disponible en: *www.elholocausto.net*

[3] Stanley Milgram, *The Perils of Obedience*, 1974.

[4] Disponible en: *https://www.europarl.europa.eu/resources/library/media/20191129RES67708/20191129RES67708.pdf*

3. Una nueva moral para todos

[1] Antonio Gramsci, *Cuaderno 10.*

[2] Antonio Gramsci, *Cuaderno 6.*

[3] Antonio Gramsci, *Cuaderno 13.*

[4] Adriano Erriguel, *Pensar lo que más les duele,* Madrid, Homo legens, 2021,p. 130.

[5] Alexis de Tocqueville, *De la democratie en Amerique*, París Gallimard, 1967, vol. II, libro III, cap.VI, p. 324.

4. Feminismo. El gran caballo de Troya

[1] Disponible en: https:/*/www.theglobeandmail.com/opinion/am-i-a-bad-feminist/article37591823/*

[2] Disponible en*: https://www.europarl.europa.eu/spain/es/prensa/communicados_de_prensa/pr-2015/pr-2015-march/universitarias.HTML*

[3] Disponible en: *https://nces.ed.gov/*

[4] Disponible en: *https://www.unodc.org/documents/gsh/pdfs/global_homicide_Report_ExSum_spanish.pdf*

[5] Disponible en: *https://www.usa.gov/federal-agencies/u-s-department-of-labor*

[6] Disponible en: *https://ec.europa.eu/eurostat/data/database*

[7] David Rubin, *No quemes este libro. Huye de la mafia progre y piensa por ti mismo,* Barcelona, Planeta, 2021, p. 118.

[8] Disponible en: *https://www.bls.gov/charts/american-time-use/activity-by-sex.html*

[9] Axel Kaiser, *La Neoinquisición…* p. 242.

[10] *Ibid.*, p. 244.

[11] Disponible en: *http://content.time.com/time/business/article/0,8599,2015274,00.html*

[12] Steven Pinker, *La tabla rasa. La negación moderna de la naturaleza humana*, Barcelona, Paídos, p.563, (edición Kindle).

[13] *Ibid.*, pp. 563-564.

[14] *Ibid.*, pp. 564-565.

[15] *Ibid.*, pp.566-567.

[16] *Ibid.*, pp. 568-570.

[17] *Ibid.*, pp. 570-572.

[18] *Ibid.*, p. 553.

[19] Disponible en: *https://www.poderjudicial.es/cgpj/es/*

5. El racismo impostado

[1] Disponible en: *https://bjs.ojp.gov/*

[2] Disponible en: *https://ucr.fbi.gov/crime-in-the-u.s/2017/*

[3] David Rubin, *No quemes este libro*… p.107.

[4] *Ibid.*, p.127.

[5] *Ibid.*, p.127.

[6] Entrevista disponible en el canal de YouTube de Jano García.

[7] Douglas Murray, *La masa enfurecida. Cómo las políticas de identidad llevaron al mundo a la locura*, Barcelona, Península, 2000, p. 115.

[8] *Ibid.*, p. 15.

[9] Disponible en: *https://worldpopulationreview.com/countries/france-population*

[10] Disponible en: *https://www.spiegel.de/panorama/justiz/koeln-silvesteruebergriffe-die-ermittlungsergebnisse-a-1085716.html*

[11] Disponible en: *https://www.elmundo.es/internacional/2016/01/05/568bb096e2704e94568b45c1.html*

[12] Disponible en: *https://archive.is/oo5Av*

6. El apocalipsis que nunca llega. Cambio climático

[1] Disponible en: *https://www.emdat.be/*

[2] Disponible en: *https://earthobservatory.nasa.gov/*

[3] Disponible en: *https://climate.nasa.gov*

[4] Disponible en: *https://www.forbes.com.mx/economia-10-paises-contaminantes-mundo/*

[5] Disponible en: *https://www.elconfidencial.com/medioambiente/ ciudad/2021-07-29/megaciudades-gases-efecto-invernadero-52_3193100/*

[6] Michael Shellenberger, *No hay apocalipsis. Por qué el alarmismo medioambiental nos perjudica a todos*, Barcelona, Deusto, p. 300.

[7] *Ibid.*, p. 301.

[8] *Ibid.*, p. 304.

[9] *Ibid.*, p. 310.

[10] *Ibid.*, p. 311.

[11] *Ibid.*, p. 317

[12] *Ibid.*, p. 318.

[13] Disponible en: *https://www.ipcc.ch/*

[14] Disponible en: *https://www.bbc.com/mundo/noticias-internacional-49804774*

[15] Disponible en: *https://www.libremercado.com/2019-08-20/greta-thunberg-es-una-tapadera-que-oculta-un-suculento-negocio-a-cuenta-del-cambio-climatico-1276643504/*

[16] Disponible en: *https://www.newspapers.com/clip/36287902/dire-famine-forecast/*

[17] Disponible en: *https://www.nytimes.com/1969/08/10/archives/foe-of-pollution-sees-lack-of-time-asserts-environmental-ills.html*

[18] Disponible en: *https://www.newspapers.com/newspage/4354 02308/*

[19] Disponible en: *https://www.newspapers.com/newspage/934 139/*

[20] Disponible en: *https://www.aei.org/*

[21] Disponible en: *https://web.archive.org/*

[22] Disponible en: *https://arkivet.dn.se/sok/?searchTerm=maurice&fromPublicationDate=1972-01-25&toPublicationDate=1972-01-25&phrases=maurice)*

[23] Disponible en: *https://www.newspapers.com/newspage/25969 6938/*

[24] Disponible en: *http://web.archive.org/web/20060812025725*

[25] Disponible en: *https://www.nytimes.com/1976/07/18/archives/the-genesis-strategy-a-chilling-prospect.html*

[26] Disponible en: *https://timesmachine.nytimes.com/timesmachine/1978/01/05/issue.html*

[27] Disponible en: *https://gizmodo.com/weve-been-incorrectly-predicting-peak-oil-for-over-a-ce-1668986354*

[28] Disponible en: *https://timesmachine.nytimes.com/timesmachine/1982/05/11/issue.html)*

[29] Disponible en: *https://www.upi.com/Archives/1983/10/18/EPA-report-predicts-catastrophic-global-warming/2626435297600/*

[30] Disponible en: *https://elpais.com/diario/1988/10/10/sociedad/592441208_850215.html*

[31] Disponible en: *https://www.salon.com/books/int/2001/10/ 23/weather/*

[32] Disponible en: *https://www.newspapers.com/image/247922164*

[33] Disponible en: *http:/www.independent.co.uk/environment/snowfalls-are-now-just-a-thing-of-the-past-724017.html*

[34] Disponible en: *https://www.theguardian.com/environment/2004/feb/22/usnews.theobserver*

[35] Disponible en: *https://wattsupwiththat.com/2018/12/16/ten-years-ago-algore-predicted-the-north-polar-ice-cap-would-be-gone-inconveniently-its-still-there/*

[36] Disponible en: *https://eu.usatoday.com/story/news/politics/onpolitics/2019/01/22/ocasio-cortez-climate-change-alarm/ 2642481002/*

7. La indeseable igualdad

[1] Étienne-Gabriel Morelly, *Code de la Nature, ou le véritable Esprit de ses Loix*, 1755.

[2] Disponible en: *http://hdr.undp.org/en/indicators/137506*

[3] Adam Smith, *La riqueza de las naciones*, Barcelona, Ciro Ediciones, 2011, p. 35.

[4] *Ibid.*, p. 48.

[5] *Ibid.*, p. 50.

[6] Daron Acemoglu y James A. Robinson, *Por qué fracasan los países. Los orígenes del poder, la prosperidad y la pobreza*, Barcelona, Crítica, 2012, p. 495.

[7] Ragnar Nurkse, *Problems of Capital Formation in Underdeveloped Countries*, Oxford, Oxford University Press, 1953, p. 4.

8. La democracia totalitaria

[1] Antonio Escohotado, *Los enemigos del comercio I*, Madrid, Espasa, 2008, p. 53.

[2] Disponible en: *https://www.berghahnjournals.com/view/journals/democratic-theory/5/1/dt050107.xml*

[3] César Vidal, *Un mundo que cambia*, Tennessee, Agustin Agency, 2020, p. 6.

[4] *Ibid*. p. 8

[5] *Ibid*. p. 5

[6] Antonio Escohotado, *Los enemigos del comercio…*, p. 53

[7] John Stuart Mill, *Ensayo sobre la libertad*, Editorial Fontana, p.76.

[8] Simona Forti, *El totalitarismo, trayectoria de una idea límite*, Madrid, Herder, 2008, p. 8.

[9] *Ibid*, p. 9.

[10] *Ibid*., p. 11.

[11] Emilio Gentile, *La vía italiana al totalitarismo*, Madrid, Siglo Veintiuno Editores, 2013, p. 22.

[12] Jason Brennan, *Contra la democracia…* p. 31.

[13] H.L. Mencken, *Notes on Democracy*, 1926.

9. El Ojo que todo lo ve

[1] Pedro Baños, *El dominio mental. La geopolítica de la mente*, Barcelona, Ariel, 2020, p.156.

[2] David Rubin, *No quemes este libro…* p. 216.

[3] Disponible en: *https://www.hollywoodreporter.com/*

[4] Pedro Baños, *El dominio mental…* p. 197.

[5] *Ibid*., p. 179.

10. El nuevo hogar de los subversivos

[1] Disponible en: *https://www.huffingtonpost.fr/2016/08/19/emmanuel-macron-socialiste-ministre_n_11611624.html*

[2] Disponible en: *https://www.libertaddigital.com/internacional/estados-unidos/2019-09-19/trudeau-pide-perdon-por-haberse-disfrazado-de-aladino-en-una-fiesta-de-2001-1276645004/*

[3] Emilio Gentile, *¿Quién es fascista?*, Madrid, Alianza, 2019.

Bibliografía

ACEMOGLU, Daron y ROBINSON, James A., *Por qué fracasan los países. Los orígenes del poder, la prosperidad y la pobreza*, Barcelona, Crítica, 2012.

BAÑOS, Pedro, *Así se domina el mundo. Desvelando las claves del poder mundial*, Barcelona, Ariel, 2017.

—, *El dominio mundial. Elementos del poder y claves geopolíticas*, Barcelona, Ariel, 2018.

—, *El dominio mental. La geopolítica de la mente*, Barcelona, Ariel, 2020.

BASTIAT, Claude Frédéric, «El Estado», *Diario de Debates*, 25 de septiembre de 1948.

BRENNAN, Jason, *Contra la democracia*, Barcelona, Deusto, 2018.

BUENO, Gustavo. *El mito de la izquierda. Las izquierdas y la derecha*, Madrid, Ediciones B, 2003.

ERRIGUEL, Adriano, *Pensar lo que más les duele. Ensayos metapolíticos*, Madrid, Homo Legends, 2020.

ESCOHOTADO, Antonio, *Los enemigos del comercio I*, Madrid, Espasa, 2008.

—, *Los enemigos del comercio II*, Madrid, Espasa, 2013.

—, *Los enemigos del comercio III*, Madrid, Espasa, 2016.

FORTI, Simona, *El totalitarismo, trayectoria de una idea límite*, Madrid, Herder, 2008.

GENTILE, Emilio, *Fascismo. Storia e interpretazione*, Roma, Laterza, 2005.

—, *Le origini dell'ideologia fascista*, Bologna, Il Mulino, 2011.

—, *La vía italiana al totalitarismo*, Madrid, Siglo Veintiuno Editores, 2013.

—, *¿Quién es fascista?*, Madrid, Alianza, 2019.
GOLDBERG, Michelle, DYSON, Michael Eric, FRY, Stephen y PETERSON, Jordan, *Political Correctness*, Toronto, House of Anansi Press, 2019.
GRAMSCI, Antonio, *Cuadernos*.
—, *Escritos. Antología*, Madrid, Alianza, 2017.
HAYEK, Friedrich A., *La fatal arrogancia. Los errores del socialismo*, Madrid, Unión Libros, 2010.
—, *Camino de servidumbre*, Madrid, Alianza, 2011.
JENOFONTE, *Económico*, Madrid, Gredos, 1993.
KAISER, Axel, *La neoinquisición. Persecución, censura y decadencia cultural en el siglo XXI*, Barcelona, Deusto, 2020.
KEYNES, John Maynard, *The General Theory of Employment. Interest, and Money*, Boston, Houghton Mifflin, 2016.
LENIN, Vladimir Illich, *El Estado y la revolución*, Madrid, Alianza Editorial. 2012.
LEVITSKY, Steven y ZIBLATT, Daniel, *Cómo mueren las democracias*, Barcelona, Ariel, 2018.
LOCKE, John, *Segundo Tratado sobre el Gobierno Civil. Un ensayo acerca del verdadero origen y fin del Gobierno Civil*, Madrid, Alianza Editorial, 2014.
LOMBORG, Bjorn, *False Alarm: How Climate Change Panic Costs Us Trillions, Hurts the Poor, and Fails to Fix the Planet*, Nueva York, Basic Books, 2020.
MAQUIAVELO, Nicolás, *El príncipe*, Madrid, Cátedra, 2006.
MENCKEN, Henry Louis, *Notes on Democracy*, 1926.
MILGRAM, Stanley, *The Perils of Obedience*, 1974.
MORELLY, Étienne-Gabriel, *Code de la Nature, ou le véritable Esprit de ses Loix*, 1755.
MURRAY, Douglas, *La extraña muerte de Europa: identidad, inmigración, islam*, Madrid, Edaf, 2019.
—, *La masa enfurecida. Cómo las políticas de identidad llevaron al mundo a la locura*, Barcelona, Península, 2020.
MUSSOLINI, Benito, *Dottrina del fascismo*, RLI Classici.
— y GENTILE, Giovanni, *La doctrina del fascismo*, Florencia, Vallechi, 1932.
NURKSE, Ragnar, *Problems of Capital Formation in Underdeveloped Countries*, Oxford, Oxford University Press, 1953.

ORWELL, George, *1984*, Barcelona, Debolsillo, 2013.

PAYNE, Robert, *Stalin*, Barcelona, Torre de papel, 2015.

PAYNE. Stanley G., *El Fascismo*, Madrid, Alianza Editorial. 2014.

PETERSON, Jordan, *12 reglas para vivir. Un antídoto al caos*, Barcelona, Planeta, 2018.

PINKER, Steven, *La tabla rasa. La negación moderna de la naturaleza humana*, Barcelona, Paídos, 2018.

PIÑERA. José, *Una casa dividida: cómo la violencia política destruyó la democracia en Chile*. Proyecto Chile 2010, Chile, 2005.

PRADA MÁRQUEZ, Blanca Inés, *Galileo Galilei. Su vida, su obra y sus aportes al método de la ciencia moderna*, California, Windmills Editions, 2017.

ROSLING, Hans, *Factfulness. Diez razones por las que estamos equivocados sobre el mundo*, Barcelona, Deusto, 2018.

RUBIN, Dave, *No quemes este libro. Huye de la mafia progre y piensa por ti mismo*, Barcelona, Planeta, 2021.

SHELLENBERGER, Michael, *No hay apocalipsis. Por qué el alarmismo medioambiental nos perjudica a todos*, Barcelona, Deusto, 2021.

SMITH, Adam, *La riqueza de las naciones*, Barcelona, Ciro Ediciones, 2011.

SOLZHENITSYN, Alexander. *Archipiélago Gulag I*, Barcelona, Tusquets, 2005.

—, *Archipiélago Gulag II*, Barcelona, Tusquets, 2015.

—, *Archipiélago Gulag III*, Barcelona, Tusquets, 2015.

STUART MILL, John, *On Liberty*, Ontario, Batoche Books, 1859.

TOCQUEVILLE, Alexis de, *De la democratie en Amerique*, París, Gallimard, 1967.

TROTSKY, Leon, *Defensa de la revolución*, Madrid, Los libros de la Catarata. 2009.

VIDAL, César, *Un mundo que cambia. El patriotismo frente a una agenda globalista*, Nashville, The Agustin Agency, 2020.

VOLTAIRE, *Tratado sobre la tolerancia*, Barcelona, Austral, 2013.

WEBER, Max, *El político y el científico*, Madrid, Alianza Editorial, 1979.

WHITE, Michael, *Galileo anticristo. Una biografía*, Córdoba, Almuzara, 2009.

XINGJIAN, Gao, *El libro de un hombre solo*, Barcelona, Debolsillo. 2012.

ZEMMOUR, Eric, *Le Suicide français*, París, Albin Mitchel, 2014.

ZWEIG, Stefan, *El mundo de ayer. Memorias de un europeo*, Barcelona, Acantilado, 2012.